养猪专业合作社读本

主　编
陈　斌

副主编
冉茂良　杨岸奇

U0952572

金盾出版社

内 容 提 要

本书以国家颁发的《中华人民共和国农民专业合作社法》为依据，紧密联系生猪生产实际，从养猪专业合作社的现状及发展趋势、组建方式及办理程序、建立主要规章制度、建设办公场所、猪场规划布局及猪舍设计建(改)造、生产工艺流程及技术指标、猪场饲养管理、生物安全管理、粪污处理、统一组织产品销售等十个方面进行了系统阐述。其最大特点是，既贯彻农民专业合作社的一般原则和规范，又力求反映养猪专业的自身特点和要求；既介绍生猪生产的统用知识与技术，又着力阐述对养殖户实施统一管理和服务的措施与做法。本书具有较强的针对性、实用性和操作性，适合养猪专业合作社的决策人员、管理人员和技术人员阅读，也可作为相关院校及培训机构的辅导教材和参考书。

图书在版编目(CIP)数据

养猪专业合作社读本/陈斌主编．—北京：金盾出版社，2014.11

ISBN 978-7-5082-9657-9

Ⅰ．①养… Ⅱ．①陈… Ⅲ．①养猪业—农业生产合作社—经营管理—中国 Ⅳ．①F326.35

中国版本图书馆 CIP 数据核字(2014)第 201534 号

金盾出版社出版、总发行

北京太平路 5 号(地铁万寿路站往南)

邮政编码：100036 电话：68214039 83219215

传真：68276683 网址：www.jdcbs.cn

封面印刷：北京精美彩色印刷有限公司

正文印刷：北京万博诚印刷有限公司

装订：北京万博诚印刷有限公司

各地新华书店经销

开本：850×1168 1/32 印张：9.75 字数：236 千字

2014 年 11 月第 1 版第 1 次印刷

印数：1～4 000 册 定价：22.00 元

(凡购买金盾出版社的图书，如有缺页、倒页、脱页者，本社发行部负责调换)

前　言

我国是世界第一养猪大国，也是世界第一猪肉消费大国。随着我国农业结构调整，养猪业已成为农民致富的重要途径，并逐渐成为发展农业经济的支柱性产业。在当前养猪业向标准规模养殖快速发展的形势下，如何站在新起点上谋求新发展，是养猪业面临的一个重要课题。养猪专业合作社作为农民专业合作社在养殖领域的延伸，是新时期提高养猪业组织化程度、引领生猪养殖户参与国内外市场竞争的现代养猪业经营组织，也是把生猪养殖业做大做强的必经之路。近年来，在各级政府大力支持下，生猪养殖户办社入社的热情不断高涨，养猪专业合作社已成为我国重要的新型生猪生产经营主体之一，在发展现代养猪业、促进养殖户增收、建设社会主义新农村中发挥了重要作用。

但是，由于养猪专业合作社的发展尚处于初级阶段，很多养猪专业合作社还不规范，存在诸多问题。比如，如何把农民专业合作社的通用原则与要求成功运用到养猪专业合作社中去，如何组织创建一个手续健全、运转规范的合作社，如何对不同类型的养猪户实施统一的经营管理，如何利用合作社的规模优势获取更大的生产效益等，都需要认真研究解决。为了更好地指导养猪专业合作社发展，我们在广泛调查研究基础上编写了《养猪专业合作社读本》，以充分发挥养猪专业合作社的优势，促进我国养猪业和农村经济发展。

《养猪专业合作社读本》共分十章，分别介绍了养猪专业合作社的概念、发展意义、存在问题及发展趋势，组建方式及办理程序，如何建立主要的规章制度，如何建设合作社的办公场所，合作社的猪场选址、布局、不同类型猪舍的设计及建(改)造，猪场生产工艺流程及生产技术指标，猪场各阶段猪的饲养管理，猪场的生物安全管理，猪场的粪污处理，如何统一组织产品销售等内容。本书的最大特点是，既贯彻农民专业合作社的一般原则和规范，又力求反映养猪专业的自身特点和要求，既介绍生猪生产的统用知识与技术，又着力反映对养殖户实施统一管理和服务的措施与做法，并穿插有大量实例和图表，因此具有较强的针对性、实用性和操作性。

本书在编写过程中，参考和引用了有关书籍，论文，网站中的资料、图片及数据，在此谨向有关作者、出版社、网站表示衷心感谢。在这里还要特别感谢山东省农业科学院畜牧兽医研究所成建国研究员对编写出版本书给予的大力帮助和支持。由于作者水平有限，书中疏漏和错误之处在所难免，恳请同行和广大读者不吝赐教，批评指正。

作　者

2014 年 10 月

目　录

第一章 概 述

第一节 养猪专业合作社的概念

我国养猪业正处于传统农户散养向现代化、规模化养殖的转轨时期，农民养猪收入的增长需要有效的组织保障。加强养殖户间的合作，提高养猪组织化程度，以增强抗御市场风险的能力，提高个体养猪生产经营者的政治经济地位，这对创新养猪业经营体制、加快传统养猪业向现代养猪业转变、推进农村现代化建设具有重要意义。随着养猪业的发展，发展农民养猪专业合作社已经成为我国现代养猪业制度建设的重点内容和努力方向，成为农村经济兴旺发达，农民走上更加富裕生活状态的现实选择和必由之路。

养猪专业合作社是由养猪生产者或者从事养猪生产服务的提供者组织起来的，经营服务的内容具有专业性，其成员主要由农村散小养殖户共同组成。这些自愿组织起来的养殖户具有相同的经济利益，共同利用养猪专业合作社提供的生产技术、信息、生产工具、饲料、产品加工、运输和销售等项服务。养猪专业合作社通过为其成员提供产前、产中、产后的服务，使成员联合进入市场，形成聚合的规模经济，以节省交易费用、增强市场竞争力、提高经济效率、增加成员收入。

第二节 养猪专业合作社的优势及作用

养猪专业合作社的优势具有相对性，是以个体养殖户或农户的经营方式相比较而言的。通过分析养猪专业合作社相对于个体养猪户的优势来说明养猪专业合作社大有可为。归纳起来，养猪专业合作社的相对优势及作用有如下几个方面。

第一，“股份制”民主管理提高了经济发展速度。“股份制”民主管理是通过对养猪专业合作社的集体资产进行量化，根据社员投资入股量将股权量化，并合理分配至每个社员手中，着手打造“股份制”养猪专业合作社。适应市场经济发展需要，实现增值保值，为社员养殖户提供股金分红，每个社员都是这个新经济组织的股东，可以通过参加成员(代表)大会对养猪专业合作社的事务进行管理，解决合作社与养殖户的种种问题，让养殖户成为合作社的资产主人，成为合作社的拥有者。

股份合作制融合了合作制与股份制，将这两种组织原则与运行特征不同的组织制度融合，它是一种兼有资本合股和劳动联合的经济组织形式，并可以有效改革城乡集体经济的产权结构，成为增强农村经济实力的有效途径。

养猪专业合作社的股份合作制的优越性在于使养殖社员的产权量化、具体化，民主地管理使合作社的社员成为合作社的真正主人，促进了社员的劳动积极性。同时，还解决了集体产权虚置、侵犯合作社社员利益等问题，并加强了民主监督，进一步适应了农村生产力发展的需要。

第二，资源合理利用，建立“两型”社会。“两型”社会是指资源节约型、环境友好型社会，于中国共产党十六届五中全会提出。某些地区已经开始对“两型”社会建设进行了试点，随着政策不断惠及农村，“两型”社会的重心也开始向农村偏移。“两型”社会建设是一场行为方式、思想观念等方面的重大变革，必须以农村文化建设为主导。养猪专业合作社的运作理念与“两型”社会建设的目的完美契合，养猪专业合作社的基本目的就是通过以合作的形式将独立农户手中的各种资源加以整合，高效利用，避免资源浪费。

养猪专业合作社通过统一管理养殖户所拥有的资源，根据合作社发展需要而进行规划，避免资源之间的浪费。例如土地资源通过合理规划，根据实际情况可以改造成公路，也可以为扩大再生产建设成猪舍，还可以种植饲料原料等，避免资源浪费是建设“两型”社会的重要方面。通过统一管理合作社成员的仔猪引进、饲养方式的改善以及疫情控制等方面，可以保证合作社的猪产品质量，提高产品在市场上的竞争力。每位成员都有权利对合作社的事务进行管理，同时也有义务对合作社的发展负责，为避免少数社员为贪图小利而私自引进不合格仔猪、饲料和兽药等必需材料，统一管理是重要的手段。

养猪专业合作社是登记注册后被政府承认的合法组织，组织成员的经济活动都受到法律的管束，因而合作社内部也会建立相应的制度来约束社员的各种行为，包括养猪场所的合理构造、绿色安全养殖、废弃物排放等。部分养殖户的素质不高，喜欢贪图小利，无视自身的长远利益和口碑，对环境保护和养猪环境不够重视，无法理解走可持续发展道路的精髓。如果以合作社的形式就能很好地弥补部分养殖户的理念缺陷，通过内部规章制度来约束其不正当行为，为所有养殖户和整个社会都将带来长远的利益。

第三，集中力量发展经济，惠及全民。相对于个体经营而言，养猪专业合作社经营模式避免了一些重要的缺陷。比如某一地区的个体养殖户过多，在没有统一管理和经营的条件下，各养殖户之间很容易产生内部竞争，形成恶性循环，最终造成该地区养殖业的收益下降。而合作社的经营模式将会较好地避免这种情况发生，它是通过统一运作、标准化生产的方式和品牌营销、市场对接的策略来提高竞争力的。

统一运作、标准化生产是养猪专业合作社促进养殖户增效、增收的重要举措。特别是在合作社发展初期，为了产品的规范化与标准化生产，合作社需要对养殖户的技术细节进行重新培训，对养猪场所在的环境进行合理规划。

第四，品牌化是提高养猪产品在市场竞争力的有效方法。养猪专业合作社发展壮大到一定程度时，将产品品牌化是最终的归宿。合作社需要向国家工商行政管理局商标局进行申请商标品牌，通过媒体等途径对品牌进行广告宣传，利用自身良好的产品品质获取消费者的口碑。同时为了与市场对接，还可以在市场上建立产品直销点、专柜或者代销点，这样可以保证销售渠道的进一步稳定，同时减少了中间环节，直接降低了成本，增加了收入。

第五，改变了农民的传统观念。在贫困地区，由于地理位置闭塞，信息流通性差，加上农民的文化程度相对较低，导致其依旧保持着自给自足的传统观念。养猪专业合作社在贫困地区成功改变了这些地区群众的观念，认识到合作的重要性和潜力。

即使在部分相对较发达的地区，养殖户也会比较抵触股份合作制，认为加入合作社后，自身的利益和对本来属于自己的财产都会受到不同程度的损害。实践证明，养猪专业合作社这种经营模式完全打消了养殖户的这些疑虑，同时还为养殖户赚取了更多的利润。

第六，促进了农业产业结构的调整。养猪专业合作社不仅促进了当地养猪业的发展，还带动了养猪业相关的一些副业的发展，比如种植业、林业等，为了走可持续发展道路，避免猪粪对环境的污染，养殖户可用沼气池进行资源的循环再利用，减少养猪过程中的耗能。部分地区的当地政府意识到养猪专业合作社的重要性，对该地区的土地进行细致规划，更有利于促进当地农业产业结构的调整。

第七，启发了养殖户的经营思路。即使养猪专业合作社的机制并非完全成熟，它没有像经济发达地区的其他合作模式那样有着完善的组织机构与运行机制，但它为相对较为落后的地区指引了一条发展经济的新道路，让人们看到了脱贫致富、走向共同富裕的希望，改变了人们的传统思想，让人们试着将这种模式向种植业、养鱼业等其他领域拓展，这是提高农民收入的新思路。

第八，专门化分工提高了生产效率。与个体经营的方式相比，合作社的一大特点便是专门化分工。根据经济学原理，专业化分工程度的不断加深使得特定的职业工人的劳动生产效率获得提高。专业化是指让个人或者特定的人群集中精力去完成某一种(一系列)事情，避免让个人或者特定人群都以平庸的水平去做每一件事——这样使得每个人或者特定人群能够发挥其特殊技能和资源优势。

[实例]

福建省漳州市南靖县是该省的生猪养殖大县，母猪存栏一直位居全省前列。以往都是农户分散经营，因此面对饲料购买、市场议价、信息获取、抗风险等问题上处于较为明显的劣势。尤其是在养猪产业波动较大时，散养户信息滞后，造成利益受损。为了降低养殖成本和风险，养殖大户开始带动小养殖户发展，成立了南靖县康牧养猪专业合作社，成立发展部、供销部、服务部、综合部等几个专职部门。同时，根据实际需要还成立了部分乡镇服务中心、提供治理污染服务、生猪调配、种猪服务等机构。自合作社成立以来，建立了较为完善的管理制度，可分配盈余按交易量比例返还给成员的比例达到60%以上。

(资料来源：http://www.caein.com/index.asp? xAction=xReadNews&NewsID=66204)

由于合作社统一管理养殖、销售、防疫等各个方面，通过将社员的工作专业化，养殖经验丰富的社员提供技术服务，人脉关系广的社员从事销售等。这样既能避免劳动力过剩，又可以提高劳动力的使用效率。除此之外，资本和土地还可以高度专业化，只要合理规划都能为提高合作社经济效益服务。

第三节 我国养猪专业合作社的发展概况

一、我国养猪专业合作社发展的几个阶段

我国养猪专业合作社的发展大体可以分为三个重要阶段。

第一阶段是20世纪80年代至90年代初，为养猪专业合作组织的初步发展阶段。农村土地家庭联产承包以后，劳动力和资金有了剩余，养猪业发展起来了，急需解决养猪生产过程中遇到的技术问题，因此这阶段以科普协会、养猪协会、研究会为主。

第二阶段是20世纪90年代初至90年代后期，是养猪专业合作社快速发展时期。随着养猪业市场化进程加快，优质生猪的销售成为广大农民急需解决的问题。同时，养猪产业化经营的迅速推行，散小养殖户和大企业的矛盾也不断增加，农民养猪合作经济组织进入了农民与市场和企业之间的中介环节，一批真正的农民养猪专业合作社在这一阶段发展起来了。而这时候的农民养猪专业合作社主要以生猪散养为主。

第三阶段是从21世纪初开始，为农民养猪专业合作社发展的深化阶段。这一阶段，各地更加重视养猪专业合作社的发展，纷纷出台政策甚至地方法规推进养猪专业合作社的发展。自2007年《中华人民共和国农民专业合作社法》正式实施后，养猪专业合作

社的发展逐渐进入一个自发发展与政府推进相结合的新阶段。

农民养猪专业合作社充分发挥自身优势，实行标准化生产，开展品牌化经营，积极带领养殖户社员参与国内外市场竞争，对提高养猪业组织化程度、建设现代规模养猪业发挥了积极作用。养猪专业合作社正在成为促进养猪业发展的助推器，成为密切干群关系和增强农村社会和谐的纽带，促进了养猪业产业化的深化，加快了现代农业和社会主义新农村建设步伐，成为通往现代农业和社会主义新农村的桥梁。

二、目前我国养猪专业合作社的基本模式

养猪专业合作社是农民专业合作社在养殖领域的延伸，成员基本上都是以入股的形式来权衡其在合作社内的地位，通过专业合作社的形式将养猪过程中涉及的技术服务、疫情防控、产品销售以及利润分配等方面进行统一管理，其表现形式多种多样，但就本质而言均符合合作社的基本性质。目前，我国养猪专业合作社的组建模式较多，其中依托养猪大户、依托龙头企业、依托集体组织中介机构和依托农村供销合作社为 4 种较为普遍的组建模式。详细内容请见本书第二章第二节。

养猪专业合作社的模式随着经济的发展和产业结构的调整而不断革新，虽然现在养猪专业合作社在某些地区取得了瞩目的成就，对促进该地区的经济发展达到了举足轻重的地位。但也不能认为它们就是完美无缺的模式，更不能生搬硬套用在自己身上，还要根据自身实际情况结合市场发展规律来进行模式的选择与创新。

三、目前我国养猪专业合作社存在的问题和解决办法

(一)存在的问题 养猪专业合作社虽然获得了社会和人们的认可,但是其存在的问题也是非常明显。总体来说,问题来自外部环境和自身因素。

1. 客观因素

(1)资金补贴未能及时到位 国家对生猪养殖非常重视,虽然对养殖户会拨发生猪良种补贴,但是由于各种因素的存在,生猪养殖的财政补贴大多时候不能及时到位。出现这种情况会导致养猪专业合作社的资金流通受到影响,为了应对这种情况的出现,社员或者合作社内部会先垫付资金弥补资金短期内的短缺,这在一定程度上遏制了合作社的正常运转和发展。

(2)金融机构信贷资金缺乏 国有四大银行在农村的信贷业务相对很少,有些地区几乎不存在,银行在农村的业务范围受限,农村信用社难以满足农村所有的信贷业务,农民偏向于小额贷款而回收率低,银行对农村养猪专业合作社发放的信贷资金相对偏少,这种情况也会抑制合作社的发展。

(3)税收优惠不明显 根据我国的现状,国家免收增值税,但是合作社仍然需要缴纳企业所得税和营业税,相比发达国家而言税负相对过重,影响了农民的增收,同时降低了合作社运作的积极性。

(4)基础设施差 根据现有资料显示,大部分养猪专业合作社都建立在农村,距离县城(乡镇)的距离远近参差不齐,存在着交通不便、水电供应不及时等缺点。闭塞的交通会严重影响合作社的采购、销售及与外界的技术交流,在一定程度上影响了合作社的发展。

2. 主观因素

(1)管理制度欠完善　由于养猪专业合作社的成员都是本地村民,大部分社员都沾亲带故,这形成了民主管理上的隐患,同时也增加了管理的难度。另外,这种现象有可能导致社员的执行力不强;另一方面,合作社选举经常出现"拉帮结派"的现象,最终导致合作社出现"一人说了算"的不良现象。

(2)对合作社认识不够　合作社对于参与合作经营模式的成员没有进行积极的思想教育,有少部分社员纯粹是为了跟风而加入养猪专业合作社,因而这部分人对权利和义务的认知处于朦胧状态,一旦养猪专业合作社处于亏损状态或者出现其他经济问题,容易引发经济纠纷。

(3)积极性欠缺　养猪专业合作社大部分是在龙头企业或者具有前瞻性的领导者带领下运作,而社员本身相对来说自发性不高。如果养猪专业合作社失去了这些因素的支持,合作社则举步艰难,甚至面临解散的危机。

(4)人才缺乏　目前养猪专业合作社的经营、销售和管理人员中只有少部分人具有大中专学历、中高级技师。对于经济快速发展的今天,引进高学历和高水平的人才是加强自身竞争力的必要条件。

(二)解决办法

1. 政府加大扶持力度,履行自身职能　政府需要摆正自己的位置,不能越位和缺位。合作社需要政府的大力支持,但是如果过多干涉合作社本身的事务往往会适得其反;政府还需要推进配套制度建设,确保对于养猪专业合作社的资金及时补贴到位,建立特定的相关小组,积极配合有关部门进一步完善落实对养猪专业合作社的财政、税务、金融、保险、教育培训等方面的财政扶持措施;政府可以对养猪专业合作社给予更多的优惠政策,如减免部分税收等,加强农村基础设施建设,提供便捷的通讯、交通等设施。

2. 金融机构加大信贷支持力度 金融机构需要有大局观，要与时俱进，站在时代领跑者的角度来看待养猪专业合作社的发展和对养猪专业合作社投资的前景，同时也要意识到养猪专业合作社对于发展社会主义新农村的重要作用，将“零售”业务和“惜贷”观念转变，要在条件允许的范围内尽可能为养猪专业合作社提供更多的贷款。金融机构需要对信贷风险管理工作进行强化，严格执行相关制度，对于养猪专业合作社的重点客户和有潜力成为优质客户的合作社社员进行“一站式服务”，在各个环节提供便利。金融机构在面对养猪专业合作社的合作时要敢于创新，勇于探索完善的担保和保险机制，在法律允许的基础上，对于贷款的抵押物限制可以扩大，积极拓宽业务层，认真挖掘其中的利益连结与互动合作机制。最后，金融机构需要分工合作，对于某些特定领域需要重点支持。

3. 领头人需要做好自身工作 龙头企业或者合作社带头人对于合作社而言是非常重要的，是合作社的“舵手”，所以领头人需要摆正自己的位置，不能越俎代庖。合作社的权利始终掌握在社员手中，领头人不能因为太过于“热心”而导致合作社民主化管理受到阻碍。

4. 不断自我完善 养猪专业合作社的工作原则是“民办、民管、民收益”。合作社要通过不断地提高自我竞争力来促使和吸引更多的人加入合作社，在壮大队伍的过程中减少对财政补贴和其他因素的依赖。再者，合作社要及时革新内部制度，让合作社内部的规章制度适应合作社的实时发展；其次，合作社内部成员的专业技术水平很重要，需要不定时进行培训和交流，学习先进的生产技术和专业技能，通过学习交流让合作社内部成员的整体实力水平有所提高。

四、我国养猪专业合作社的未来发展趋势

(一)规模化是养猪专业合作社发展的趋势 养猪专业合作社成立初期很难用“规模”来形容,但是随着时间的发展和竞争力的不断提高,无论是合作社拥有的集体财产还是合作社内部成员的资金,都会有很大程度的提高。为合作社成员获取更大的经济效益是养猪专业合作社成立的最初目的,当技术和资金都拥有的条件下,合作社区域内的成员过少就难以实现养猪专业合作社的规模效益,成员过多容易造成资源利用紧张。因而养猪专业合作社的规模化能够更好地适应该地区的社会、环境和经济的承载能力。

养猪专业合作社的规模化可以最大限度地实现该地区的资源合理优化利用,发掘潜在的可利用资源,带动该地区所有产业发展,与其他产业形成合力的发展格局。其原因在于:①规模化可以有效地对市场波动进行缓冲,通过合作社内部讨论与市场预测,可以预测市场走势以合理调整社员的生产任务;②规模化可以增强合作社的抗风险能力;③规模化是落实政府调控生猪价格周期性波动政策措施的载体。

(二)产业化是养猪专业合作社壮大的必经之路 在贫困地区,养猪往往作为家庭经济的副业来赚取小部分利润或者纯粹的自给自足。养猪专业合作社的出现打破了这种小农经济思想,是贫困地区和欠发达地区的一场思想上的革新。而产业化不是让合作社从有到无,而是在规模化的基础上为合作社形成配套的销售服务机构和专业的服务能力,演变出具有区域优势和产业优势的商品生产基地,注重品牌效应,提升合作社在市场上的竞争力与控制力。

(三)形成产业链,产供销一体化 养猪专业合作社在具有一

定规模和竞争力的条件下，向相关行业渗透也是一种追求更多经济利益的有效手段。同时推行产供销一体化，肉制品加工企业、生猪养殖合作社、饲料加工企业整合在一起，形成一体化经营组织，可以有效抵御来自单纯市场的经济危机。

［实例］

陕西省南郑县新集镇创新农业产业化经营体制，走农村合作化的路子，根据当地人们的养猪习惯，2003 年创办了养猪专业合作社，带领群众壮大生猪产业。最初的 3 年，累计出栏育肥猪 1.5 万多头，仔猪 1.2 万多头，销售收入 1 150 万元，社员增收 210 万元，年均递增 20%以上。在几年成功的经营基础上，合作社开始引进人才，与西北农林科技大学合作，对自己社员提出各项行动统一的要求。在具备一定规模和资金的背景下，合作社开始走产供销一体化的路线，聘请技术专家做指导，调整优化生猪品种结构，推广绿色养殖技术，提高猪肉质量和肉料比与投产比。产供销一体化，避免了很多中间环节，也摆脱了对经销商的依赖，不仅由自己控制销售途径和终端，也减少了销售成本，为合作社成员提高了收入。

（资料来源：汉中市人民政府网 http://www.hanzhong.gov.cn/hanzh-onggov/72623842526232576/20060525/503917.html）

（四）可持续发展道路永远是最终道路 养猪专业合作社发展的最基本的目的是为合作社成员获取经济利益，最高目标应该定位为人民群众谋福利。在合作社的发展中必然会利用到自然资源和社会资源，对这些资源的合理整合涉及子孙后代的幸福，现代社会提出的建设“两型”社会和构造社会主义新农村的和谐社会都是从长远的利益对发展做阐述，合作社的发展离不开这条道路。从微观方面看，走可持续发展道路对养猪专业合作社自身的发展也非常有利，资源的可持续利用，疾病在合理的控制范围内，科学的管理、设计、养殖等基本活动对自身发展有很大促进作用。从宏观方面看，走可持续发展道路为人民谋福利，最终会得到大众的认可和赞扬，其经济效益的提升和合作社品牌的发展必然会腾飞。

第二章 养猪专业合作社的建设及程序

第一节 组建养猪专业合作社

组建养猪专业合作社应做好以下准备工作。

第一，了解合作社的人员构成、必需章程、必需组织机构和部门以及相应的硬件设施。只有具备了这些基本条件才能通过法律、法规的认可，获得申请办理养猪专业合作社的资格。

第二，了解养猪专业合作社的组建模式，需要带头人根据自身实际情况进行模式选择。养猪专业合作社的组建基本模式包括：依托养猪大户组建、依托养猪龙头企业组建、依托集体组织中介机构组建、依托农村供销合作社组建等。不同的组建方式具有不同的优势，同时也适用于不同条件下的养猪专业合作社。

第三，了解养猪专业合作社的办理程序。要求合作社带头人明白申办的各项程序，包括明确发起人自身要做的事务、宣传工作、起草合作社章程、吸收新成员加入、注册登记等事项。

影响养猪专业合作社建立的因素很多，所以在决定组建合作社时要对自身的情况进行综合调查和分析。

一、根据实际情况组建养猪专业合作社

(一)明确自身的资源优势 养猪业成功的关键之一在于合理利用当地的资源。不同的自然条件、不同的饲养技术水平以及不

同的市场，养猪专业合作社的发展前景显得参差不齐。某地区养猪专业合作社的模式在当地进行得如火如荼，但是毫无保留地将经验移植到另外一个地区，也许会因为上述经验而导致其不能达到预期效益。比如，当地的气候主要以潮湿多雨为主，对于养猪影响危害就较大，容易滋生霉菌最终导致猪群感染疾病，造成较为严重的经济损失；如果该地区饲养技术水平始终停留在20世纪90年代或者更早，说明养猪户对饲料的利用和生产环节细节的把握还比较落后，对养殖成本的控制会出现较大的差距，也会制约合作社的长期发展。根据2012年资料显示，湖南省长沙市宁乡县流沙河生猪养殖专业合作社始建于2009年，至2012年年底已有成员156户，总资产880万元，2012年荣获“全国农民专业合作社示范社”称号。该合作社充分利用了宁乡猪这一养猪业中的重要遗传资源，合理规划了流沙河的生态环境，结合当地人民传统的养猪方法，使合作社事业蒸蒸日上。同时该合作社积极向食品加工领域扩张，改变单一的产业结构，拓宽了经营范围。

（二）明确可形成的产业结构 一般而言，在某一经济区域内根据其独有的自然资源，通过政府积极扶持和引导，会形成区域型的特色优势产业，通过多种产业围绕主导产业来发展当地经济，会使其变得更有生命力。比如近年来，长沙市农民专业合作社蓬勃发展，势态良好，通过政府的积极引导，形成了涵盖农、林、牧、渔等及农产品生产、加工、流通各个产业，同时激励农民积极投身合作社事业，不断吸引新成员加入。农民专业合作社是当今重要的农业生产经营主体，提高农业组织化程度是促使农业产业化发展、促进农村经济发展、建设社会主义新农村的重要举措。

（三）掌握市场行情 随着我国经济水平的不断提高，人们生活水平随着自身购买力的加强而不断提升，尤其是在食品安全问题等形势日益严峻的条件下，消费者对畜禽产品的消费力度和消费态度开始有了微妙变化。养猪专业合作社生产的产品必须符合消费者口味，建立养猪专业合作社之前必须了解、熟悉、分析市场行情，把握、预测市场，搞清楚消费者的需要，了解市场对猪产品的需求量。如需要生长速度快的猪苗，或者抗病力高的仔猪；对于猪肉而言，需要瘦肉率高的猪肉还是口感较好的本地猪肉等。通过了解市场行情，做出对养猪专业合作社建立的可行性报告。

（四）以农民自愿加入为基础 养猪专业合作社是农民专业合作社在养殖领域的延伸，其本质仍然是农民的合作经济组织，因此建立的最基本原则便是自愿。根据规定，创办养猪专业合作社需要一定人数的农民参与，因此在建设和吸引农民加入的过程中要充分尊重农民的选择，坚持自愿入社的原则，要坚决杜绝强制或者变相强制农民加入，要对加入成员多做解释说明工作，让其了解合作社的优越性。

吸引农民加入合作社的基本办法有两点：

第一，分析利弊。把合作社成员发展对象召集起来，通过向他们分析合作社相对于“单打独斗”的优势、合作社的可行之处、合作社的未来前景；同时，也要向农民阐述合作社存在的弊端和风险，让农民全面了解合作社是经济时代发展的产物，利益与风险并存。

第二，利用成功典范吸引农民加入。如果合作社能带给农民丰厚的利润，自然而然就想加入；如果不能让农民看到合作社的前景和获利的未来，很难有说服力让其加入。因而需要成功典范或者专业大户的示范带头作用，让农民感受到合作社是能带领他们获利的，然后引导其加入养猪专业合作社。

二、组建养猪专业合作社的基本条件

组建养猪专业合作社不仅要从上述 4 个重要影响因素出发，更要使自身符合《农民专业合作社法》和《农民专业合作社示范章程》的基本要求。我国不同地区的养猪专业合作社的组建条件大同小异，都是基于法律、法规建立的。

（一）人员要求　根据法律、法规的要求，养猪专业合作社社员不能少于5人，其中依法享有农村土地承包权或者从事捕捞生产经营的农村集体经营组织的社员至少占成员总数的80%以上。合作社成员应该符合以下条件：①具有民事行为能力的中国公民；②能够利用并接受合作社提供的服务；③承认并认真遵守合作社的规章制度，履行合作社章程规定的入社手续。

根据上述规定，从事与农民专业合作社业务有关的生产经营活动的企业法人、社会团体法人、事业单位法人都具有成为养猪专业合作社成员的资格。但是具有公共管理，或者只有受委托形式公共管理职能的法人不能加入农民专业合作社。

养猪专业合作社成员的权利与义务并存。合作社成员的权利有：①依法享有在成员代表大会的表决权、选举权和被选举权；②可以使用合作社提供的服务和生产经营设施；③享有分配盈余的权利；④成员有权利查阅成员（代表）大会记录，财务会计报告；⑤其他章程规定的权利。合作社成员依法承担的义务有：①执行成员（代表）大会和理事会决议；②根据章程规定出资和签订相应的合同；③需要承担相应的亏损；④承担合作社规章制度规定的其他义务。

（二）要有基本的章程　养猪专业合作社的章程是决定合作社相关事务的重要原则和规定，同时也是合作社成员的行为规范，其主要内容包括：①养猪专业合作社的业务范围；②合作社的名称和住所；③社员的加入、退出和除名办法；④合作社成员的权利与义务；⑤组织机构和其产生方式、职责、任期和议事规则；⑥合作社成员的出资方式和金额，盈余分配及亏损承担量；⑦财务及资金管理；⑧合作社的变更、解散、清算；⑨合作社章程修改程序；⑩公告事项以及发布方式；⑪章程规定的其他事项。

章程规定的具体内容示范见附件《农民专业合作社示范

章程》。

(三)要有基本的组织机构 养猪专业合作社组织机构的确立及具体职能详见本书第三章。下面仅对组织机构的基本情况做简单介绍。

1. 基本机构与人员 养猪专业合作社一般需要设立成员(代表)大会、理事会(长)、监事会、执行监事、财务人员等管理机构与工作人员。

2. 成员(代表)大会 成员(代表)大会是合作社的最高权力机构,由全体成员组成。根据法律规定,若合作社成员超过150人可以设置成员代表大会,代表的人数一般为养猪专业合作社总成员数的15%～20%,具体职责由合作社内部章程赋予。

3. 理事会(长) 理事会和理事长是由全体成员通过成员(代表)大会选举产生。理事会是养猪专业合作社内部的执行机构,理事长是合作社的法人代表,其具体职权由合作社内部章程规定。

4. 监事会、执行监事 监事会和执行监事是由全体成员通过成员(代表)大会选举产生。成员较少的合作社可以不设立监事会。其具体职权由合作社章程规定。

5. 合作社功能机构 合作社功能机构包括办公室、财务室、技术服务部等部门,都受理事长的直接管理,理事会有权对这些部门的人员进行聘用和解雇。这些部门人员的具体职责由合作社规章制度具体限定。

(四)要有符合规定的名称和住所

1. 专业合作社的名称 根据惯例,养猪专业合作社的取名一般为“所在地的县名＋村名(地名)＋养猪专业合作社”,如宁乡县流沙河生猪养殖专业合作社。

2. 专业合作社的住所 养猪专业合作社的住所即指合作社的办公地点。专业合作社的建立初期发展缓慢,可以将专业合作社的办公地点设置在发起人或者生产经营大户家中,可以与企业或者村委会的办公室一起办公，但是尽量建立独立的办公室和接待用房。专业合作社办公室内部要布置合作社的章程以及相关制度和相关资料，同时要放置一些基本表格和记录本。

（五）要有成员出资 养猪专业合作社是养猪户自愿加入和组建的经济组织，所有成员必须缴纳一定的资金才能加入，资金分为身份股和投资股。

身份股是养猪户获得养猪专业合作社成员资格的前提，要想加入合作社必须先入身份股，具有身份股的合作社成员享有合作社提供的服务和优惠。身份股的高低根据各地经济现状的不同而不同，最终由合作社章程来确定，一般应不少于50元。身份股实行“入股自愿，退社自由”的原则。原则上不承担风险，也不参与分红。如有退社，必须在会计年度结算后进行。

投资股可以是现金，也可以是土地使用权、实物、技术、劳动力等折价入股。投资股的股份比例由合作社章程来确定。以技术、劳动力入股的，其股份原则上不得大于注册资金的30%。投资股实行利益共享，风险共担，除合作社清算、歇业外，投资者可以转让，但不得退股。

第二节 养猪专业合作社的组建模式

不同的组建方式有着不同的优势，合作社要着眼现状，立足长远，根据自身要求和能力来选择相应的组建模式。

一、依托养猪大户组建

养猪大户的数目在不断扩大，他们的发展不仅可以显著增加对畜牧业的投入，还可以带动当地畜牧业产业结构的调整，同时促进当地畜牧业整体素质和经济效益的提高。养猪大户在某种程度上可以推动养猪专业合作社的发展,它是某些地区养猪专业合作社再上一个台阶的动力和希望。

(一)养猪大户的发展现状 根据现有资料,以青海省互助县为例,养猪大户的现状与特点可以归结如下几点。

1. 养猪大户数量在迅速发展 截至2013年,互助县养猪户的规模化发展得到了迅速发展,通过省级验收认定的养猪场就有23家。在各种养猪户中,养猪大户增长速度是最快的,养猪大户的猪存栏量占全县总存栏量的37%。

2. 由传统型、粗放型经营向区域化、规模化、集约化转变 互助县在巩固和建设养猪基地的同时,还构造了很多产业带。当地畜牧业结构调整进一步优化,不断放弃传统的、粗放的养猪方式,优势产区的养猪大户不断朝着规模化、产业化、集约化的方向发展,势头强劲。

3. 由单家独户向股份制或股份合作制转变 现在的养猪大户虽都是民营,但是为了适应专业化和市场化的需要,其内部结构正在逐渐摒弃单家独户的结构,转而向股份制或者股份合作制转变。大多数养猪大户主动进行生产要素的联合,这也是合作社发展的基础。

4. 由单纯养殖向种养相济的一体化方向发展 养猪大户在当地畜牧业中是掌握着较为先进技术和具有丰富经验的群体,在不断实践中摸索出降低成本、增加效益的途径,树立了多产业结合的经济一体化发展理念。养猪专业合作社在不断发展壮大过程中,也不能依赖单一的养猪业来进行盈利,要加以相关产业或者副业来增强养猪专业合作社的竞争力。因此,养猪大户可以成为养猪专业合作社建立的稳定依靠。

(二)养猪大户可以成为合作社的依托 农村家庭承包经营孕育了养猪大户,是社会主义市场经济的产物,具有较为明显的市场主体特征。养猪大户摆脱了原始、传统的养猪方式，将利益最大化作为自己的生产目标，深刻地影响着农村经济市场化进程。养猪大户能准确把握市场的信息，能很好发挥市场主体地位，也能给其他养猪户起示范带头作用，能与广大养猪户结合成利益团体，带动和组织其他养猪户进入市场，推动养猪户增收。

养猪大户以其规模和取得企业法人资格获得了市场准入证，尤其是在经济全球化的背景下，单个家庭生产的产品是无法进行市场交换的。依赖养猪大户建立合作社，可以很好地利用他们的资源，且规模养猪大户能相互促进，带动其他产业发展，形成有竞争力的产业链。

实践证明，养猪大户正在为增加畜牧业投入提供有效的载体和动力，合作社通过依赖养猪大户可以更好地利用社会资金，特别是吸引和利用投资其他产业的人员进行畜牧业投资，这样可以极大地带动当地社会资金对养猪业的投入。

（三）推动养猪大户发展的途径 养猪大户在各地的畜牧业中不断增多，尽管有着较快的发展速度，但是部分养猪大户仍旧处于资本原始积累阶段，要想进一步发展就面临着许多问题的困扰，且养猪大户自身资本营运能力不强，还存在着重复投资现象。因此要适当给予养猪大户帮助，加快其发展，为合作社提供后备力量。推动养猪大户发展的途径可以大体分为以下几个方面。

1. 政策推动 就目前而言，养猪大户是发展农村先进生产力的代表，养猪大户对于畜牧业的发展而言不容小觑，支持养猪大户意味着支持畜牧业的发展，也是培育农村经济新的增长点。因此，培养更多养猪大户对于日后建立养猪专业合作社有着非常重要的现实意义。政府及相关部门需要改变自身工作方式方法，把工作重心放在养猪大户上，充分利用养猪大户的模范带头作用，鼓励养猪户的发展，最终为建立养猪专业合作社所用。

2. 项目带动 在确定畜牧业重点项目时，养猪大户应作为优先考虑对象，给予更多的扶持；在项目审定过程中，养猪大户提交的项目若具有广阔的市场、较好的效益等特点要优先给予支持；政府同时要在财政上多给予支持。

3. 科技指导 养猪大户的经营主体大部分为农民，文化水平相对不高，对科技知识的掌握不足，对运用科技手段进行养殖的意识不够，因此需要科技工作者对其进行培训和指导。养猪大户要想发展得更快更好，就要充分利用科技的力量。

依靠养猪大户建立的养猪专业合作社从某种程度上避免了缺乏经验导致养猪专业合作社无法建立的问题，养猪大户的丰富经验和成功范例都是能吸引更多新成员加入的理由。充分认识到养猪大户的重要性和对养猪大户工作的大力支持，对于今后养猪专业合作社的开展将更为顺利和稳健。

二、依托龙头企业组建

(一)基本情况 依托龙头企业组建养猪专业合作社，是指以龙头企业为主体，围绕养猪业，形成“龙头企业＋合作社”等农产品“产、加、销”一体化的经营组织形式。依赖这种模式建立的养猪专业合作社有多种表现形式，如合同制或者契约型。这种模式下，合作社与企业建立了利益相对稳定的购销关系。通过将购销合同规范化，龙头企业与合作社形成了一定的利润共享和风险分担机制，因而双方都获得了一种相对稳定的收益率。不管这种模式的具体表现形式如何，它的原则是要求龙头企业成为带动合作社养猪业发展的策动力，龙头企业在整个环节中处于优势和支配地位。

(二)基本特征

1. 准垂直一体化组织 在这种模式下，龙头企业往往为了降低其在市场购买产品的交易成本和减少原料供应风险，通过与养猪户签订协议，将合作社成员转变为产业员工；同时，将生猪养殖变成企业产业链上的一个环节，从而实现一体化经营。企业与合作社是相对独立的，但二者在产品的供求中有着密不可分的联系，因而不是完全的垂直一体化组织，可视为准一体化组织。

2. 短期性的不完全契约 企业从本质而言就是一种长期契约，基于此观点，龙头企业为依托的养猪专业合作社仅是一种短期契约。不仅企业与合作社签订的契约年限短，而且合同的内容也会变动得较为频繁。由于违约收益经常高于违约成本，因此企业与合作社随时解除契约的现象较为频繁。

短期契约的特性增加了企业与合作社签订合同的实施成本，并且决定了这种模式的不稳定性和风险性等问题。由于养猪户的文化水平相对较低，和合作社与企业之间的信息不对称，养猪户很难预测市场的现状和走向，也难以决定自己的行为，因此不能利用契约来规定处理各种不确定问题的具体事项。合作社与企业之间的契约难以平衡合作社成员与企业之间的利益。

3. 双方地位悬殊 在此种模式下，龙头企业占有绝对的实力，处于主导地位。龙头企业具有更充分的市场信息，能利用养猪户对市场变化把握不准的弱点来压低协议价格，龙头企业在与合作社谈判时处于上风。专用性资产的投入和专用性产品的生产又进一步加剧了企业与合作社之间博弈地位的悬殊。龙头企业为保证原料供应和合作社的忠实性往往要求合作社投入专用性资产，主要是一些专用性生产条件或生产工具，而有的企业要求合作社生产的产品本身就具有较强的专用性特点。无论是专用性生产条件（生产工具）还是专用性农产品，都使得农户在短期市场上难以找到其他替代顾客，因而增加了农户对企业的依赖度，从而使农户对龙头企业的博弈能力大大下降。

4. 产权明晰 以龙头企业为依托而建立养猪专业合作社的过程中，企业往往是与合作社通过签订合同进行合作，相互之间具有较强的独立性，产权结构也比较清晰。企业与合作社之间的关系往往通过合作社的养殖产品来进行联系，事先约定产品价格而后进行产品的交割。养殖户虽然是生产工人，但是其拥有的生产资料都不能由企业直接支配，在此种方式下，企业与合作社的产权结构明晰，产权之间的纠结也很小。因此，明晰化的产权可以降低公共租金的消耗。

5. 资本雇佣劳动 龙头企业为依托建立的合作社模式的劳动关系是典型的资本支配劳动。虽然企业与合作社都是独立的利益主体，但是在具体决策与利益分配时，企业仍然占据着支配地位。如果龙头企业与合作社之间的契约出现不完备特征，则龙头企业往往在契约以外方面的决策权在合作社之上，这种不对等关系也体现在利润分配上，合作社只能得到固定比例的利润，龙头企业则可以有剩余值索取权，相对而言能得到更多利润。

依托龙头企业开办养猪专业合作社可以充分利用企业提供的技术与服务，还能保证产品销售的畅通，保证了合作社产品在市场上的流通性和与市场的对接。即使在合作社建立初期会遇到重重困难，但是在与龙头企业的合作中制度会不断完善，遇到的问题和困难终将迎刃而解。

三、依托集体组织中介机构组建

(一)基本情况 中介组织联动型模式是以各种中介组织为纽带，中介组织包括各类农民专业合作社组织、供销社、技术协会、销售协会以及农民专业合作社，中介组织负责产前、产中、产后的所有事物，使众多分散养猪户联合起来形成统一的较大规模的经营群体，实现效益规模化，其基本流程是“合作社—中介组织—龙头企业或者市场”。这种模式在发达和欠发达地区较为普遍，这是对以龙头企业为依托建立合作社的改进。

（二）基本特征

1. 较为松散的一体化组织 在依托集体组织中介机构组建模式下，由于有中介组织的参与，在养猪专业合作社与市场或者企业进行交易时，企业或者市场对合作社的影响会变得相对薄弱。一旦存在违约等影响合作社利益的现象出现，毁约行为可能会大规模发生。中介组织在此扮演着重要角色，中介组织与合作社、中介组织与企业或者市场的代理成本主要替代了企业与合作社之间的市场交易成本。由于中介组织的出现，形成了两种代理关系，使得企业与农户之间的一体化经营程度降低，而形成了组织关联较为松散的一体化组织。

2. 双重的委托——代理关系 集体组织中介机构的联动型模式代替市场交易，主要利用中介组织的双重委托——代理关系。中介组织的这两层关系使中介组织成为合作社和企业或者市场的共同代理人。首先，龙头企业或者市场主要依托中介组织来规范合作社养猪户的行为，使合作社生产出的产品符合生产品种、质量和规模的标准；同时，合作社也可以依托中介组织与龙头企业或者市场谈判，来维护自身的利益。这层关系使中介组织显得非常重要。

3. 不稳定的博弈关系 理想化的中介组织联动型模式中，中介组织的存在是为了合作社养殖户争取利益的。但是，在经济现实中，中介组织作为具有相对独立利益的理性组织，掌握了合作社和市场终端的信息，很可能在其中发生经济行为，使得中介组织处于合作社与市场的博弈中，且可能采取“见机行事”的策略。这种博弈显得十分不稳定。

4. 产权不明晰 中介组织参与合作社与市场的协调，很容易发生越位行为，有时会代替养猪户做出一些决定，特别当与合作社协调处于主导地位时，这种越位行为会更加明显。有的中介组织可能在农业产业化经营中进行了公共积累，这部分资金或者资本没有明晰到农户账上，并且中介组织本身不是独立法人，没有稳定、明确的分配方案，这些都将导致组织产权关系不清，会出现中介组织侵吞部分公共财产等情况。

依托集体机构中介组织建设合作社是直接依托龙头企业建设合作社的进步表现，中介组织可以在很大程度上维护合作社养殖户的权益，为合作社争取较多利益。但是合作社在建立初期也会因为制度不健全与中介组织在利益上有所摩擦，从某种程度上说依托集体机构中介组织是一把“双刃剑”，要根据自身情况合理利用。

四、依托农村供销合作社组建

(一)基本情况 以农村供销合作社(以下简称供销社)为依托，围绕某一产品，以农民为主体组织建立起来的自主经营、自我管理、自我服务、自负盈亏的合作经济组织，是发展农村集体经济的有效形式。中央[1995]5 号文件提出“坚持把供销合作社真正办成农民的合作经济组织”，这不但指明了供销社的改革方向，也指明了我国农村合作经济组织的发展方向，供销合作社的实质就是农民专业合作社。

以供销社为依托创办养猪专业合作社，可以充分吸收供销社开办和管理合作社的经验，因为养猪专业合作社与农村供销合作社本质上都是合作社，都是以农民为主体建立起来的经济组织；同时，供销社有着深厚的经济基础，养猪专业合作社创办初期可以发展更为迅速；供销社宽广的经营网络有利于产品更好地流向市场，而降低来自销售带来的风险。

(二)依托供销社创建的优势

1. 有法律依据 《农民专业合作社法》第九条规定：“县以上各级人民政府应当组织农业行政主管部门和其他有关部门及有关组织，依照本法规定，依据各自职责，对农民专业合作社的建设和发展给予指导、扶持和服务”。《农民专业合作社法》没有明确要求设立执法主体和主管部门，而是要求政府对专业合作社的支持，支持的形式可以灵活多样。供销社是法律规定的合法组织，是农民自己联合建立的经济组织，在政府大力支持和引导下，依托供销社建立的养猪专业合作社在政策上往往会受益无穷。

2. 具有行政依据 国发[2009]40号文件提出供销合作社改革发展的总体要求：全面贯彻党的十七大和十七届三中、四中全会精神，以邓小平理论和“三个代表”重要思想为指导，深入贯彻落实科学发展观，坚持为农服务宗旨，坚持社会主义市场经济改革方向，坚持合作制基本原则，大力推进经营创新、组织创新、服务创新，加快构建运转高效、功能完备、城乡并举、工贸并重的农村现代经营服务新体系，努力成为农业社会化服务的骨干力量、农村现代流通的主导力量、农民专业合作的带动力量，真正办成农民的合作经济组织，不断开创中国特色供销合作事业新局面。由此可以看出，政府对供销社发展的重视程度，依托供销社建立养猪专业合作社必然会在政府对供销社改革创新的进程中得到建设性指导，也能在供销社改革创新的道路上让自身的发展更上一层楼。

3. 有队伍、有人才 供销社经过60多年的发展，具有一批精通业务、政治上成熟、各项经验丰富的管理合作经济组织的人才队伍，因而对相关合作社业务也能得心应手。

4. 有体制条件 供销社从中华全国供销合作总社到省市（自治区）、自治州、地区、县、乡（镇）有完整的组织管理体系和经营服务网络，经过长时间实践的考验，其体制是成熟可靠的。

5. 相对于其他农民经济组织有自身优势 供销社关系网络辐射宽广，对于与之合作的其他合作社的产品销路有载体和途径；供销社系统的农业产业化骨干龙头企业可以作为养猪专业合作社赖以发展的平台和依托。

供销社历史悠久，与共和国应运而生。虽然在不断地发展和调整中经历了许多波折，但其作为农民专业合作经济和农村合作经济组织的属性和重要作用非常明显。随着国家经济发展和发展农村经济的要求不断加大，供销社在农民专业合作社的发展中能起到中流砥柱的作用。

第三节 养猪专业合作社登记注册的具体步骤

一、准备工作

养猪专业合作社建立前的首要任务就是选择发起人，在专业合作社的筹备阶段，主要工作都是由发起人来办理，因此发起人的选择以及对未来规章制度策划、协调和宣传等工作构建显得尤为重要；其次，合作社发起人要做好初期的宣传工作以便吸引更多的新成员加入；再次，发起人需要起草合作社的规章制度草案，以备今后成立大会和合作社注册登记用；最后，在恰当的时机发动合作社成立大会。完成这几个步骤后，便可以进入注册登记等办理程序。

二、申领合作社法人营业执照

根据《合作社登记管理条例》，合作社发起人依法去当地工商行政管理局申领合作社法人营业执照，需要提交的材料包括：设立登记书；全体设立人签名、盖章的设立大会纪要；全体设立人签名、盖章的章程；法定代表人、理事的任职文件和身份证明；全体出资成员签名、盖章予以确认的出资清单；法定代表人签署的成员名册和成员身份证明复印件；住所使用证明；指定代表或者委托代理人的证明;合作社名称预先核准申请书;业务范围涉及前置许可的文件。

申领合作社法人营业执照的过程中需要注意的是:①农民专业合作社取名规则为“行政区划+字号或商号+产业类别+专业合作社”;②农民专业合作社法人营业执照不需要年检。

三、办理合作社公章

根据《公安部印章管理办法》,办理合作社公章应去当地公安局,需要提交的材料包括:合作社法人营业执照复印件、法人代表身份证复印件、经办人身份证复印件。合作社需要的公章有行政章、财务专用章、法人代表章3枚。

四、申领组织机构统一代码证

根据《组织机构代码管理办法》,代办人应去质量技术监督局申领组织机构统一代码证,需要提交的材料包括:合作社法人营业执照副本原件及复印件各1份;合作社法人代表及经办人身份证原件及复印件各1份;如受他人委托代办,必须持有委托单位出具的代办委托书书面证明。

在申领代码过程中,经办人需要注意的是:合作社自工商局批准成立或核准登记成立之日起30日内办理组织代码。代码证有效期为4年,到期需要换证,代码实行年检制度。

五、申领税务登记证

根据《税务登记管理办法》,经办人需持材料去国家或地方税务局申领税务登记证,需要提交的材料包括:法人营业执照副本及复印件;组织机构统一代码证书副本及复印件;法定代表人身份证或者其他证明身份的合法证件复印件；经营场所房屋产权证书复印件；成立章程或者协议书复印件。

需要注意的是：①合作社自领取工商营业执照之日起30日内申报办理税务等，未按照规定期限申报办理的，最高可处2 000元的罚款；②税务登记证定期验证、换证和年检，1年验证3次，3年更换1次。

六、银行开户和账号办理

根据《银行账户管理办法》，经办人在任意一家商业银行或者农村信用社进行银行开户和账号办理，需要提交的材料为：法人营业执照正、副本及其复印件；组织机构代码证书正、副本及其复印件；专业合作社法定代表人的身份证及其复印件；经办人员身份证原件、相关授权文件；税务登记证正、副本及其复印件；合作社公章和财务专用章及其法人代表名章。

办理过程中需要注意的是：在银行办理完账号、账户后，需要提交账户到国家税务局，同时每月按时到国税局报税。

第四节 明确养猪专业合作社的基本组织机构

《中华人民共和国农民专业合作社法》(以下简称《农民专业合作社法》)第四章明确规定了农民专业合作社的组织机构。根据规定，农民专业合作社的基本机构包括成员(代表)大会、理事会和监事会以及其他组织机构，其中成员(代表)大会是合作社的权力机构，理事会是合作社的执行机构，监事会是合作社的监督机构。由于养猪专业合作社的规模性与经营方式的多样性，使得其设立的组织机构也不尽相同；同时，《农民专业合作社法》没有对养猪专业合作社的组织机构设立做出硬性规定。所以，养猪专业合作社可以根据自身的实际情况设立必要的组织机构。

一、养猪专业合作社成员（代表）大会

（一）成员（代表）大会概述　成员（代表）大会由养猪专业合作社的所有成员构成，是对合作社内部的各项重大事务进行表决的最高权力机构，如果合作社的组织规模比较庞大，成员人数超过150人，可以按照章程规定设立养猪专业合作社成员代表大会。成员代表大会的代表从合作社内部员工中民主选举产生，成员代表大会的职权范围、工作模式都没有受到法律的严格限定，基于合作社章程规定，养猪专业合作社的成员代表大会可以行使成员（代表）大会的部分或者全部职权。《农民专业合作社法》第二十二条阐述了成员（代表）大会的主要职权：

①修改章程；

②选举和罢免理事长、理事、执行监事或者监事会成员；

③决定重大财产处置、对外投资、对外担保和生产经营活动中的其他重大事项；

④批准年度业务报告、盈余分配方案、亏损处理方案；

⑤对合并、分立、解散、清算做出决议；

⑥决定聘用经营管理人员和专业技术人员的数量、资格和任期；

⑦听取理事长或者理事会关于成员变动情况的报告；

⑧章程规定的其他职权。

（二）如何保证成员大会的正常运行　合作社始终围绕着成员的需要，并且合作社的成功主要依赖于成员对合作社的要求，依赖于成员的合作和集体的行动力量。所以，合作社需要坚持“以人为

本，民主管理”的基本原则。民主管理的核心是每个成员拥有平等的权利，重点强调了成员权利来自于成员身份而非财产权，这是与公司制度不同的地方。成员（代表）大会充分体现了民主管理的精髓，肯定了合作社成员的知情权、有效参与权、平等投票权以及对决策过程控制的权利。

想要建立良好的成员（代表）大会组织，合理加快民主管理在合作社内部推进的步伐，必须认清阻碍民主管理的因素，只有对症下药才能让民主管理、社员是合作社真正主人的思想落实到工作中的每个环节。阻碍成员（代表）大会的因素很多，总结起来有如下几点。

首先，从组织意愿上来看，部分合作社的成立缺乏成员基础。某些合作社成立的目的在于减免税收和获得政府的财政补贴，还有少部分合作社是在地方政府的干预下成立，动机不纯，导致民主管理成了空壳，成员大会的成立也只是摆设。

其次，就成员结构而言，也是我国农民专业合作社的一大特色。合作社成员异质性强，不同成员之间有着相同或者不同的利益，因而成员内部容易形成很多利益相同的“小组织”，当这些小组织具有较多的合作社核心成员与骨干成员时，合作社的实际控制权容易倾斜，导致法律规定成员（代表）大会的职能得不到很好的发挥。

最后，成员觉悟影响着成员（代表）大会的建设。由于合作社成员的文化素质相对较低，成员的主动参与意识很弱，他们加入合作社主要强调的是“合作社能提供的短期利益”而并没有意识到自己是合作社的主人。同时，受制于文化水平，很多成员的决策能力有限，不能很好地利用成员（代表）大会制度。

因此，要想让养猪专业合作社的成员（代表）大会制度合理地运转起来，有效地贯彻民主管理制度任重而道远。一切从实际出发，强化和提升成员加入合作社组织的要求，不断提高成员的自我修养，树立权利与义务的理念，让成员主动参与养猪专业合作社的重大决策，这样才能推动民主管理，保证所有成员的利益，这也是成员(代表)大会存在的意义。

二、养猪专业合作社理事长和理事会

(一)理事长与理事会概述 理事长和理事会是养猪专业合作社的执行人和执行机构，理事长或者理事会成员都是经过成员大会在本社成员中选举产生。法律没有规定具体的产生办法、权力、任期、议事规则，这些都通过养猪专业合作社内部章程来具体确立。

根据法律规定，养猪专业合作社必须设立理事长1名，理事长为养猪专业合作社的法人代表，理事会设立与否根据合作社发展的实际情况而定，不做硬性要求。合作社如果需要设立理事会，理事的人数应由合作社的规章制度来决定。对于规模较小和成员数目较少的合作社，可以根据成员的意见，只设立理事长负责合作社的经营管理。

(二)理事长与理事会的职责

1. 理事长的主要职责 ①主持理事会的全面工作，组织召开理事会、成员大会或成员代表大会；②制定养猪专业合作社的生产经营计划，发展规划，年度计划和内部管理制度；③主管合作社财务部工作，按照费用开支制度审批合作社的费用开支；④代表合作社承担市、县政府及有关部门关于产业发展的科技推广应用，全面负责合作社的生产、加工和营销，并代表合作社签订营销及收购协议、合同和契约；⑤维护成员的合法权益，反映成员的意愿和要求，充分发挥合作社在生产、加工、营销的桥梁和纽带作用，做好各种优惠政策的落实，做好协调服务。

2. 理事会的主要职责 ①组织召开成员大会或成员代表大

会，并向成员大会或成员代表大会报告工作和其他需要成员大会或成员代表大会讨论、审议、通过的事项；②在成员大会或成员代表大会闭会期间，负责执行成员大会或成员代表大会的决议和决策；③制定本社的生产经营计划、发展规划、年度计划和内部管理制度；④设置内部管理机构，聘用或解聘合作社经理和部门负责人及工作人员，并制定奖惩办法和报酬标准；⑤代表合作社对外签订协议、合同和契约；⑥组织成员参加培训和开展各种互助协作活动；⑦组织编制年度业务报告、盈余分配方案、亏损处理方案以及财务会计报告；⑧接受监事会对本社生产、经营、分配、财务状况等进行监督，并对监事会提出的监督意见，在规定时间内做出答复；⑨讨论本社成员的加入、退出、除名、继承等事项；⑩履行本社章程和成员大会或成员代表大会授予的其他职权。

(三)建设优良团队

1. 选配优秀的理事长 理事长是合作社的领头人，也是核心人物。理事长的能力和素质直接关系到养猪专业合作社未来的发展方向和发展前景。一般而言，优秀的理事长需要具有以下几点特征。

第一，具有高度责任心和无私奉献的精神。理事长虽然是合作社的核心人物，但是合作社的所有者是全体合作社成员。只有理事长具有高度责任心的前提下，才能殚精竭虑地为合作社的发展耕耘；只有具有无私奉献精神的人才不会以权谋私，而是为所有的合作社成员谋福利。

第二，具有强大的凝聚力和号召力。理事会是合作社的执行机构，执行的是成员代表大会所作的决议，因此理事长的凝聚力和号召力可以让合作社成员“心往一处想，劲往一处使”。

第三，具有出色的组织协调能力和洞察力。养猪专业合作社成立的本身，就是把同一地区分散的养猪户变分散为集中，变分歧为统一，变分力为合力，变单一为合作。实现这“四个变”其本身就是理事长组织能力的重要表现。然而，在组织起来共同合作的基础上，再达到“建得起”、“站得住”、“立得牢”。同时，除具备组织能力之外，理事长还必须具备对外开展合作的协调能力。合作社本身毕竟是股金有限、服务能力有限，所以要想把合作社发展起来，理事长还必须协调好外界的各种关系，要巧借外力发展自己，整合外界资源夯实合作社发展的基础，争取用社会的力量去创办合作社。比如，在资金上可与金融部门合作，建立“银社合一”的组织机构；在技术上可与大专院校合作；在物质上可与各大农资公司企业合作等。

第四，具有提升产品质量，打造产品品牌的能力。理事长要时刻关注本合作社入社农民产品的质量问题。理事长要学会充分发挥监事会的职能作用和产品质量规章制度约束力的作用；同时，要充分发挥合作社技术员在质量上的指导把关作用。只有对入社成员的产品质量实行综合性监管，才能确保合作社产品质量的提升。但提升产品质量仅是一个重要方面，更重要的是要想在市场提高占有率，把合作社的产品打造成“百年老店”，理事长还必须统一为全体入社农民的产品申办产品“商标”及绿色食品的“绿标”。两标的申办，再加上精包装，合作社的产品在市场上的占有率才能提高；反之，如果产品一味傻、大、黑、粗地生产销售下去，久而久之，将逐步被市场淘汰。

第五，具有掌握市场价格规律，开拓产品市场销售的能力。理事长要知道如何能够通过掌握市场价值规律，确保本合作社入社农民的产品永保市场的销售度，这就是对理事长在合作社运行中最大的、关键的能力考验。同时，理事长要想在合作社产品销售、提高市场占有率方面真正具备一定的能力，那就必须做好以下几点：①掌握国家经济形势，结合本合作社实际情况，做好生猪产品的宏观调控；②经常把“生产在家”的入社农民组织起来，认真开展经济形势教育和思想政治工作；③在引进、试养新产品，推广新技术上下功夫；④一定要出以公心，照顾全面。

第六，具有创新能力。合作社本身属于广大产业农民在市场经济条件下的一种组织创新。然而，如何在这种创新合作的基础上，理事长再进一步施展自己的创新能力，这在很大程度上是一种对理事长工作水平与组织能力的考验与挑战。理事长绝不能对已经成立起来的农民专业合作社保守残缺，固步自封，不求进取。理事长的创新工作，首先必须做到，对凡属未知的领域要有强烈的探索与兴趣，不为权威或文件所束缚，敢于结合本合作社发展的实际去标新立异。其次，理事长对合作社发生的事情或矛盾问题，以及在与外界的合作上，要做到反应迅速、见解独到，能在较短时间内表达出自己较强的新观念、新提法，同时做到举一反三。再次，在创新的结果上要有价值。创新的价值不仅在于它的前所未有，更在于它所产生的宝贵价值。

第七，对方方面面的事务具有一定的承受能力。理事长是合作社的领头人物，因而对合作社的事务要勇于承担。

[实例]

孙红丽，河北沧州盐山于庵兴林养殖专业合作社领头人、源丰牧业有限责任公司经理。在她的带动下，附近乡镇的 190 多户人家走上了致富的道路。

说起养猪，当地村民都感慨“多亏有了孙红丽发起的养猪专业合作社，才有了我们今天的好日子”。虽然养猪专业合作社的现状令人满意，但是合作社成立的最初原因还是由于孙红丽在自己单打独斗的过程中碰到了许多问题，如技术落后、成本过高、销售渠道不畅等，为了解决这些问题，孙红丽毅然决定成立养猪专业合作社。

养猪专业合作社成立的消息一经传出，立刻引起了当地养猪户的关注，仅 3 天时间便有 30 多家养猪户加入。在孙红丽的管理以及之前的养殖经验指导下，合作社成员的种猪饲料和兽药都是合作社统一采购的合格产品，既保证了质量，也保证了价格低廉；同时，孙红丽领导下的合作社，为成员提供技术指导，对于成员肉猪出栏后进行统一采购，每千克至少比市场价高出0.1元，使当地养猪户得到了较大的利益。

至今，兴林养殖专业合作社已有190多家养猪户加盟。孙红丽通过合作社完成了整个养猪业产前、产中、产后的各项服务工作，一个社员深有体会地说："兴林养殖专业合作社，对社员在饲料、疫苗、技术、销售渠道等方面给予全方位扶持，降低了社员的饲养成本，避免了市场风险，值得我们信赖！"为将养殖业做大做强，目前，孙红丽的养殖综合服务大楼已竣工完成，养殖场也扩大到9 000多平方米。

辛勤的汗水，换来了硕果累累。孙红丽的兴林养殖专业合作社被沧州市政府评为"农业产业化经营重点龙头企业"。

（资料来源：http://www.soozhu.com/article/2009/10/29/13150.shtml）

2. 建立优秀的理事会 理事会是在合作社发展到一定规模下的产物，法律并没有规定合作社必须设置理事会。如何建设好理事会，大致可以归纳为以下两点。

第一，完善关于理事会的规章制度。理事会的设立与否与合作社的规模有较大关系，如果规模够大，想要建立一个有效运行的理事会就必须有完善的规章制度，赋予合理的权力，限定其活动范围。

第二，选举出优秀的理事。理事是理事会的基础，理事不一定需要像理事长那样具有全面优秀的素质，但是他们是合作社的重要成员，要具有理事长的部分品质，要对合作社的发展有承担责任的勇气。

三、养猪专业合作社监事会

根据法律规定，养猪专业合作社可以设执行监事或者监事会。理事长、理事、经理和财务会计人员不得兼任监事。执行监事或者监事会成员，由成员大会从本社成员中选举产生，依照本法和章程的规定行使职权，对成员大会负责。单从文字层面来看，法律并没有强制要求合作社设立监事会，因而如果不设置监事会，可以将监督的权力直接赋予合作社的每一位社员。为了让监督机构与执行机构权力分开，法律还是规定了理事会的成员和其他机构的成员不能担任监事会成员，以保证监督机构的透明、公平、公正。

监事会的主要职责包括：①监督理事长或者理事会对成员大会或成员代表大会决议和本社章程的执行情况；②监督检查本社的生产经营和财务收支及盈余分配情况，负责对本社的财务进行内部审计并向成员大会或成员代表大会报告审计结果；③监督检查理事会和其他工作人员的工作情况；④向成员大会或成员代表大会提交监事会工作报告和各项决议执行情况的审查报告；⑤列席理事会会议，向理事会提出改进工作的建议；⑥建议召开临时理事会、成员大会或成员代表大会；⑦履行成员大会或成员代表大会授予的其他职权。

第五节　合理规划养猪专业合作社的内部功能机构

如果说权力机构、执行机构、监督机构是养猪专业合作社组成的基本构架，那么养猪专业合作社内部机构，如办公室、财务部等就是合作社的“器官”，负责养猪专业合作社内部具体的运转。根据养猪专业合作社需要建立的不同内部机构，其职责和成员都会有所差异。

一、办公室

办公室相对于其他内部机构而言，它的职能显得更为全面。办公室不仅仅需要面对合作社外部的联系，更要协调养猪专业合作社内部人员的部分事宜，因此建立办公室的重要性不言而喻。

要将办公室建好，就必须了解办公室的基本职能，然后有所针对性地进行硬件和人员配置。办公室的主要职责包括：①负责做好行政事务性工作，包括考勤、人事、财务、治安、保卫、消防、房管、休假安排，以及办公用品的申报、领取、购置、报修等管理工作；②负责做好各种会议的会务工作；③根据养猪专业合作社的各项机构和管理人员的要求，做好会议记录，协助领导贯彻落实会议确定的各项工作任务；④负责做好文件、公文、函件的接收、登记、保密、传递、保管、督办和文书归档工作；⑤负责做好上情下达、下情上达的工作；⑥负责做好印章管理工作；⑦负责做好各种报告、文件打印、复印工作；⑧负责做好来访人员及对外联络的服务工作；⑨负责完成合作社内部其他的必要工作。

办公室的工作多而不难，需要有一名较为有经验的办公室主任带头工作，办公室主任的主要职责有：①负责处理内外事务性的日常管理工作；②负责主持办公室的日常管理工作，抓好办公区域治安防范工作；③协助理事长等管理层做好办公室行政事务性工作，包括考勤、人事、财务、治安、保卫、消防、房管、休假安排，以及办公用品的申报、领取、购置、报修等管理工作；④负责做好社内外文件、公文来函的传递及交换督办工作；⑤负责做好各个部门的衔接工作，保证各种要求落实到位；⑥负责做好各种接待及会议的会务工作，包括会议记录、会场准备等；⑦协助领导督促落实检查各项工作的进展；⑧负责社领导差旅费的报账及社内的其他财务业务，严格管好社内的对外接待物品；⑨负责做好来访和对外联络的服务工作；⑩完成社领导交办的各项其他工作。同时，还需要根据实际工作的量多量少，来配备相应的工作人员协助办公室主任进行工作，也要提供相应的硬件，如电脑、书柜等。

二、财务部

财务部是养猪专业合作社的职能部门，负责合作社整个机构的财务管理，一般由财务部经理、审计主管、出纳员和会计组成。如果合作社的规模发展到一定程度，财务管理的任务开始变得复杂，财务部可以设置首席财务官、总会计师、财务总监、资金总监、财务部经理、审计主管、会计、助理会计、出纳员、收银员等。财务部控制着合作社内部的资金运转，因此，其目标应当定位为使合作社内部利润最大化、管理当期收益最大化、合作社财富（价值）最大化。

根据养猪专业合作社的发展需要，其财务部的基本职能可以归纳为：①做好会计核算，按照《会计法》、《农民专业合作社财务会计制度》和国家有关政策建立账目，确保会计信息的合法性和真实性；②负责管理好货币资金，督促管理好财产物资、产品，确保资产安全完整；③负责制定、实施财务管理制度，包括会计员、出纳员岗位责任制，资金管理及费用开支制度，社务公开制度，档案管理制度等相关制度；④管理好各种档案资料，包括文书档案和会计档案等资料；⑤负责制定、实施本部门工作人员岗位责任制。

将财务部建设好的核心问题在于选择财务部经理、会计、出纳等各个环节的工作人员。对于选择财务部经理而言，经验是首要参考标准，经验丰富的财务部经理工作开展起来会更为顺利，显得得心应手；其次，财务部经理要遵守基本的职业操守，不能以权谋私，且能带领财务部员工完成该部门的基本任务，将其基本职能发挥到极致；同时，能将财务部与其他部门的工作顺利衔接，能得到合作社内部其他机构的支持和帮助。对会计、出纳的基本要求是：爱岗敬业、热爱本职工作、依法办事、客观公正、保守秘密、精通专业技能。建设好财务部门的首要任务是根据这些需要进行人员选择，再给予相应的硬件进行日常事务的开展。

三、技术（供应）服务部

养猪专业合作社的技术（供应）服务部主要控制着合作社的生产任务安排、技术指导、设备和原料采购、质量把关等几个方面。其主要工作职责为：①负责按“以销定产”的原则组织产品的生产和采购，完成确定的生产目标；②负责掌握会员生产品种、规格、数量等情况，并及时向合作社报告；③负责开发、生产名特优产品；④负责所需物资的供应、原材料的采购，拟定并执行产品的生产或采购成本定额标准；⑤负责生产技术指导和技术咨询，开发、引导和建设名特优种苗繁育生产基地；⑥负责制定、实施本部门及本部门职工的工作职责，并对其工作业绩、过失等负责；⑦未经理事会批准超过规定成本标准采购产品造成的损失，由技术服务部主任及其责任人承担一定的经济赔偿责任；⑧对因管理不善造成的财产物资损失和发生的安全事故等，负法律和经济上的主要责任。

建设技术（供应）服务部应围绕着培养优秀的技术服务人员进行，技术（供应）服务部的重点在于技术，因而在选择该部门员工时要考核其对养殖技术的掌握，以及对市场行情的了解程度，还有其工作态度。掌握了先进的养殖技术，有助于在提供技术服务或者技术指导时能保持先进水平，生产出优质产品；对市场行情了如指掌，可以在采购设备和原料的时候节约成本，为合作社的发展提供新动力;良好的工作态度有助于在合作社内部的团结,也可以在外界获得更好的口碑。而对于技术(供应)服务部经理的选择,不仅需要前述的那些特点,更要有一定的管理能力和协调能力,能调动部门工作人员的积极性,并与其他机构和部门处理好相互之间的关系。

四、培训部

培训部专门负责对养殖户进行指导,这种指导区别于技术服务,而是召集合作社内部所有养猪户,在室内进行先进的养猪技术的交流,使合作社内部的技术与时俱进,提升合作社内部技术的整体水平。该部门可以由技术(供应)部的人员兼任,该部门的人员需要不定时去学习新技术,并根据实际情况制定出合理利用新技术的计划,再将这些新技术传授至养猪户。

培训部的工作人员必须具备较强的学习能力和表达能力,不仅自己善于学习新技术,更要会将新技术通过自己的表达传授给养殖户的技术人员。

五、市场营销部

市场营销部是养猪专业合作社内部机构中负责合作社产品销售的重要管理部门,销售环节包括管理、监督、协调、服务。市场销售部的工作包括:①负责市场调查工作、市场企划工作;②负责编制和组织实施年度销售计划;③负责具体销售合同(订单)的评审与组织实施;④负责客户管理和信用风险管理;⑤负责售后服务管理;⑥负责销售收入和销售费用的管理;⑦负责品牌建设;⑧负责营销人员队伍建设;⑨参与合作社年度工作报告,并向财务部提交相应资料;⑩参与合作社发展计划的制订;⑪参与合作社内部的其他相关工作。一般销售部需要的人员配置包括：销售部经理、策划、高级客户经理、销售人员、内部文员等。

可以说，营销部把握着合作社的经济命脉，营销部的业绩直接影响合作社的经济利益，所以在选择营销部人员时需要查看其是否具有优秀销售人员的特质，如较好的沟通能力、市场开发能力和分析能力、管理能力、应变能力，还要有较强的责任心，熟悉销售模式，具有拓宽业务渠道的能力。要将营销部建设好，还需要制定具体的实施细则，包括区域的划分、营销人员的配置、公司相应资源的调配，如资金、人员、技术服务、售后维护等。此外，营销部应针对不同的客户，制定不同的实施方案，主要是技术方面的。

从法律层面而言，许多机构并非需要强制建立，只需要有相应的人员或者类似的机构来执行即可。但是为了引导养殖户健康发展，告诉养殖户什么是专业合作社，如何建立专业合作社，如何做好专业合作社，法律还是对每个机构做出了言简意赅的说明，各个机构的建立主要依赖于对工作人员的选择和对机构职能的把握，正确理解机构的定义才能真正将机构建好。

第三章 养猪专业合作社的规章制度建设

专业合作社规章制度的确立是使合作社发展壮大的必要条件，是由合作社依照民主程序制定的，体现了合作社与成员在共同劳动、工作中所必须遵守的劳动行为规范的总和，完善的规章制度确立了合作社的性质，明确了合作社的定义和定位，指出了合作社的各个机构的权力范围，阐述了合作社的运行机制。完善的规章制度对专业合作社未来的发展具有深远影响。

第一节 养猪专业合作社的基本制度

养猪专业合作社的各项基本制度通过其设置的各个机构体现，各个机构的结构与功能也是相应基本制度的具体体现。对于各个机构的结构与功能已经在前面的章节详细介绍，以下各项规章制度都是根据《农民专业合作社法》的要求和《农民专业合作社示范章程》的基本内容制定的。各养猪专业合作社可根据自身的情况再进行调整制定。

一、养猪专业合作社成员(代表)大会制度

第一条 为了保障成员行使民主权利，有利于管理本社的事务，发展合作社的事业，根据《农民专业合作社法》和《农民专业合作社章程》，特制订本制度。

第二条 养猪专业合作社成员(代表)大会是本社的最高权力

机构，是本社实行民主办社、民主监督、民主决策的基本制度。

第三条 成员（代表）大会由成员直接选举的代表组成，对全体成员负责，接受成员监督。成员代表大会每届任期×年，任届期满后应及时进行换届。

第四条 成员代表由成员选举产生，代表名额×名，并张榜公布。成员代表出现缺额时，应及时补选。

第五条 成员代表应遵守国家法律、法规和合作社章程；关心集体，作风正派；学习党的方针、政策和科学文化知识，提高议事能力；密切联系成员群众，听取、反映群众的意见和要求，维护成员群众的正当权益；认真执行成员代表大会的决议，向成员们做好宣传、解释工作。

第六条 成员代表在合作社内享有选举权和被选举权；有权参加成员代表大会，发表意见，行使表决权；有权监督理事会、监事会工作，参与重大经济问题决策。

第七条 2/3 以上成员代表联名，可以向成员代表大会提议罢免不称职的理事会、监事会成员。

第八条 成员代表大会行使下列职权：

（1）审议、修改本社章程和各项规章制度；

（2）选举和罢免理事长、理事、监事会成员；

（3）决定成员出资标准及增加或者减少出资；

（4）审议本社的发展规划和年度业务经营计划；

（5）审议批准年度财务预算和决算方案；

（6）审议批准年度盈余分配方案和亏损处理方案；

（7）审议批准理事会、执行监事（或者监事会）提交的年度业务报告；

（8）决定重大财产处置、对外投资、对外担保和生产经营活动中的其他重大事项；

（9）对合并、分立、解散、清算和对外联合等做出决议；

(10)决定聘用经营管理人员和专业技术人员的数量、资格和任期；

(11)听取理事长或者理事会关于成员变动情况的报告；

(12)决定其他重大事项。

第九条 成员代表大会实行例会制度，每年至少召开2次。养猪专业合作社遇有重大经济事项，应随时召开成员代表大会。

第十条 成员代表大会一般由理事会召集，理事长主持。成员代表大会须有2/3以上的代表参加，始得举行；决议必须有占全体代表半数以上的代表通过，方为有效。会议决定的事项要及时传达到全体成员。

第十一条 合作社理事会是成员代表大会的执行机构，在成员代表大会闭会期间负责处理合作社的日常事务，对成员代表大会负责。理事会由5人组成，设理事长1名，副理事长1名。

第十二条 合作社监事会是成员代表大会决议执行情况的监督机构。大会选举出执行监事1名，执行监事会职权。理事会成员不得兼任监事会成员。

第十三条 合作社理事长及理事会、监事会成员应由成员代表大会选举产生。理事会、监事会成员候选人应当比应选名额多1人，实行差额选举。

理事长、理事会、监事会组成人员，经成员代表提名，提交成员代表大会选举产生。

第十四条 成员代表大会通过决议，可以聘任非本合作社成员担任理事长及理事会成员。监事会委员不得由非合作社成员担任。

第十五条 召开成员代表大会，出席人数应当达到社员（代表）总数的2/3以上。成员代表大会选举或者做出决议，应当由本社成员表决权总数过半数通过；做出修改章程或者合并、分立、解散的决议应当由本社成员表决权总数的2/3以上通过。

第十六条 成员代表大会选举和表决，实行1人1票制，成员代表各享有1票的基本表决权。出资额或者与本社交易量（额）较大的社员按照章程规定，可以享有附加表决权。本社的附加表决权总票数，不得超过本社社员基本表决权总票数的20%。享有附加表决权的社员及其享有的附加表决权数，应当在每次成员大会召开时告知出席会议的社员。

第十七条 理事会、监事会应在例会前召开会议，讨论通过向成员代表大会提交的工作报告以及要决定的事项。

第十八条 在成员代表大会上，理事会、监事会必须向大会分别做出理事会工作报告、财务工作报告和监察工作报告。报告需形成书面材料，有条件的应在会前打印发给成员代表。

3个报告的主要内容如下。

（1）理事会工作报告主要内容包括：合作社发展状况及主要经验教训；上次成员代表大会决议的落实情况；下一步工作目标及具体措施；其他重大事项。

（2）财务工作报告主要内容包括：资产经营、负债状况；财务收支核算情况；合作社及其主要干部的报酬和用于对外交往中的招待费用支出情况；财务管理制度的执行情况和今后改进完善的具体措施。

（3）监察工作报告主要内容包括：检查社章和各项规章制度执行情况；合作社干部廉洁自律情况；今后监察工作的任务和措施。

第十九条 在成员代表大会例会期间，要在较为醒目的位置，张榜公布财务账目，内容主要有：合作社财务收支状况；干部报酬情况；合作社经营状况及其他成员关注的重大事项。公布账目要实事求是，简明易懂。

第二十条 成员代表大会的召集由章程规定，每年至少召开1次例会。有下列情形之一的，应当在20日内召开临时成员（代表）大会：30%以上的成员提议；执行监事或者监事会提议；章程规定的其他情形。成员代表大会例会须在召开前1周通知代表，并通报主要会议内容及有关情况，以便代表做好准备。

第二十一条 召开成员代表大会要做到“四有”。有签到，有会标(统称“×××养猪专业合作社第×届第×次成员代表大会”)，有记录，有档案(成代会所有有关材料都应作为档案保存，以备成员代表查阅)。

第二十二条 成员代表大会的一般程序为：

(1)宣布开会；

(2)公布代表出席、缺席情况；

(3)由合作社理事长做工作报告；

(4)由财务主管做财务工作报告；

(5)由执行监事做监察工作报告；

(6)代表分组讨论和大会发言；

(7)相关负责人解答代表提出的质询、意见和建议；

(8)通过大会有关决议；

(9)大会总结；

(10)宣布闭会。

第二十三条 为了充分发扬民主，让成员代表畅所欲言，会议应留出足够的代表发言时间，会上发不了言的，应允许代表会下反映或写出书面意见。

第二十四条 合作社理事会对成员代表大会形成的决议，要抓紧落实，并在下一次会议上向成员代表报告落实结果。

第二十五条 对成员提出的建议和要求，特别是事关群众切身利益的热点、难点问题，要进行归纳整理，认真研究，能解决的解决，能答复的答复；一时解决答复不了的，要向代表说明情况。

第二十六条 为调动代表关心集体事业的积极性，代表提出的建议被合作社采纳的，应依据产生效益情况，给予适当表扬奖励。

二、养猪专业合作社理事会工作制度

第一条 为了规范理事会的行为，促进合作社发展，依据《农民专业合作社法》和农业部《农民专业合作社示范章程》，特制定本制度。

第二条 理事会是合作社的执行机构，对社员大会负责。

第三条 本届理事会由×名理事组成，理事会成员由社员（代表）大会从本社社员中选举产生，任期×年，可连选连任。

第四条 理事会职责：

（1）组织召开成员（代表）大会，并向成员（代表）大会报告工作和其他需要成员（代表）大会讨论、审议、通过的事项；

（2）在成员（代表）大会闭会期间，负责执行成员（代表）大会的决议和决策；

（3）制定本社的生产经营计划、发展规划、年度计划和内部管理制度；

（4）设置内部管理机构，聘用或解聘合作社经理和部门负责人及工作人员，并制定奖惩办法和报酬标准；

（5）代表本社对外签订协议、合同和契约；

（6）组织成员参加培训和开展各种互助协作活动；

（7）组织编制年度业务报告、盈余分配方案、亏损处理方案以及财务会计报告；

（8）接受监事会对本社生产、经营、分配、财务状况等进行监督，并对监事会提出的监督意见，在规定时间内做出答复；

（9）讨论本社成员的加入、退出、除名、继承等事项；

（10）履行本社章程和成员（代表）大会授予的其他职权。

第五条 理事会会议的表决，实行 1 人 1 票制。重大事项集体讨论，并经 2/3 以上理事同意方可形成决定。理事个人对某项决议有不同意见时，其意见记入会议记录并签名。

第六条 成员（代表）大会从本社社员中选举产生1名理事长，依照章程的规定行使职权。

第七条 理事长是本社的法定代表人，其主要职责是：

（1）主持理事会的全面工作，组织召开理事会、成员大会或成员代表大会；

（2）签署本社社员出资证明；

（3）签署聘任或者解聘本社经理、财务会计人员和其他专业技术人员聘书；

（4）组织实施社员（代表）大会和理事会决议，检查决议实施情况；

（5）履行社员（代表）大会授予的其他职权；

（6）制定合作社的生产经营计划、发展规划、年度计划和内部管理制度；

（7）主管合作社财务部工作，按照费用开支制度审批合作社的费用开支；

（8）代表合作社承担市、县政府及有关部门关于产业发展的科技推广应用，全面负责合作社的生产、加工和营销，并代表合作社签订营销及收购协议、合同和契约；

（9）维护成员的合法权益，反映成员的意愿和要求，充分发挥合作社在生产、加工、营销的桥梁和纽带作用，搞好各种优惠政策的落实，做好协调服务。

第八条 理事会接到监事会质询或建议的书面通知后，应在×个工作日内做出答复。

第九条 理事会所议事项要形成会议记录，出席会议的理事应当在会议记录上签名。

第十条 本制度从××××年××月××日起执行。

三、养猪专业合作社监事会工作制度

第一条 为了规范监事会行为，促进养猪专业合作社发展，依据《农民专业合作社法》和农业部《农民专业合作社示范章程》，特制定本制度。

第二条 监事会是合作社的监督机构，代表全体社员监督养猪专业合作社的财务和业务执行情况。

第三条 监事会由×人组成，设执行监事1人。监事会成员由社员（代表）大会选举产生，每届任期×年，可连选连任，合作社理事、监事不得互相兼任。

第四条 监事会职责：

（1）监督理事长或者理事会对成员大会或成员代表大会决议和本社章程的执行情况；

（2）监督检查本社的生产经营和财务收支及盈余分配情况，负责对本社的财务进行内部审计并向成员大会或成员代表大会报告审计结果；

（3）监督检查理事会和其他工作人员的工作情况；

（4）向成员大会或成员代表大会提交监事会工作报告和各项决议执行情况的审查报告；

（5）列席理事会会议，向理事会提出改进工作的建议；

（6）建议召开临时理事会、成员大会或成员代表大会；

（7）履行成员大会或成员代表大会授予的其他职权；

（8）履行社员（代表）大会授予的其他职责。

第五条 执行监事职责：

（1）主持监事会的全面工作，组织召开监事会；

（2）向成员大会或成员代表大会做监事会工作报告；

（3）监督理事会及管理工作人员的职责履行、制度执行情况；

(4)监督检查合作社生产计划、营销计划的完成情况,资金积累及盈余分配情况;

(5)监督检查合作社资金运转、费用开支和社务公开情况;

(6)代表监事会建议召开临时理事会、成员大会或成员代表大会;

(7)履行成员大会或成员代表大会、监事会授予的其他职权。

第六条 监事会会议由执行监事召集,执行监事因故不能召集会议时,可以委托其他监事召集。

第七条 监事会会议的表决实行 1 人 1 票制。监事会会议须有 2/3 以上的监事出席方能召开。重大事项的决议须经 2/3 以上监事同意方能生效。

第八条 监事会所议事项要形成会议记录,出席会议的监事应当在会议记录上签名。监事个人对某项决议有不同意见时,其意见也要记入会议记录并签名。

第九条 本制度从××××年××月××日起执行。

四、养猪专业合作社议事规则制度

第一条 本社按照“成员(代表)大会决策、理事会执行、监事会监督、成员团结合作”的民主管理机制运行。

第二条 成员(代表)大会按照章程规定召集和主持召开,其选举、决议、表决必须在充分酝酿讨论的基础上,根据其内容,按照充分发扬民主的原则,采取举手通过、举手表决、票选票决方式民主进行。

第三条 理事会实行集体领导,分工负责,民主集中制;理事会由理事长主持在其职权范围内研究决定事务,制订提请成员(代表)审议事项的方案;决定事务需表决的一律采取票决方式进行。

第四条 监事会由监事长主持(执行监事负责本社的监督),

按照章程规定的职责，研究制订对理事会及其成员、经营管理人员、合作社成员进行监督检查的办法和方案，提出质询建议内容、方式和答复要求。监事会(执行监事)书面提出质疑问题的同时，有权书面通知停止所质疑对象的此类行为，当答复通过后方可解除；质疑对象答复解释说明不清，或者拒不整改的，根据质疑问题的大小和质疑对象的不同，通过提请理事会或者成员(代表)大会表决解决。

第五条 根据全社社员居住分布状况和生产状况，实行每个理事、监事、社员代表分工联系社员制度，进行社员上传下达，开展生产经营指导服务，确保信息畅通、运作有序。

五、养猪专业合作社社员联系制度

第一条 入社

(1)入社条件和程序。凡是从事与合作社业务直接有关的生产经营活动的公民，以及企业、事业单位或者社会团体，符合理事会规定的入社条件，自愿加入本社，承认并遵守本社章程和管理制度，即可书面向本社提出申请，填写《入社申请书》，经本社理事会讨论通过后，在社员花名册上登记，颁发社员证，即成为养猪专业合作社社员。

(2)社员比例规定。合作社社员中，农民必须占成员总数的80%。成员总数20人以下的，可以有1个团体成员；成员总数超过20人的，团体成员不得超过成员总数的5%。

第二条 社员义务：

(1)遵守合作社章程和各项规章制度，执行社员(代表)大会和理事会的决议；

(2)按照章程规定向合作社出资；

(3)积极参加合作社各项业务活动，接受合作社提供的技术指

导,按照合作社规定的质量标准和生产技术规程从事生产,履行与本社签订的业务合同,发扬互助协作精神,谋求共同发展;

(4)维护合作社利益,爱护生产经营设施,保护合作社社员共有财产;

(5)不从事损害合作社社员共同利益的活动;

(6)不得以其对合作社或者合作社其他社员所拥有的债权,抵消已认购或已认购但尚未缴清的出资额;不得以已缴纳的出资额,抵消其对合作社或者合作社其他社员的债务;

(7)承担合作社的亏损;

(8)社员共同议决的其他义务。

第三条 社员的退出、死亡、除名

(1)社员要求退社的,须在会计年度决算的 3 个月前(团体社员退社的,须在会计年度决算的 6 个月前)向理事会提出书面声明,填写《退社申请书》,方可办理退社手续。退社社员的资格于该会计年度结束时终止,在本会计年度决算后 1 个月内,办理退社财务结算。如养猪专业合作社经营盈余,按照养猪专业合作社规定退还记载在该社员账户内的出资额和公积金份额,并返还其相应的盈余所得;如经营亏损,扣除其应分摊的亏损金额。社员在其资格终止前与养猪专业合作社已订立的业务合同应当继续履行。

(2)成员有下列情形之一的,经理事会讨论通过予以除名:

①不履行成员义务,经教育无效的;

②给养猪专业合作社名誉或者利益带来严重损害的;

③成员共同议决的其他情形。养猪专业合作社对被除名成员,退还记载在该成员账户内的出资额和公积金份额,结清其应承担的债务,返还其相应的盈余所得。因第 ②项被除名的,须对养猪专业合作社给予相应赔偿。

(3)社员死亡的,其法定继承人符合法律及本章程规定的条件的,在 1 个月内提出入社申请,填写《入社申请书》,经理事会讨论通过后办理入社手续，并承继本应承担的债权债务。否则，按照退社处理。

(4)合作社要对退社、死亡、除名成员的《社员证》及时收回，按规定注销社员资格。

第四条 根据全社社员居住分布状况和生产经营状况，实行每个理事、监事（或者社员代表）分工联系社员制度，进行信息上传下达，开展生产经营指导服务，确保信息畅通、运作有序。

六、养猪专业合作社生产销售制度

第一条 养猪专业合作社需要统一制订生产计划。合作社根据市场需求和本社产品实际，统一制订年度生产计划和各个阶段生产计划，由社员（或者生产场、加工厂）按生产计划落实生产，与合作社签订生产合同，计划合同做到“统一面积产量、统一质量规格、统一农资农械需求、统一技术服务、统一安全生产责任、统一产品交售办法、统一加工要求、统一管理人员工资报酬奖惩”。

第二条 合作社需要统一供应农资。合作社根据生产需要和技术要求，统一组织人力为社员（或者生产场、加工厂）采购、供应生产资料和设备。实行规模采购，努力减少社员的生产成本。合作社统一采购供应的农资必须保证质量，适合本社各种生产和质量安全技术标准。否则，造成的损失由负责采购的当事人赔偿。

第三条 合作社需要统一技术标准。养猪专业合作社按照质量安全要求，统一组织制订、实施生产技术规程，按产品质量标准组织生产，逐步建立产品质量追溯、检测监督等制度。

第四条 合作社需要统一产品认证。合作社统一认证认定无公害基地、无公害农产品、有机产品及地方名牌、著名商标等，提升产品品牌和档次。

第五条 合作社需要统一指导服务。养猪专业合作社实行管理人员(或者社员代表)分生产区域、分产业产品品种负责制,统一对社员(或者生产场、加工厂)进行产前、产中、产后的指导服务和管理。养猪专业合作社对管理人员的报酬或补助按任务完成情况进行考核发放。因指导服务不到位,造成损失的由负责人负责赔偿。

第六条 合作社需要统一加工销售,主要表现在以下几个方面:

(1)合作社统一生产加工,统一商标品牌,统一包装销售。积极开拓市场,扩大销售网络,寻求定向加工,努力降低销售费用,提高产品的附加值。

(2)在合作社收购社员产品环节上,要严格执行合同规定的收购质量、价格、数量,对待社员要公平公正;社员要维护本社形象和利益,履约守信,不贪小利;社员要听从统一指挥,服从统一调度,保证在规定时间内,保质保量地交售产品,使产品能及时加工、包装、调运,进入市场。

(3)在产品交售加工期,合作社要确保信息畅通,按市场行情,随时公布交售产品的品种、质量、价格以及交售办法和要求,使社员及时组织采收、整理、分级、包装,使产品适时进入市场。合作社要确定专人,定期对收购、贮存、调运的产品以及待交售的产品,分社员、分生产场,分产品种类、分质量规格,分客户、分市场建立台账,做好统计分析,以指导、调度好加工、贮存和销售。

七、养猪专业合作社资产财务管理制度

第一条 理事会负责合作社资产财务管理的全面工作。监事会负责合作社的财务资产监督和内部审计工作。会计负责建立总账和明细分类账,做好财务收支、成本费用核算、会计报表编制和会计档案管理工作。出纳负责建立现金日记账、银行存款日记账

以及合作社资金收支、账款划转和支取。

第二条 合作社资产财务管理包括流动资产、农业资产、对外投资、固定资产和无形资产等管理。合作社资金管理包括成员出资、每个会计年度从盈余中提取的公积金和公益金、未分配盈余、国家扶持补助资金、他人捐赠款和其他资金。任何单位和个人不得侵占、挪用、截留、私分或者以其他方式侵犯农民专业合作社及其成员的合法财产。

第三条 合作社内部资产实行内部制衡制度管理和台账登记责任管理。在资产的购置、验收、保管、使用、处置等环节要分开实行,即购置计划、审批、采购、验收保管相互分开,相互监督。建立相应的资产台账登记制度,确定专门理事登记资产的购置、验收和保管、使用进行登记,将责任落实到点。凡造成资产损失或者浪费,又不能补救的,其直接和间接损失由责任人赔偿。财务部需要实事求是地确定易耗品使用期限和周期以及固定资产的折旧年限和比例,以此进行资产折旧的确定工作。财务部门要及时对实物资产进行校检,对账目进行核实,向理事会报告资产现状并提出问题和解决方案。理事会等管理层要加强对本社商标、土地使用权、非专利技术、商誉等无形资产的管理,防止无形资产流失。

第四条 合作社要妥善管理现金、各种存款、支票、账目和印鉴。支票和印鉴要分开保管,账目保管要安全完整。凡因保管现金、存款和账目造成损失的由当事人负责赔偿。合作社的银行账号和账户不得以任何理由出租、出借或转让,不得将公款私用,严禁以合作社名义为其他组织或者个人作担保。相关人员要及时查明未按时到账的款项,分清责任,由当事人负责赔偿。

第五条 财务支出必须由理事长亲自负责审批。财务管理要以增加收入、减少开支为原则,各项支出都必须用于养猪专业合作社的经济活动。在××××元以内费用开支,由理事长直接审批;在××××元以上费用开支,经理事会集体审核后,由理事长审批；在××××元以上的开支和投资（或者理事长向合作社出资额度以上的费用开支和理事长向合作社出资额度2倍以上重大项目建设投资），由社员（代表）大会讨论通过后，由理事长例行审批手续。财务人员办理各项支出，原始凭证（支出计划审批、发票、验收、入库等凭证）必须齐全，凭证必须有经办人、审核人、审批人签字方可入账。经集体审核通过的，需有会议记录或形成的决议作为依据入账。监事会在每月财务结账前对财务支出项目进行审核，对未按规定支出的，提出质询，责令整改纠正，甚至责令由责任人赔偿。

第六条 合作社内部的财务需要对所有成员公开。合作社每月按时将财务收支情况公布于办公地点；每年在成员（代表）大会上汇报盈余分配方案、财务决算情况和年度财务预算方案。财务人员需要回答成员提出的财务问题。

第七条 合作社购销产品、生产资料价格的确定及变更要经理事会通过，做到公开、公正、公平，实行透明化管理。购销价格确定后，要将购销价目表（如果有变化，原因要注明）张贴在办公地点明显位置，便于社员了解。

第八条 合作社的财务人员在建立社员账户时，要详细记载成员的出资额、应享有的公积金份额以及成员与合作社的交易额。社员与非社员要分开核算，国家财政扶持补助、其他捐赠的资金和财产，不得分配给成员，不得记入成员账户，仅作盈余分配依据之一，成员退社后不再享有。

八、养猪专业合作社盈余分配制度

第一条 持有合作社《社员证》的成员才有资格参加盈余分配。

第二条 合作社在年终盈余分配工作前进行财务清查，财务人员需要准确核算全年的收入、成本、费用和盈余，同时清理资产和债券债务。财务部在清算结束后向理事会提交盈余分配方案。

第三条 合作社的盈余按照下列顺序进行分配：

(1)提取盈余公积金。按照章程或成员大会决议规定的比例提取，用于弥补亏损、扩大生产经营或者转为成员出资。若累计有亏损，首先弥补亏损，抵亏后的公积金余额再用于扩大生产经营或者转为成员出资。

(2)向社员分配盈余。养猪专业合作社的盈余经过上述分配后的余额，按照交易量(额)向社员返还，分配比例不低于可分配盈余的 60%；按照出资额、成员应享有公积金份额和国家财政扶持资金及接受捐赠确定为社员的份额向社员进行分配，分配比例不超过可分配盈余的 40%。

(3)入社不满 1 年的社员，根据社员实际出资和入社时间，按时间段按比例进行分配。

第四条 理事会听取合作社财务部门的盈余分配方案后，组织召开由监事会成员、管理人员、成员代表组成的理事会扩大会议，听取各方意见，进一步完善方案，经过讨论审核，提交成员(代表)大会审议批准后执行。

第五条 按交易额比例分配盈余金额及平均量化到社员的资金份额要在《社员证》上记载。

九、养猪专业合作社项目投资管理制度

第一条 项目投资管理制度所指的项目投资是指与合作社生产经营有关项目的内部投资。

第二条 理事会接受投资项目建议后，建立专门小组进行项目考察、调研和论证，研究项目是否符合合作社发展需要。小组通过的项目，由该组负责人编写可行性报告和具体实施方案，根据相

关程序进行审核和审批，在理事会对项目进行认可后，应该尽快给予审核并按照程序提交有关会议审定。

第三条 凡超过理事长个人在本社股金额度2倍以上的投资属于重大投资。合作社的重大投资项目由理事会审核，社员（代表）大会批准，理事会组织实施。一般投资由监事会审核，理事会审批，组建项目部实施。

第四条 项目投资资金的筹措管理要遵循以下几个原则：

（1）投资项目资金筹措以实现本社最广泛的社员及其最大限度的收益为原则，来确定资金筹措渠道和范围。

（2）在国家部分投资、合作社有能力配套投资项目建设情况下，不得动员社员再入股投资和贷款投资。

（3）项目投资优先合作社社员在规定时间内入股投资。部分社员不愿入股投资的，其他社员个人入股投资最高不得超过总投资的××％，理事长个人入股投资最高不得超过总投资的××％，团体社员入股投资最高不得超过总投资的××％。

（4）项目投资额度在社员入社出资总额××％以内的，养猪专业合作社经理事会决定，可以直接利用贷款投资。使用政府贴息贷款和农业担保公司担保贷款的项目投资，理事会审批投资权限额度可提高到社员在合作社入股出资总额的××％。

（5）采用合作社贷款投资项目的额度最高不得超过社员入社总出资额的××％，并要经过成员（代表）大会2/3以上的参会人员表决同意。

第五条 监事会负责投资项目建设的质量、进度、安全和资金使用的监督管理。项目建设结束后，要组织项目建设验收和项目建设资金内部审计。

第六条 项目建成验收后，由理事会负责将该项目纳入合作社一体化经营管理，属社员与合作社共同投资建设的项目要单独核算。

第七条 投资项目收益分配按如下原则进行：

(1)项目投资收益按投资股份分配。

(2)合作社使用国家扶持资金、其他捐赠资金、合作社公积金、社员未分配盈余和合作社贷款投资项目的，均属合作社对项目的投资，其投资收益记入合作社收入，社员在合作社按盈余分配制度分配。

(3)由社员在合作社完成基本出资入股的基础上，又直接投资入股与合作社共同投资建设的项目收益，按投资股份分配。社员的再投资收益分配给投资的社员，合作社投资所分得的项目收益记入合作社收入。

第八条 本制度由合作社理事会负责解释。

十、养猪专业合作社档案管理制度

第一条 凡是反映合作社活动的章程、管理制度、社员情况、规划、年度计划、统计资料、财务审计、会计档案、劳动工资、经营情况、人事情况、会议记录、决定、委托书、协议、合同、项目方案、通知等具有参考保存价值的各种文字、图表、声像等不同形式的历史记录均属归档范围。

第二条 档案管理由档案管理员负责，保证合作社的原始资料及单据齐全完整、安全保密和使用方便。

第三条 资料的归档按照“季度”收集整理，根据“年度”进行归档立卷。在档案资料收集整理和归档立卷期，由档案管理员分别向各部门收集应该归档的原始资料，各部门应大力支持积极配合。凡涉及商业机密的文件必须按规定另外归档存放。档案管理员根据有关文书立卷归档管理制度实施档案归档整理。

第四条 档案资料的分类依据文书立卷归档管理的有关规定执行。档案资料的归档每年 1 次，属于平时立卷归档的不在此规定范围内。

第五条 理事会和监事会成员借阅非密级档案可直接通过档案管理员办理借阅手续。因工作需要，本社的其他人员需借阅档案的，本人提出申请，非密级的由理事会成员审批；借阅密级档案的由理事长审批，原则上只能在档案室阅览，不准外借；社外的人员借阅档案，一律由理事长审批。借阅者要保持所借档案整洁完整，不得涂改遗失；要注意安全保密，未经允许，不得翻印、抄录、转借、遗失。

第六条 任何个人或部门未经允许不得销毁档案资料。档案到了销毁期，由档案管理员进行清理，写出书面销毁报告报理事会批准后执行。经批准销毁的档案，档案管理员须认真核对，将批准的档案资料销毁审批报告和将要销毁的档案资料做好登记并归档。销毁登记表永久保存。在销毁档案资料时，必须由监事会成员监督销毁并在销毁登记表上签字。

十一、养猪专业合作社学习培训制度

第一条 合作社成员需要学习党在农村的方针政策、涉农法律法规、合作社法律法规政策、合作社生产经营管理知识、合作社章程和管理制度、合作社相关的生产技术等知识。

第二条 合作社全体成员每年培训××次。合作社理事会成员、监事会成员、成员代表等管理员每月需要集中学习不少于1次。对于重要、紧急的学习内容可以不定期安排其学习。

第三条 合作社成员的学习要做到以下几点要求：

(1)学员在学习过程中要有组织、有计划、有考勤、有笔记、有测试、有奖惩；

(2)理事会负责社员学习培训的组织和领导，每年制订符合本社实际的学习培训计划；

(3)加强以合作社《章程》和《管理制度》为重点的入社人员学习培训，经测试通过后方可加入合作社；

(4)社员要按时参加集体学习培训教育活动，并实施相应的奖惩措施；

(5)每年集中 1～2 次学习培训测试，对成绩优秀的给予一定的物质奖励。

十二、养猪专业合作社组织活动制度

第一条 成员(代表)大会由本社理事长主持，每年召开 1 次以上，有 2/3 以上的成员或成员代表出席方可召开。

第二条 合作社成员(代表)大会表决实行 1 人 1 票制，各项决议，须由本社成员表决权总数半数以上同意方能生效。

第三条 做出修改章程或者合并、分立、解散、除名成员等重要决议，须由本社成员表决权总数的 2/3 以上同意。

第四条 有下列情形之一时，可临时召开成员大会或成员代表大会：

(1)理事会认为有必要；

(2)执行监事或者监事会提议；

(3)××％以上的成员提议。

第五条 理事会每季度召开 1 次，会议由理事长主持，须有 2/3 以上理事出席方能召开。

第六条 理事长提议或 2/3 以上理事要求，可临时召开理事会。

第七条 理事会所做决定，须取得出席会议半数以上理事的同意方能生效。

第八条 监事会会议由监事长召集，须有 2/3 以上的成员出席方能召开。

第九条 监事会所做决定，须有出席会议 2/3 以上监事同意方能生效。若参会人数只有 2/3 的，需全票通过方能生效。

十三、养猪专业合作社民主管理制度

第一条 组建民主监督小组，小组成员必须符合以下条件：

(1)非理事会、监事会成员及本社管理人员；

(2)政治思想较好、为人正直、热心为群众服务、甘于奉献的本社成员；

(3)具有较好的生猪饲养技术，在合作社有较好的群众基础；

(4)关心合作社发展，有一定经济头脑。

第二条 合作社民主监督小组由××人组建，由成员(代表)大会选举产生，与理事会、监事会任期一致。

第三条 民主监督小组的职责是：

(1)对养猪专业合作社分配方案及重大事项的执行情况进行监督；

(2)对社务公开、财务公开、资金审批等制度的执行进行监督；

(3)对养猪专业合作社的财务收支情况进行监督，对财务收支票据，每季度进行 1 次审核，并盖上本合作社专用章，会计人员据此入账；

(4)如实反映成员的意愿和要求。

第四条 民主监督小组至少每季度召开 1 次会议，因工作需要，理事会提出召开的应随时召开。

十四、养猪专业合作社岗位目标考核制度

第一条 岗位目标考核对象是合作社理事会成员。

第二条 岗位目标考核的目的是增强理事会成员的责任感和事业心,更好地为养猪专业合作社成员服务,增加成员收入,促进合作社发展。

第三条 岗位目标年度考核内容每年定1次,包括开展生猪养殖技术培训次数、人数,本社引进优良产品品种情况,生猪养殖规模,本社产品产量、销售收入及成员增收金额等。

第四条 成员(代表)大会每年年终对理事会成员进行1次评议,确定优秀、称职、基本称职、不称职4个等次,奖惩实行与工资补贴挂钩,并对不称职者,由理事长提请成员(代表)大会罢免其职务。

十五、养猪专业合作社定期报表制度

第一条 合作社报表种类包括:生猪养殖、销售情况表,科目余额表,资产负债表,损益表,财务状况变动表,财务状况说明书和盈余分配表。

第二条 合作社每季度首月定时向镇畜牧部门报送生猪养殖、销售情况表。

第三条 合作社每季度首月定时向镇农经部门报送科目余额表,资产负债表。

第四条 年终按时向镇农经部门报送财务状况变动表,损益表,财务状况说明书,盈余分配表,生猪养殖、销售计划完成情况表和下年度生猪养殖、销售计划表。

第五条 生猪养殖、销售情况表由营销部主任负责编报;财务报表由会计人员负责编报。

第六条 合作社报表做到字迹清晰、内容完整、填写认真、数字准确、上报及时。

十六、养猪专业合作社产品销售管理制度

第一条 合作社对成员所饲养生猪应登记入册，每季度上报工商、税务、兽防等部门。

第二条 合作社统一将成员交售的生猪进行收集。

第三条 生猪销售前须经检疫人员检疫，合格后授予产地检疫合格证明和免疫耳标，再进行出售。

第四条 合作社统一收购生猪时，需仔细填写《成员出售生猪登记表》(包括成员姓名、时间、地点、头数、重量、品种、交售人员签名)，逐户登记造册。

第五条 合作社销售生猪时需有生猪出售的成员 2～3 人进行监督，配合销售。

第六条 生猪销售价格按当日实际销售价格计算。

第七条 销售所获得收入，扣除税费、运费等必需开支外，合作社按每头××元收取服务费，并记入财务账目，其余收入按填写的《成员出售生猪登记表》中生猪的品种、重量计算，返还给成员。

十七、养猪专业合作社民主理财和财务公开制度

第一条 合作社建立民主理财小组，小组成员设××名，由成员(代表)大会选举产生，可由成员代表和理事会分管监事的同志组成，设组长 1 名。

第二条 民主理财小组有权监督财务制度的执行情况，重点对财务计划、收益分配方案、公积金、公益金、福利费的提取和使用、管理人员的工资确定、承包合同及其他经济合同的执行和实施

情况进行检查；有权检查现金、银行存款、物质产成品、固定资产的库存情况；有权检查会计账目。任何人不得妨碍民主理财小组行使上述职权。

第三条 专业合作社要组织民主理财小组和财务监督小组开展正常活动，履行工作职责，由会计提供账簿进行清理、审核，每年不少于××次，审核后的账、据要盖章，写出审核意见存档。

第四条 经审核后，按财务公开有关规定在公开栏向成员公布。

第五条 公开方式，由财务会计负责抄写公开内容，负责做好具体公开事项，对成员提出的问题做出解释，并收集改进财务管理的意见。

十八、养猪专业合作社社员入股退社制度

第一条 本制度根据《农民专业合作社法》、农业部《农民专业合作社示范章程》及有关法律、法规和政策，结合本社实际，依据入社自愿、退社自由、民主管理、盈余返利的原则制定。

第二条 社员认购股金，可以货币出资，也可以实物、知识产权等能够用货币估价并可以依法转让的非货币财产作价出资。

第三条 社员认购股金后，合作社向社员签发股权证书作为所有权益和盈余分配的依据，并以记名方式进行登记。

第四条 社员之间可以联合认购股金，联合认购的社员应推选 1 位社员，并由其进行注册，履行相应的权利和义务。

第五条 社员要求退社的，须在会计年度决算的 3 个月前向理事长或理事会提出书面申请，方可办理退社手续，也可以在社员之间进行转让；团体社员退社的，须在会计年度终了的 6 个月前提出。退社成员的成员资格于该会计年度结束时终止。

十九、养猪专业合作社生猪产品上市检验制度

第一条 生猪产品上市的检验工作应由专人进行。

第二条 合作社检验人员对生猪检查的项目包括：群体的体型体貌、个体免疫情况等进行检查，并认真做好记录。对群体中的部分个体进行随机抽样调查，比例约为5%。

第三条 检验人员要及时淘汰质量差、不符合国家标准的猪产品。

第四条 根据SB/T 10656—2012将猪肉进行分级。

第五条 合作社的猪产品经过防疫部门的检疫认证后才能入市销售。

第六条 运输产品的车辆必须经过严格消毒，才能将产品运输至市场。

第七条 对于群体中出现病变或者传染病的猪产品，先上报给防疫部门，再进行严格的处理。

第八条 严禁合作社成员私自售卖猪产品，禁止将不合格的产品流入市场。

第二节 养猪专业合作社部分岗位职责

在养猪专业合作社的组织机构中，部分岗位承担了合作社的重要责任，因此明确该岗位的职责是保证该岗位所在人员工作效率的基本条件。本书经过整理部分养猪专业合作社的资料后，将这些重要岗位的职责进行了分类、归纳和总结。

一、养猪专业合作社秘书长岗位职责

秘书长主要的任务是辅佐理事长对合作社的日常事务进行管理，是理事会和下层机构进行联系的纽带，其基本职责包括：

(1)协助理事长、副理事长做好养猪专业合作社的日常工作，提出合理建议。

(2)认真负责地做好养猪专业合作社的各种数据和文字资料的收集、整理和归档工作。

(3)掌握合作社基本工作动态，及时收集与合作社业务工作相关的市场信息，并加以分析整理，为理事会决策提供依据。

(4)认真做好规章制度的制定、修改和整理，并督促执行。

(5)做好理事会、监事会的会议记录。

二、养猪专业合作社技术（供应）部工作职责

技术部按照章程规定和理事长或理事会授权，实行部门经理负责制，其主要工作职责是：

(1)负责按年度生产计划组织合作社产品生产。

(2)负责组织推广优良品种。

(3)负责组织仔猪供应及生产资料的供应，拟定并执行合作社产品的生产或原材料采购成本定额标准。

(4)负责生产技术指导、培训和咨询，开发和建设合作社产品生产基地。

(5)负责制定、实施本部门工作人员的岗位责任制。

(6)对因本部门造成而对合作社带来损失的行为，负经济和法律责任。

三、养猪专业合作社营销部工作职责

营销部按照章程规定和理事长或理事会授权，实行部门经理负责制，其主要工作职责是：

（1）负责按理事会制定的年度生产计划制定具体的实施方案，及时掌握市场动态，谋划营销策略，实施营销宣传，拓展销售渠道。

（2）制定合作社产品收购价格和销售价格，并报理事会批准。

（3）对内与合作社成员签订合作社产品收购合同，对外与销售商签订合作社产品销售合同。

（4）按合同约定搞好合同的履行兑现。

（5）负责对经济合同纠纷的诉讼工作。

（6）负责合作社产品的加工，创优合作社产品品牌。

（7）制定本部门管理制度和本部门工作人员岗位责任制。

四、养猪专业合作社财务部工作职责

财务部按照章程规定和理事长或者理事会授权，实行部门经理负责制，其主要工作职责是：

（1）做好会计核算，按照《会计法》、《农民专业合作社财务会计制度》和国家有关政策建立账目，确保会计信息的合法性和真实性。

（2）负责管理好货币资金，督促管理好财产物资、产成品，确保资产安全和完整。

（3）负责制定、实施财务管理制度，包括会计员、出纳员岗位责任制、资金管理及费用开支制度、社务公开制度、档案管理制度等相关制度。

（4）管理好各种档案资料，包括文书档案和会计档案等资料。

（5）负责制定、实施本部门工作人员岗位责任制。

五、养猪专业合作社会计岗位工作职责

根据会计的基本定义和养猪专业合作社对会计的基本要求，将其岗位职责总结如下：

(1)负责保管合作社财务专用章，按规定使用印章；对不按规定使用合作社财务专用章造成的损失，承担经济和法律责任。

(2)负责按《会计法》、《农民专业合作社财务会计制度》和国家有关政策建立账目，进行会计核算，确保会计信息的合法性和真实性。

(3)负责编制合作社会计报表，包括资产负债表、损益表、财务状况变动表、财务状况说明书和盈余分配表，按月定期提供会计信息。

(4)负责财务档案的整理、装订、分类立卷归档，并确保财务档案的安全和完整。

(5)负责定期核查账表及账目明细，盘查合作社物资、货币资金等，确保账证、账表、账账、账款和账实相符合。

(6)负责拟定合作社成本控制标准，进行成本核算及合作社的其他财务工作。

(7)负责为每个成员设立成员账户，准确记录该成员的出资额、量化为该成员的公积金份额和该成员与本社的交易额。

(8)严格执行财会制度，对不符合制度规定的开支有权拒绝入账，有权反映财务上存在的问题。

(9)为合作社民主理财小组对账目的审计提供便利，并负责解答提出的问题。

(10)根据养猪专业合作社财务公开的要求，做好本社财务公开，及时填写公开内容。

六、养猪专业合作社出纳员岗位工作职责

出纳员与会计对于财务部门而言同等重要，但是负责的层面有所差别，其主要工作职责是：

(1)认真执行《会计法》、《农民专业合作社财务会计制度》，遵守国家法律、法规和财经制度，忠于职守，坚持原则。

(2)严格公私分明，严禁公款私存，不得贪污、侵占和挪用合作社资金。杜绝因私借款。白条抵库、库存现金发生短缺，由出纳员自负。因公借款或临时经手集体现金收付的人员，应在办完公事后5天内结清账目。

(3)认真审核原始凭证，坚决抵制乱开支行为，对不符合财务制度规定和没有事由、经手人、证明人、审批人的开支拒绝支付。对超越审批权限的开支票据，要退回去补办手续。

(4)及时登记现金、银行存款日记账，做到账款相符。日清月结，收付款凭证不跨月保管，账款核对无误后向会计员结账并填报现金存款结报单。

(5)坚持库存现金限额制，及时把收到的资金和超库存限额的现金存入银行，保证资金的安全。

(6)积极主动催收各类应收款项，保证合作社资金及时回收。

(7)按财务制度规定范围，使用好收款收据，使用完后，及时向会计员结报交还存根，入档保管，做到领交手续齐全。

(8)做好营销统计、合同管理等工作。

七、养猪专业合作社饲养员岗位工作职责

饲养员除协助技术员做好各项工作外，还必须做到：

(1)严格执行各项规章制度。饲养员服从工作分配，遵守劳动纪律，团结友爱，做到既分工、又协作；认真参加业务知识学习，提高养猪技术水平；执行劳动定额，遵守考勤制度，不迟到、不早退、不旷工，有事要请假。

(2)严格贯彻各项操作规程。对所负责的生产任务要按时、按质、按量完成；工作认真细致，做到不断水、不影响猪采食；做好猪舍内外清洁卫生，保证饮水槽清洁；每天观察猪群精神状态，准确判断猪群是否活泼、好动还是垂头、委靡不振；吃料、饮水量情况，槽内剩料及饲料状况，饮水量是过多、过少还是合适；粪便颜色、数量、干湿度是否正常，从而为采取合理措施提供依据；如发现死猪，及时处理；病猪及时隔离或送交兽医治疗。认真做好本舍猪群生产各项记录，接受领导和技术员的督促和检查，月底上交存档，以便进行核算统计；协助技术员做好群体整理工作。

(3)按规定认真填好表格，登记转入转出数、耗料、温湿度、防疫情况、意外事故及处理结果等。

上述的规章制度以及对各岗位的基本要求都是根据《农民专业合作社法》和《农民专业合作社示范章程》内容做出的实例，在二者基础上加以改进形成的。从理论上说，所有的合作社的规章制度的本质都是一样的，因而在参考和利用合作社规章制度时可以结合自身的实际情况来进行合理调整，但都不能违反《农民专业合作社法》和《农民专业合作社示范章程》的要求。

第四章 养猪专业合作社办公场所的建设

养猪专业合作社办公场所囊括了合作社大部分组织机构，是维系合作社日常运转的“心脏”，因此合理规划合作社办公场所是建设专业合作社的重点之一。本章详细介绍合作社办公场所的布局、办公楼内部空间的规划以及各办公室内部基本设施的配置等。

养猪专业合作社发起人要明确合作社的定位，立足长远，充分掌握合作社建立初期的实际情况，稳步发展，无论是在合作社办公场所建立的整体，还是各个细节，都要认真对待。

第一节 办公场所选址的意义

养猪专业合作社的办公场所是整个合作社运转的组织机构，它保证了合作社的有序运行，通常由理事长办公室、办公室、财务部办公室、销售部办公室、会议室等组成。所谓的办公场所选址，是指利用科学的方法决定办公场所的地理位置，使之加强与市场、政府以及其他组织机构的联系。

对于养猪专业合作社而言，办公场所选址是建立和管理整个经济组织的第一步，也是发展合作社事业的第一步。合理进行办公场所选址的意义在于：首先，办公场所建成以后的设施和布局以及日后的使用对合作社的发展有着深远影响，一旦选择不慎，它所带来的不良后果远远不是建成后加强和完善管理等人为措施能弥补的，因而在进行办公场所选址时，必须充分考虑多方面因素，慎重决策；其次，合作社不仅要面对新办公场所的选址，还要考虑到随着经济的发展和地区之间的发展差异，在将来是否需要迁址，同时合作社还需要面对的是随着自身经济实力的不断增强，是否会因为需要拓宽更多的关系网络和影响网络而进行迁址。由此可见，办公场所的选址对于养猪专业合作社的成立而言是重要环节，合作社的建立初期必须清楚地认识到合理选址的意义和需要面对的困难。

第二节 办公场所选址的影响因素

办公场所选址的最终决策往往受到投资需求、运作成本、税收和经营管理等几个因素的影响。合理的办公场所选址规划应该建立在降低成本、吸引人才、提升竞争优势、增强关系网络等方面上，尤其是对于养猪专业合作社而言，便利的条件会让合作社的运营和销售更为方便。由此看来，合作社办公场所选址是一项长期决策，需要仔细考虑以下因素。

（一）理性投资 建设新的办公场所需要投入大量资金，选择不同地区建设办公场所需要的资金量是不同的。比如，在合作社发起的村庄建设办公场所，需要花费的成本较低，但是从另一个角度来分析，设置在村落里，若该村落的地理位置较为偏僻则不利于合作社与外界沟通联系，建设的速度也会因原材料运输不便而受到制约；如果合作社建立在城镇或者市区内，在建设成本上花费的资金较多，但建设速度快，同时由于交通方便，利于合作社各项事务的办理和营销业务的顺利开展。所以，在投资建设办公场所时需要慎重考虑投资所能带来的回报。

（二）职工 办公场所的合理规划还深刻地影响着员工的生活和工作积极性。各地有着不同的风俗习惯、生活标准、教育水平、精神风貌，因而员工生活的要求会随之不同。办公场所的设立不仅要便于合作社自身的发展，同时要兼顾员工的利益。合作社建设的便利性原则上要以满足员工的基本生活为基础，这样既能提高合作社内部员工的积极性，又能利于从外界招揽更多的人才。

(三)成本 这里所说的成本不仅是建设办公场所需要的成本，也包括了以后养猪场与合作社办公场所联系，以及业务人员与管理人员交流等需要消耗的费用总和。合作社办公场所离生产现场太远，会增加产品出货时的交通运输费；若合作社办公场所离市场距离较远则会增加业务人员的负担。

(四)综合因素 建设养猪专业合作社办公场所对于合作社而言是一项长期投资，办公场所一旦建成在很长一段时间内都不能改变，因此一旦出现错误则难以补救。合作社的发起者需要用全面的眼光看问题，不能片面追求某一方面的利益而放弃其他需要重视的地方。

[实例]

陕西省宝鸡市陈仓区宏源养猪专业合作社成立于 2008 年 6 月，其前身为该地区的养猪协会。根据目前资料显示，该养猪专业合作社年生猪出栏 5 万余头，产值 7 000 余万元，母猪存栏 2 000 余头。该合作社南邻千河，北接凤翔，居千凤路中段，距宝鸡市陈仓区凤翔县城均约 6 千米，这种合理的选址，便于加强合作社管理区与社会各界的交流，同时利于合作社对人才的吸引和方便员工的生活。由于没有在城市中心设址，因而降低了建设成本，使合作社在初期有更多资金用于生产上的运营。

办公场所选址必须针对养猪专业合作社的生产经营特点，然后根据自身的条件和所处的环境，提出方案供合作社成员商讨，权衡利弊，最终在成员(代表)大会上做定夺。

第三节 办公场所的建设步骤

办公场所的建设总体可以分为办公场所建设项目的可行性分析、成员(代表)大会决议、相关部门审批,最后进行施工。项目的可行性分析报告是办公场所建设的基础,成员(代表)大会决议是合作社民主管理的基本要求,相关部门的审批保证了项目建设的合法性,这些步骤缺一不可。

一、办公场所建设项目的可行性分析

可行性分析是通过对项目的主要内容和配套条件,如市场需求、资金筹措、盈利能力的层面,从技术、经济、工程等方面进行调查研究和分析比较,并对项目建成后可能取得的财务、经济效益以及社会环境影响进行预测,从而提出该项目能否投资和如何进行建设的建设性意见,为项目决策提供综合性的系统分析方法。可行性分析应具有预见性、可靠性、科学性、公正性等特点。

(一)可行性分析的基本要求 可行性研究工作对于整个项目建设过程乃至整个合作社未来发展都有非常重要的意义。为了保证可行性研究工作的科学性、客观性和公正性,有效地防止错误和遗漏,在可行性研究中必须做到如下几点:

第一,必须站在客观公正的立场进行调查研究,认真收集基础资料(包括技术、经济、工程等方面)。对于收集的基础资料,要按照客观实际情况进行论证评价,真实地反映客观经济规律,从客观数据出发,通过科学分析,得出项目是否可行的结论。

第二,可行性研究报告的内容深度必须达到国家规定的标准,基本内容要完整,应尽可能多地占有数据资料,避免粗制滥造,搞形式主义。

第三，在做法上要做到先论证，后决策；处理好项目建议书、可行性研究、评估这3个阶段的关系，及时纠正各个阶段的错误，要将调查研究贯彻始终。一定要掌握切实可靠的资料，以保证资料选取的全面性、重要性、客观性和连续性；多方案比较，择优选取。

第四，为保证可行性研究的工作质量，应保证咨询设计单位足够的工作周期，防止因各种原因的不负责任草率行事。

（二）可行性分析的基本内容 不同项目的可行性分析的内容以及侧重点都不一样，但是都有些共同点是必须涉及的，也适用于养猪专业合作社，这些基本侧重点包括：

1. 投资的必要性 在办公场所建设的投资论证上，首先要做好的是投资环境的分析，对构成投资环境的各种要素进行全面的分析论证；其次，就是做好市场研究，包括营销策略、定位以及市场细分等。

2. 技术可行性 主要从办公场所建设项目实施的技术角度来分析，合理设计技术方案，并进行评比。对于养猪专业合作社办公场所建立的技术方案要求不是很高，但也应该达到工程方案初步设计深度。

3. 组织可行性 办公场所建设的初期需要制定合理的项目实施进度计划、合理设计组织机构、选择经验丰富的管理人员、建立协作关系等，保证项目按时按要求完成。

4. 风险因素 进行可行性分析时，要对项目的各种风险进行评价，如技术风险、财务风险、组织风险、法律风险、经济及社会风险等，对相应的风险做出对策，为项目全过程的风险管理提供理论依据。

上述可行性分析的基本侧重点适用于各种项目建设投资，因此养猪专业合作社在建设过程中，只需要根据自身的实际情况对上述内容加以补充完善和改正，即可满足养猪专业合作社办公大楼的建设需求。在分别论述投资必要性、技术可行性、组织可行性、财务可行性、经济可行性、社会可行性以及风险分析等内容的基础上，结合养猪过程中需要的环境因素以及政府的支持，便可得出合理的可行性报告。

二、办公场所建设项目的审批程序

合作社办公场所建设项目审批流程按时间依次分为立项规划选址、建设用地选址、项目建设招标、监理施工招标和报建施工5个阶段。每个阶段都有相应的牵头部门受理业务，并引导申办人去相关联办部门办理审批手续，办理结果最后由牵头部门给出答复。根据资料和相关要求，本文将申办人总体的申办顺序总结如下。

(一)立项规划选址阶段 立项规划选址为第一阶段。

第一步：合作社申办人需到规划局（牵头部门）办理《建设项目选址意见书》的审批，申办人依次要提交办理《建设项目选址意见书》相关材料，并领取签收《审批跟踪监督卡》（以下简称《监督卡》）；凭《监督卡》分别到发改局、环保局、消防局、国土局等联办部门提交与审批相关的材料，并在《监督卡》上签名确认；将全部联办部门已签收的《监督卡》送回规划局；到规划局领取和签收《建设项目选址意见书》以及《监督卡》等有关材料。

第二步：合作社申办人到发改局（牵头部门）办理建设项目立项审批。

如果是以登记备案方式立项的项目：①提交办理《企业投资项目登记备案》所需的相关材料，并领取《监督卡》；②到发改局窗口领取审批结果，并在《监督卡》上签名确认。

如果是以其他方式立项的项目：①提交办理《项目建议书》或《可行性研究报告》所需材料，并领取签收《监督卡》；②凭《监督卡》分别到环保局、国土局、规划局等联办部门提交相关审批资料，并在《监督卡》上签名确认；③将全部联办部门已经签收的《监督卡》送回发改局；④到发改局领取和签收立项意见。

（二）建设用地审批阶段 建设用地审批为第二阶段，合作社申办人应到规划局（牵头部门）办理用地审批，其基本步骤包括：①提交办理《建设用地规划许可证》的所需材料，并领取签收《监督卡》；②到规划局领取审批结果，在《监督卡》上签名确认；③凭《监督卡》到国土局提交相关审批材料，并在《监督卡》上签名确认；④到国土局窗口领取审批结果，在《监督卡》上签名确认。

（三）项目规划设计审批阶段 项目规划设计审批阶段为整个流程的第三阶段，其中所需要办理的基本内容有：

1. 办理规划、建筑设计条件 首先，合作社申办人到规划局提交办理规划、建筑设计条件所需的相关材料，并在《监督卡》上签名确认；然后，到规划局领取审批结果，在《监督卡》上签名确认。

2. 办理设计方案招标 如果合作社对于办公场所的建设方案需要进行招标，则首先应该派合作社申办人前往发改局或者经贸局（牵头部门）办理招标核准意见，然后申办人再去发改局或经贸局领取和签收招标核准意见以及《监督卡》等有关材料，再凭《监督卡》到建设工程交易中心办理委托招标手续，且在《监督卡》上签名确认，最后合作社申办人应去建设工程交易中心领取中标通知书。

若合作社办公场所建设项目不需要设计方案招标则可以直接派合作社申办人前往规划局办理规划设计方案和审批。

3. 到规划局（牵头部门）办理初步设计审批

第一，提交办理初步设计审批所需的相关材料，并领取签收《监督卡》；

第二，凭《监督卡》分别到环保局、人防办、气象局等联办部门提交相关审批材料，并在《监督卡》上签名确认；

第三，将全部联办部门已经签收确认的《监督卡》送回规划局；

第四，到规划局领取审批结果，并在《监督卡》上签名确认。

4. 到规划局(牵头部门)办理《建设工程规划许可证》的审批

第一，提交办理《建设工程规划许可证》所需的相关材料，并领取签收《监督卡》；

第二，凭《监督卡》分别到气象局、人防办等联办部门提交相关审批材料，并在《监督卡》上签名确认；

第三，凭《监督卡》领取和签收办理结果；

第四，到规划局窗口领取审批结果，并在《监督卡》上签名确认。

(四)建立、施工招标阶段　建立、施工招标阶段是整个阶段的第四步，应该派遣合作社申办人到发改局或者经贸局(牵头部门)办理监理、施工招标的审批，其中申办的基本步骤是：

第一，提交办理监理、施工招标审批所需的相关材料，并领取签收《监督卡》。

第二，凭《监督卡》分别向财政局等联办部门窗口提交相关的审批材料，并在《监督卡》上签名确认。

第三，将已经联办部门窗口签收确认的《监督卡》送至发改局或经贸局。

第四，到发改局或经贸局领取和签收招标核准意见以及领取《监督卡》等有关材料。

第五，凭《监督卡》到审图中心领取和签收办理结果。

第六，凭《监督卡》到财政局签收办理结果。

第七，凭《监督卡》到建设工程交易中心办理委托招标手续。

第八，将《监督卡》送回发改局或经贸局。

第九，到建设工程交易中心领取中标通知书。

(五)报建、施工阶段　报建、施工阶段是整个流程的最后一个阶段，由合作社申办人到建设局(牵头部门)办理整个工程的报建、施工的审批，其流程是：

第一，提交办理建设施工报建、核发《建设项目施工许可证》审批所需的相关材料，并领取签收《监督卡》。

第二，凭《监督卡》分别到质监站、安监站、人防办等联办部门提交相关材料，并在《监督卡》上签名确认。

第三，将已经质监站、安监站、人防办等联办部门签收确认的《监督卡》送回建设局。

第四，到建设局领取审批结果，并在《监督卡》上签名确认。

在整个办公场所建立的过程建设步骤中，可行性分析研究与办公场所建设项目的审批程序显得相对重要。可行的方案能够得到养猪专业合作社内部人员的大力支持，在成员（代表）大会上通过是必然的，所以在对待合作社办公场所建设的问题上一定要重点关注这两点，尤其是在审批过程中的材料准备与审批过程中的细节需要合作社申报人认真处理，对于每个环节的具体工作时限要根据当地部门的实际情况而定。

第四节　办公场所内部的合理布局

一、部门办公室设置

根据《农民专业合作社法》和养猪专业合作社内部规章制度的规定，合作社必须设立的组织机构包括成员（代表）大会、理事会、财务室、技术部等。部分组织机构的工作很长时间才进行一次，或者可以与某些部门共用办公室，在此指出的是养猪专业合作社办公场所必备的组织机构办公室（图 4-1）。

（一）大型会议室　成员（代表）大会是合作社的基本权力机构，为了保证成员（代表）大会的顺利进行，保障合作社成员的基本

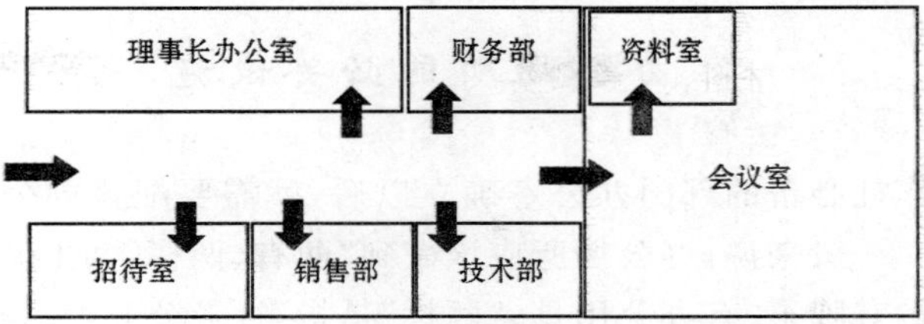

图 4-1 养猪专业合作社组织机构示意图

权益，必须提供空间足够大的会议室（拥有能够容纳参与大会所有人员的空间）。大型会议室也可以用于其他会议，如理事会内部会议、监事会会议等。

（二）招 待 室 招待室的主要用途是作为与合作社客户洽谈的场所或者用于招待外界来访人员。招待室一般不需要占用过多空间，能容纳 20 人即可，可以举行小型会议。对于人数较少的合作社可以将会议室兼作招待室用。

（三）理事长办公室 理事会是合作社的执行机构，理事长是理事会的核心人物，也是整个合作社的领头人，因而必须给理事长配置相应的办公室，以方便处理合作社的事务。

（四）财 务 室 财务部门的人员构成较多，包括财务经理、主管、出纳和会计，且财务部门的职责较为重要、资料繁多，负责整个财务机构的运行。因此，必须要预留较大空间作为财务部门。

（五）业 务 室 合作社的采购、销售和售后服务等业务需要由特定部门去处理，同时合作社还需要提供养殖户关于养殖技术的咨询服务等，业务室即为处理这些综合问题的场所。

以上部门是所有养猪专业合作社必定会设立的办公室，是所有养猪专业合作社的共性，对于合作社办公场所的特性还应具体问题具体对待，根据合作社的需要和合作社规模来进行制定。

二、办公场所的必要设施

合作社必备的部门办公室确立以后，就需要配置办公室的内部设施。一般来说，办公场所应该做到“两有、两栏、两上墙”。“两有”是指：有牌子、有办公用具；“两栏”是指：社务公开栏、财务公开栏；“两上墙”是指：章程张贴上墙，制度张贴上墙。

（一）坚持“两有”，配置相关设施 根据合作社内部规章制度的要求和统一规范、内容齐全、设置合理、美观实用的原则，在装饰合作社办公室的过程中，要保证所有办公室有牌子、有相应的办公设备。办公室门上佳有名称的牌子，便于合作社的自身管理，同时方便合作社与客户或者其他经济组织的交流，使外来人员进入合作社内能更加迅速地找到目标部门和责任人。

有相应的硬件设施便于各个部门开展工作。例如，财务部是合作社内部机构最为繁忙的机构之一，相应设施如资料贮存柜、电脑以及打印机等缺一不可，如果没有配备齐全则会在一定程度上阻碍该部门工作的正常运转。

通过坚持两有，可以不断提升养猪专业合作社的实力，为合作社将来的发展奠定坚实的基础。

（二）设立“两栏”，加强民主管理 为了落实广大合作社成员的知情权、参与权、决策权、监督权，在合作社比较醒目的位置，统一规格、标准、样式，分别设立固定的社务公开栏、财务公开栏，定时公开合作社的相关事物，自觉接受合作社成员的监督，促进合作社内部管理层廉洁干事，真诚为合作社服务。

（三）落实“两上墙”，强化宣传教育 “两上墙”是指章程张贴上墙和制度张贴上墙。合作社办公室内部要张贴与其办公室相应的规章制度，让管理人员不断自我监督和学习，同时也使广大合作社成员进一步加深对合作社规章制度的理解，掌握各项工作制度。

第五章 养猪专业合作社的猪场建设

第一节 养猪专业合作社的猪场概况

一、养猪专业合作社成员猪场建设的特点

养猪专业合作社成员猪场建设的特点主要有：专业性、地域性、可持续性以及现代化程度适中性。

猪场建设的最终目的是满足猪群健康生长发育、工作人员生活和生产、场内运输便利、便于人员和猪群管理、便于养猪配套设施合理配备和运作等要求，因此猪场建设必须具有较强的专业性。而养猪专业合作社成员猪场在建设之初的技术力量和资金力量较弱，其猪场建设的专业性更值得关注，不能因为技术力量和资金力量的影响而阻碍猪场建设的要求，以至于影响猪场建成投入生产后应用效果和性能，如猪群生长、生产管理以及生产规模的适时扩大。养猪专业合作社猪场在建设之前必须结合资金力量、预期生产规模、场地的地形地势和区域气候等进行合理的规划，而不能一味地加大资金投入而忽视所建设猪场的适用性和可持续性。因此，养猪专业合作社猪场的建设必须具有专业性。

养猪专业合作社的猪场建设类型一般有两种，即集所有资金于一处建设一个猪场和集所有资金于某一区域建设多个猪场，从而使得猪场的建设具有地域性。猪场在建设时必须结合不同地域

所特有的温度，湿度，风向，光照的强度、时间和方向，雨量分布，地下水位等进行独具特点的建设。而这种特点通常仅在某一区域适用。因此，养猪专业合作社猪场在建设时必须结合地域条件进行设计和规划，从而最大化地利用自然资源并减轻自然条件对养猪生产带来的影响。

养猪专业合作社猪场规模的大小主要取决于预期养猪规模、技术力量和资金力量，但整个养猪专业合作社的规模不是一成不变的，而是随着合作社的经营管理逐渐发展壮大。养猪专业合作社猪场规模起初大多为中、小型养猪场，这就要求合作社猪场的建设具有可持续性，以满足猪场的发展。合作社猪场发展的常见形式包括在原场扩大生产规模和在邻近处建设新猪场两种。其中，在原场扩大生产规模对原有猪场的可持续要求较高，而新建猪场的要求相对较低。这就要求合作社猪场在建设时必须根据本合作社的发展规划预留出足够后期扩大生产规模所需的用地、用电和用水等需求。这样便于已扩大或额外新建猪场之间的管理与运输，有利于满足养猪专业合作社的发展。

养猪专业合作社猪场建设的现代化程度必须适中。现代化程度太高不仅加大了前期资金投入、人员培训的难度，而且不利于带动就业；现代化程度太低既不能满足猪群生长发育对生长环境的需求，又影响整个养猪专业合作社的发展和经济收益。建议合作社在进行猪场建设时，在结合技术力量和资金力量的基础上使用当前较为先进的生产设备，有利于解决现代化程度太高带来的技术问题和就业问题，以及现代化程度太低带来的经济收益之间的矛盾；还可以减少在合作社经过一段时间的发展，积累一定程度的资金和技术力量后引进更为先进的生产设备或设施的花费。

二、养猪专业合作社成员猪场建设的现状

目前，养猪专业合作社数量已具有一定的规模并呈现出日渐发展壮大的趋势。随着农牧业的转型和发展，越来越多的企业和个人逐渐认识到只有走规模化生产的道路才能减少风险、增大收益并走上共同富裕的道路，因此养猪专业合作社正呈愈演愈烈的发展势态。但是养猪专业合作社猪场建设却依旧是根据普通规模化养猪场的设计理念、规模、标准以及模式进行建造，尚缺乏相应的行业标准以及统一的设计理念，一些通过旧场改建而成的合作社猪场达不到现代化养猪的标准，新建合作社猪场基于设计理念、前瞻性、技术和资金力量等的种种限制而不能科学合理地满足于猪群生长发育和生产管理的需求，从而使得各个养猪专业合作社的猪场建设标准各不相同且呈良莠不齐的状态。由于猪场建设在较大程度上影响猪群生长和生产管理，因此使得各个养猪专业合作社的盈亏不同，这不仅不利于养猪专业合作社形成市场品牌，还严重地影响了养猪专业合作社的发展和收益。目前，尚没有关于养猪专业合作社猪场建设的统一行业标准，因此制定可供养猪专业合作社参考的猪场建设标准显得尤为重要。

三、养猪专业合作社成员猪场建设的类型

常见养猪专业合作社成员猪场建设的类型有新址建场和旧场改建两种，无论是新址建场还是旧场改建，原则上都必须能够满足规模化养殖的需求。新址建场将在本章第二节详细阐述。旧场改建常见于家庭养猪场，普通家庭养猪场的饲养环境和条件稍差，饲养的猪群生长发育参差不齐，不能满足全进全出的生产模式，而且其较差的饲养条件将严重降低饲料报酬从而增加生产成本。相对

于新址建场,家庭养猪场进行改建可省去选址和基建等步骤,不仅减少资金投入,而且改建猪场耗时相对较少,非常适用于"合作社+农户"的养殖模式。在旧场改建时,合作社派专业的技术人员使用合作社统一购置的改建材料,按照合作社规模化养猪生产的标准进行科学合理的改建,这样做不仅可以为入社的成员省去改建的麻烦,还能保证合作社统一规划生产。

四、养猪专业合作社猪场建设的要求

基于目前尚无养猪专业合作社猪场建设的统一标准,在进行养猪专业合作社猪场建设时,则需要按照国家标准化养猪场的要求(附录一)结合养猪专业合作社的特点和运作模式进行统一规划布局,对不同的猪场建设给予不同的建设要求。如新建养猪场和家庭养猪场的改造与新建,都必须在国家标准化养猪场要求的基础上进行新建或改造,以确保所建猪场能够达到规范化养猪场的要求。

(一)新建养猪场的要求 养猪专业合作社在新建猪场之前应以合作社的名义聘请专家或专业人员对猪场的选址、布局和规模等进行统一规划,然后公开招标建筑公司使用合作社统一采购的建材按照预期的计划进行建造。新建猪场一般在专家或专业人员的指导下很容易达到规范化养猪场的要求,常见建设流程有场址的选择、猪场的总体规划布局、猪舍设计和建造。其中猪场建设的一般要求为,地址要选择在地势高燥、背风向阳、无高大建筑物遮蔽处,交通方便、水源充足、水质良好、电力充足且方便,远离主要公路干线、城镇、居民区、水库或水源保护地、畜禽屠宰加工场等;按坐北向南或偏东南15°进行建设,宜将商品代猪群的栏舍建造于靠近装猪台的地方,生产猪群栏舍则建造于远离粪池和装猪台,这样不仅可以避免疾病传播,而且减少装猪时所需的人力。根据猪群不同的生产工艺流程以及养殖规模计算出栏舍的建设数量,其计算方式可参照中华人民共和国规模猪场国家标准（GB/T 17824.1—2008）。

（二）改建养猪场的要求 较多的旧猪场改造实践证明，在改造过程中由于原有许多客观条件的限制和阻碍，所遇到的问题和困难甚至会比新建猪场还要多，并且基于旧猪场的实际情况各不相同，这就出现许多不同的改建模式，但整个改建过程还是存在共同的基本原则和主要内容。旧猪场存在的常见问题有：饲养工艺落后、饲养环境差、饲养管理水平较低和粪污处理及环境保护问题多等，这不仅导致旧猪场的生产水平与新建猪场相比差距较大，其创利水平差距可达30％以上，而且还使得旧猪场的改建工作较为复杂。对旧场改造最关键的要求就是做好改造的前期工作，这就要求养猪专业合作社在对旧猪场进行改造之前必须在专家或专业人员的指导下做出详细的改造计划，并在改造过程中严格按照计划实施。常见的前期工作包括：

第一，做好旧猪场生存、发展空间的评估，不能在耗费较大人力和物力改造完成后才发现由于种种原因导致改建的猪场使用年限较短，做好这项工作要注意3点：①场址是否符合目前国家的4个法规和1个标准（即《中华人民共和国畜牧法（2006）》、《标准化规模养猪场建设规范（NY/T 1268—2007）》、《畜禽规模养殖污染防治条例》、《中华人民共和国水污染防治法（2008）》、《动物防疫条件审查办法（2010）》）；②场址是否符合当地规划部门的规定；③若改造后因扩大了生产规模，当地是否有足够的场地用于粪污的无害化处理。

第二，查清旧猪场的基本情况，包括现有占地面积、猪舍数量以及技术人员和管理人员的素质。

第三，做出详细的投资预算，主要项目有增加机械设备投资预算、土建投资预算、粪污处理工程预算以及新增猪群预算，并由此决定改造的规模和水平。

第二节 养猪专业合作社猪场建设标准

一、场址的选择

场址的选择是猪场建设的第一步，是一项政治、经济和技术相结合的综合性工作，也是决定规模化猪场在日后的养猪生产中能否取得良好经济效益的基础。猪场一旦在选定的位置投资建成以后则不能改变，因此其重要性不言而喻。首先，场址的选择必须遵循国家的基本建设方针，适应城镇的规划建设，并结合后期的发展需要，留有足够的余地。然后，根据猪场的生产目标、性质、规模、地形、地势、水源、土壤、气候条件、交通运输、资金投入、环境容纳能力及其与周围工厂、居民区、畜禽养殖场和主干道路的距离，经过科学而全面的考察和分析后方能选得最佳的场址。

(一)生物安全和环境保护 生物安全(防疫)和环境保护是新建猪场的首要条件，其中，生物安全将直接决定养猪生产中猪只的健康水平。在考虑防疫条件时，不仅需要了解目前的情况，还应考虑日后疫情的变化以及周边环境的变化将会对猪场带来什么样的影响。在考虑环境保护时，不仅要预估新建成的猪场对周边环境(居民、河流、田地和大气等)的影响，还要考虑当地环境的承载能力和自身净化能力以及周边环境的发展变化有可能对猪场造成的影响。

猪场的环境应符合国家质量监督检验总局发布的《农产品安全质量无公害畜禽肉产地环境要求》的规定；此外，还要符合猪场所在地政府的规划和环保要求。猪场禁止选址于风景名胜区、自然保护区和居民饮用水水源区，也不得选址于重工业区、化学工业区、肉联厂、屠宰场等附近，以防工厂的废气、废水、废渣对猪场环境造成污染。场址应位于城镇居民区的下风方向，距离大城市 20 千米，距离县城 10 千米，距离其他养殖场 1 千米以上，距离居民区或住户 1 千米以上，距离主干道路 1 千米以上。

（二）面积与地形地势 猪场建设占地面积应按照猪场的规模、性质、任务以及场地的具体情况而定，在综合考虑生活区、管理区、生产区和隔离区实际需要的基础上留足将来发展所需的用地。一般而言，猪场生产区的用地面积可按照繁殖母猪 45～50 米^2/头，或商品育肥猪 3～4 米^2/头进行计算衡量。总的来说，可按照年出栏 200 头/667 米^2 进行匡算。猪场的建设须节约用地，尽量不占用或少占用耕地，优先选用沙荒地。

猪场选址的地域应依山傍水，四周有湖泊且林木茂盛，地形开阔整齐且有足够的面积。地势要求高燥、平坦、背风向阳（朝南偏东 15°的效果最好）、有一定的缓坡（坡度以在 0.5%～1%为宜）、排水良好、不受暴雨和山洪的威胁、地下水位较低。建场不宜选在低洼处，以免夏季通风不良、滋生蚊蝇及微生物，冬季阴冷，防止污浊空气的积累。

（三）水源与水质 猪场水源要求水量充足、水质达到生活饮用水标准，且取用方便，只需进行简单的卫生防护、净化和消毒处理后即可使用；水量必须能够充分满足生活用水、猪只饮用以及饲养管理用水。基于以上要求，地下水是较为理想的选择之一。猪只每日需水量见表 5-1，畜禽饮用水水质标准见表 5-2，生活饮用水水质标准见表 5-3。

表 5-1 各类猪每日需水量 (升/头)

类 别	总需水量	饮用量
种公猪	40	10
空怀和妊娠母猪	40	12
泌乳母猪	75	20
断奶仔猪	5	2
生长猪	15	6
育肥猪	25	6

注:引自 GB/T 17824.1—1999《中、小型集约化养猪场建设》。

表 5-2 畜禽饮用水水质标准

项 目		标准值	
		畜	禽
感官性状及一般化学指标	色(°)	≤30	
	浑浊度(°)	≤20	
	臭和味	无异臭和异味	
	肉眼可见物	无	
	总硬度(毫克/升)	≤1500	
	pH 值	≤5.5～9.0	≤6.8～8.0
	溶解性总固体(毫克/升)	4000	≤2000
	氯化物(以 Cl^- 计)(毫克/升)	≤1000	≤250
	硫酸盐(以 SO_4^{2-} 计),(毫克/升)	≤500	≤250
细菌学指标	总大肠菌群(个/100 毫升)	成年畜≤10,幼畜和禽≤1	
毒理学指标	氟化物(以 F^- 计),(毫克/升)	≤2.0	≤2.0
	氰化物(毫克/升)	≤0.2	≤0.05
	总砷(毫克/升)	≤0.2	≤0.2
	总汞(毫克/升)	≤0.01	≤0.001

续表 5-2

项　目		标准值	
		畜	禽
毒理学指标	铅(毫克/升)	≤0.1	≤0.1
	铬(6 价),(毫克/升)	≤0.1	≤0.05
	镉(毫克/升)	≤0.05	≤0.01
	硝酸盐(以 N 计),(毫克/升)	≤30	≤30

表 5-3　生活饮用水水质标准

项　目		限　值
感官性状	色(°)	15
	浑浊度(°)	1
	臭和味	无
	肉眼可见物	无
一般化学指标	pH 值	6.5～8.5
	硬度(以碳酸钙计),(毫克/升)	450
	铁(毫克/升)	0.3
	锰(毫克/升)	0.1
	铜(毫克/升)	1.0
	锌(毫克/升)	1.0
	铝(毫克/升)	0.2
	挥发性酚类(以苯酚计),(毫克/升)	0.002
	阴离子合成洗涤剂(毫克/升)	0.3
	硫酸盐(毫克/升)	250
	氯化物(毫克/升)	250
	溶解性总固体(毫克/升)	1000
	高锰酸钾消耗量(以氧计),(毫克/升)	2
	总有机碳(TOC),(毫克/升)	4

续表 5-3

项目		限值
毒理学指标	氟化物(毫克/升)	1.0
	氰化物(毫克/升)	0.05
	硝酸盐(以氮计),(毫克/升)	10
	砷(毫克/升)	0.01
	硒(毫克/升)	0.01
	汞(毫克/升)	0.001
	镉(毫克/升)	0.005
	铬(6 价),(毫克/升)	0.05
	铅(毫克/升)	0.01
	银(毫克/升)	0.05
	氯仿(微克/升)	30
	四氯化碳(微克/升)	0.002
	滴滴涕(DDT),(毫克/升)	0.001
	六六六(毫克/升)	0.005
	苯并(a)芘(微克/升)	0.01
细菌学指标	细菌总数(个/毫升)	100
	总大肠菌群(个/100 毫升)	0
	粪大肠菌群(个/100 毫升)	0
	游离余氯(毫克/升)	≥0.05
放射性指标	总 α 放射性(贝可[勒尔]/升)	0.5
	总 β 放射性(贝可[勒尔]/升)	1.0

(四)土壤特性 土壤的物理、化学和生物学特性会对猪的健康和生产力产生不同程度的影响,以沙壤土最为理想。这主要是因为沙壤土透水、透气性好,导热性小,温度稳定,含水量小且具有

较强的抗压性和较小的膨胀性。沙壤土可以有效地避免雨后泥泞潮湿，不利于病原微生物繁衍存活，有利于土壤的自净和猪的健康以及猪场的卫生防疫，并且满足于栏舍建造对地基的要求。

选择场址时，应避免选择在旧畜牧场、屠宰场上重建或改建猪场，这是因为土壤虽有较强的自净能力，但能力是有限的，许多病原微生物可存活很多年，土壤一旦被污染，很难进行彻底消毒。

(五)电力资源与交通运输 现代化规模养猪场，尤其是大、中型养猪场，局部采暖设备、通风设备、照明、水泵、饲料加工设备、饲料输送以及空调等对电力的需求量非常大，要求有二级供电电源。因此，在猪场选址时应选择离电源近的地方，这不仅能保证获得足够、稳定的电力，利于养猪生产的正常运行；还可以节省输变电费的开支。在大、中型养猪场应配置变电站(室)，置于接近全场用电负荷中心，场外供电线路和进、出线方便的地方。养猪场还应根据养殖规模和用电量配置适当数量和功率的柴油发电机，用于电网停电和用电高峰季节，尤其是夏季应保证柴油发电机随时启用。

猪场应建设两条与外界相通的道路——净道和污道，净道用于饲料运输和人员出行，污道则用于生猪和粪便的运输(各类猪平均粪尿日排泄量见表 5-4)，这样能够有效地避免交叉污染。养猪场的饲料、生猪、粪便及其他废弃物的运输量较大，因此在选址时要考虑离主干道有一定远的距离，以防主干道上的交通对猪场造成干扰，但又不能远离主干道，要保证猪场运输正常有序的进行。此外，猪场与主干道之间的连接支路需要做硬化处理，并且有一定的宽高以满足大型车辆正常行驶。

表 5-4 各类猪平均粪尿日排泄量

猪	粪尿混合物(升)	粪(千克)
种 猪	10.0	3.0
后备种猪	9.0	3.0

续表 5-4

猪	粪尿混合物(升)	粪(千克)
哺乳母猪	14.0	2.5
仔　猪	1.5	1.0
保育猪	3.0	1.0
育肥猪	6.0	2.5

(六)综合评估　猪场选址过程中能选到同时满足于上述要求的理想场址几乎是不可能的,因此需要对各选址要素进行加权评分,只有在总评分达到某一设定值时才能将该地作为猪场建设用地(表 5-5)。该项工作应请有相关经验的猪场工作人员和专家经过充分讨论完成,切不可自行草率决定某地用作猪场建设;同时,在猪场选址过程中可以在初选时预定 3～4 个场址,然后通过同行专家进行周密的技术分析和评估后,从中确定出 1 个最佳的场址。

表 5-5　猪场选址评分表

指标值	序号	评分内容情况说明	总分数	评选情况分值	得分
硬指标	1	总面积符合生态养殖达 66.7～333.3 公顷(1000～5000 亩)	6	200～333.3 公顷⑥ 133.7～200 公顷 ⑤33.3～66.7 公顷④	
	2	建场有效面积 33.7 公顷以上	6	26.7～33.3 公顷⑥ 20～26.7 公顷 ⑤ 13.7～20 公顷④	
	3	建场有效坡度不超过 20°	8	0.33～0.67 公顷⑧ 0.67～1.33 公顷⑥ 1.33～1.67 公顷④	
	4	建场方位坐北朝南(北高南低)	8	西北高东南低⑥ 北高南低 ⑤ 西高东低 ④	
	5	周边 2 千米内无猪场、村庄、化工厂、屠宰厂	10	2 千米以上⑧ 1～2 千米⑥ 0.5～1 千米 ④	

续表 5-5

指标值	序号	评分内容情况说明	总分数	评选情况分值	得分
硬指标	6	地下水源可满足规模需要并有丰富的地表水源	6	打井地下水丰富又有地表水⑥ 1口井200米^{3}以上 ⑤ 1口井100米^{3}以上 ④	
	7	选址建场面积16.7公顷内有低洼地6.67公顷	6	6.67公顷低洼地⑥ 0.33公顷低洼地 ⑤ 1.33～2.67公顷④	
	8	距5米宽以上河流在1000米以内	6	500～1000米⑥ 1000～2000米 ⑤ 2000～3000米 ④	
软指标	9	符合公司区域发展的县、市范围内	6	集团制定区域内⑥ 周边县、市距分公司50千米内 ④	
	10	签订有投资协议书、有明确服务单位	6	有协议有服务的单位⑥ 有协议无服务的单位 ④ 双无的放弃	
	11	交通在分公司饲料厂100千米内	6	10～20千米⑥ 21～50千米 ⑤ 50～100千米 ④	
	12	无土地纠纷的山地和抛荒地	6	一个村小组无纠纷的山地⑥ 多个村小组无纠纷的山地 ⑤多个村小组村民无纠纷的山地 ④	
	13	距高压电线1千米内	6	1千米内⑥ 1～2千米 ⑤ 2～3千米 ④	
	14	地表物补偿建场面积每667米^{2}不超过1000元	4	每667米^{2}建场面积补偿不超过1000元 ④ 每667米^{2}建场面积补偿超过1100～2000元 ③	
	15	建场面积土方量每667米^{2}不超过500米^3	4	200～300米^{3}④ 300～500米^{3}③	
	16	场地距主干道2千米内途中无村庄	6	2千米进场道路无村庄⑥ 1个村庄 ⑤ 经过2个 ④ 途中有化工厂、猪场的放弃	

二、猪场的总体规划布局

猪场的总体布局是一项复杂的工作,需要综合考虑当地气候条件、风向、地形地势、猪场建筑物和设施的大小,合理规划全场的道路、排水系统、场区绿化等,合理安排各功能区的位置及每栋建筑物和设施的位置与朝向。猪场布局是否合理,直接关系到能否正常组织生产,降低生产成本,提高劳动生产率和养猪生产的经济效益。其布局理念应遵循整齐紧凑、节约土地、运输距离短、便于经营和利于生产;此外,还应具有科学性、前瞻性和能动性。只有科学合理的布局才能有利于养猪生产和管理,也只有前瞻性和能动性强的布局才能不断地满足于养猪生产及管理技术的发展要求。

(一)功能分区 猪场的总体布局常见的有三功能区或四功能区,三功能区即生活管理区、生产区和废弃物处理区(图 5-1),四功能区即为生活区、生产管理区、生产区和隔离区,这两种布局模式实际上大同小异,可根据不同的地理条件和养殖规模进行选择。无论是三功能区布局还是四功能区布局均必须做到各功能区之间既相互独立,又相互联系。生产区内各类猪舍应排列有序,若在坡地建场,应按照风向和地势自上而下排列公猪舍、母猪舍、哺乳母猪舍、仔猪舍和育肥猪舍,并在育肥猪舍处开门以便于出栏。废弃物处理区以及隔离区应设在生产区的最下风向低处。实践表明,

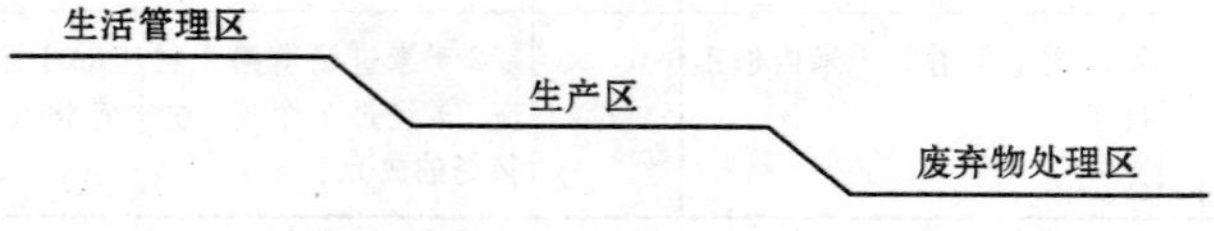

图 5-1 猪场各区依地势、风向规划图

繁育区、仔猪保育区和育肥区分开进行独立设计也能收到较好的效果。

1. 生活区 生活区包括职工宿舍、食堂、文化娱乐室、运动场以及其他用房。生活区应设在上风向和地势较高的地方，并且其位置还应方便与外界联系，这主要是为了保证良好的卫生条件，避免生产区臭气、尘埃和污水的污染。

2. 生产管理区 也叫生产辅助区，将办公室、接待室、饲料加工调配车间、饲料库、水电供应设施、车库、杂品库、消毒池、更衣消毒间和洗澡间等设置于该区。生产管理区是为猪场管理提供条件的区域，与饲养管理工作关系十分密切，因此距离饲养生产区距离不能太远，生产管理区应在地势上高于生产区，并在其上风向。由于生产管理区和生产区之间存在饲料和人员的流动，因此二者之间的通道应设有严格的消毒设施。

3. 生产区 生产区是猪场的主体部分，应包括各种类型的猪舍(除隔离猪舍)、更衣洗澡消毒室、消毒池、药房、兽医室、人工授精室、赶猪跑道、称猪台和装猪台等。生产区是全场的中心，应与其他各功能区进行严格隔离，生产区建造独立的围墙，未经许可非工作人员不得进入，并且进出人员必须淋浴、更衣换鞋、消毒；生产区以外的车辆不得进入，其内的车辆严禁出区。生产区内各种猪舍应位于上风向，育肥舍位于下风向，育肥舍要有独立的出猪门和出猪通道，出猪通道与装猪台连接，以便于装猪出场。

生产区的猪舍排列一定要考虑各类猪群的生物学特性和生产利用特点。各种猪舍的排列应根据生产流程、方便饲养管理、方便出猪和减少污染等原则进行合理布局，各类猪舍之间均应有中央通道相连接。猪舍根据地势由高到低、风向由上到下的排列顺序是:公猪与后备(空怀)母猪配种舍、妊娠母猪舍、分娩母猪舍、保育仔猪舍和生长育肥舍。

4. 隔离区和废弃物处理区 大、中型猪场设置隔离区，而小型猪场至少应设置隔离栏或隔离舍，隔离区中应包括新购入种猪的饲养观察室、兽医室、隔离猪舍、尸体剖检和处理设施以及堆肥场和贮存设施等；小型猪场的隔离栏舍同样需要有专门人员进行看管，并具备一定的兽医知识。隔离区或隔离栏舍是整个猪场卫生防疫的重点，应设在猪场的下风方向和地势低洼处，以防止疫病传播。

大、中型养猪场应设有化粪池、化尸池或沼气池以处理粪污和死猪尸体；小型养猪场可以设置沼气池处理粪污，死猪尸体通常采用地下深埋方法，但选择尸体深埋地必须慎重，应远离河道、水源地、耕地等。化粪池、化尸池和沼气池均应设置在整个猪场的下风方向和地势低洼处，对这 3 个地方的运输应走污道。

（二）装猪台 装猪台是指猪场在出售猪只时供装车用的建筑设施，这样不仅可以避免运猪车辆直接进入生产区，有利于防疫，而且还在很大程度上减轻了劳动强度，提高了劳动效率，同时也在较大程度上减轻了猪的应激。尤其是一些养猪专业合作社的成员猪场，其承担着育肥猪的养殖，全年中出猪数量较大，更应该重视装猪台的建造。

装猪台一般建造在育肥猪舍或外售猪舍末端靠围墙的一侧，由赶猪通道、坡道和平台组成，通道宽度为 1～1.5 米，坡度 20% 左右为宜，平台面积 3～5 米^2，通道及平台周围设置高度为 1 米的围墙，装猪台至少设置两个高度以满足不同车辆的装载需求。值得注意的是装猪台的围墙、栏门等不能有棱角或尖刺以防猪体受伤。

（三）消毒池 养猪场中的消毒池一般分为车辆消毒池和人员消毒池，设置于整个猪场的大门口和生产区的入口。养猪专业合作社中的成员猪场大多需要从总厂调运饲料、猪只及其他生活生产物资，技术人员和检查监督人员定期或不定期指导成员猪场的养猪生产，从而使得人员和物质流动量较大，而运输车辆和技术人员长期穿梭于养猪专业合作社的各成员猪场之间，容易携带病毒或细菌，因此各成员猪场的消毒池必须严格按标准建造且应充分利用。

1. 车辆消毒池 池深0.2～0.3米，宽度一般为3～5米，长度要使得车辆轮子在池内药液中滚过1.5～2周，通常为6～10米，池边高于消毒液面2～3厘米，池中消毒液以淹过车轮1/4处为宜，进出口设置10%～20%的坡度，池底设成0.5%的坡度至排水孔，两侧设有消毒液浸泡过的消毒垫供随车人员通往人员消毒池，还应配备喷雾消毒设备对整个车身进行彻底消毒。有条件的猪场可以在车辆消毒池上方设置顶棚，以方便下雨天对车辆进行消毒和防止雨水冲淡池中消毒液浓度，池中消毒液需要严格按照消毒液时效定期进行更换。

2. 人员消毒池 人员消毒池除设置于猪场大门口以外，在分娩哺乳猪舍、隔离猪舍和化验室等入口也应设有，人员消毒池一般与消毒更衣室配套设置。池深15厘米左右，设置为回绕型，总长度不应少于10米，消毒池内放置消毒液浸泡过的消毒垫，再配以喷雾消毒液。

(四)猪场绿化 养猪场的绿化不仅能美化环境，改善猪场的自然面貌和猪场内的小环境，而且能够形成天然的细菌病毒防御屏障，对猪场的环境起到保护作用，减轻防疫压力，促进安全生产。

小型养猪场可根据场地原有的绿化进行依托式构建，这样既能降低资金投入，又能充分利用原有树木和植物；大、中型养猪场则需要根据猪场建设统筹规划绿地的建设，最好能请有经验的专家设计规划。

1. 场界隔离林 可种植较密的乔木和灌木。乔木类有大叶杨、钻天杨、白杨、柳树、洋槐、国槐、泡桐、榆树及常绿针叶树等，灌木类有河柳、紫穗槐、侧柏等；果树类有苹果、葡萄、梨、桃等。

2. 道路两旁绿化林 根据道路宽度选择所种植乔木的高度。

一般种植1～2行树冠整齐的乔木或亚乔木，如选种塔柏、冬青、侧柏等四季常青树种，并配置小叶女贞组成绿化带；也可种植银杏、杜仲以及牡丹、金银花等，既可起到绿化观赏作用，还能收作药材。

3. 猪舍遮阴林 宜种植树干高大，枝叶开阔，长势旺，又不影响猪舍冬季采光的树木，如杨树、槐树、法国梧桐等。

4. 空地 宜种植适应于当地气候环境的草坪，也可以种植能作为青绿饲料的作物，如南瓜、马铃薯、甘薯、胡萝卜、蕉藕、空心菜、根达菜、聚合草、山菠菜等。

(五)场内道路和排水设施构造 场内道路是联系各生产环节的重要设施之一，它与猪场的生产和防疫有着重要的关系。猪场道路可修建成柏油路、混凝土路和石板路等，但是养猪专业合作社的各个成员猪舍分布在不同的地方，小型猪场可本着节约资金的目的，根据猪场所在地因地制宜进行路面硬化处理，但猪场内外的道路必须要硬化处理，这主要是方便雨季的运输和猪场日常管理，减少场内细菌滋生。对猪场道路的建造要求是：道路短而直，有足够的硬度(建议混凝土莫氏系数大于5)，不积水、不透水，1%～3%的坡度较为适宜，不妨碍场内排水设施的建造。

猪场的排水设施是否良好直接影响着整个猪场的卫生状况，尤其是雨量充沛的地区更是应该重视排水设施的构建。养猪专业合作社中小型猪场居多，多为因地制宜或老场新建而成，对于暴雨、多雨季节的预估和排水能力不足，容易使得猪场排水不畅，造成场地泥泞，这直接影响猪群健康，导致生产力下降，还会给管理带来许多困难，若建筑地基长期被水浸泡将严重影响其使用年限，并给栏舍安全带来影响。排水设施不能与粪尿等排污系统混用，以防造成环境污染增加处理难度。通常在猪场道路和栏舍的一侧或两侧设置明沟排水，排水沟断面呈上宽下窄的梯形，上口为30～60厘米较宜，沟底呈1%～2%的坡度利于流水，整个排水沟需用混凝土做硬化处理，定期检查排水沟，尤其是暗沟，应在雨季来临之前进行一次彻底清理。

(六)建筑布局　建筑布局是指在猪场场区范围内按照饲养工艺要求合理设计各类建筑物及设施的排列方式和顺序，确定其位置、朝向和相互之间的间距。猪舍的设计布局要符合养猪生产工艺流程，按照工艺流程来设计建造各类不同的专门猪舍。

1. 养猪专业合作社成员猪场建筑物的布局原则　基于养猪专业合作社资金有限，成员猪场分布于不同地方，其建筑布局应遵循以下原则：①不求统一模式，因地制宜充分有效地利用场址的地形与地势；②对老猪舍进行科学合理的改造，使其满足于当前生产要求，可在很大程度上节约建设资金；③布局需科学合理；④有利于安排生产和管理，符合饲养工艺要求；⑤便于卫生防疫；⑥有效利用土地，布局紧凑但不影响生产；⑦有利于保护周边环境。

2. 养猪专业合作社成员猪场猪舍排列方式　养猪场的猪舍一般应布置成横向成排、竖向成列的平面模式，猪舍的排列形式常见的有单列式、双列式和多列式。

(1)单列式　单列式猪舍在我国传统养猪生产中占主导地位，这主要是因为单列式猪舍具有结构简单、投资少、通风透光好、维修方便的特点，基于这些特点它非常适用于农村中小型集体养猪场和养猪专业户。基于育肥猪对生产管理较其他类型猪只稍低，单列式非常适用于在养猪专业合作社中承担着饲养育肥猪的成员场。

(2)双列式和多列式　适用于规模较大、现代化水平较高的大、中型猪场，同样也适用于养猪专业合作社集资于某一地建设大、中型养猪场。双列式猪舍的结构较单列式复杂，建造成本稍高，占地需求较大，但它便于生产者对猪场管理，能有效地提高劳动效率和养猪生产水平；同时也能够对猪舍环境进行人为的控制，它的使用已成为养猪生产中的一种趋势。

3. 养猪专业合作社成员猪场猪舍顺序 对于养猪专业合作社成员猪场而言，其承担的是整个养猪生产过程中的某一生产环节（生猪育肥环节居多），这样的成员猪场猪舍则无排列顺序之说，仅需按照既定的生产模式进行即可，而对于集资构建一大、中型猪场的专业合作社猪场则需要对各种猪舍进行排列次序。根据规模养猪生产工艺特点，可将整个养猪生产过程分为空怀母猪配种、妊娠母猪饲养、母猪分娩及哺乳仔猪饲养、保育猪饲养和生长育肥猪饲养等几个不同的生产阶段，并配置专用猪舍并按批次实行“全进全出”生产模式。其中母猪在空怀母猪舍、配种舍、妊娠舍以及分娩舍往复流动，而仔猪在保育猪舍至生长育肥舍单向流动，基于这些生产特点，养猪场猪舍顺序为：公猪舍→空怀母猪、后备母猪舍→配种舍→妊娠猪舍→分娩哺乳猪舍→保育猪舍→生长猪舍→育肥猪舍。栏舍数量可参照表 5-6 进行匡算。

表 5-6 每头猪需栏面积参数表

猪群类别	每头猪占栏面积（米^2）	猪群类别	每头猪占栏面积（米^2）
空怀、妊娠母猪	1.8～2.5	培育仔猪	0.3～0.4
哺乳母猪	3.7～4.2	育成猪	0.5～0.7
后备母猪	1.0～1.5	育肥猪	0.7～1.0
种公猪	5.5～7.5		

注：引自王伟国主编的《规模猪场的设计与管理》。

4. 养猪专业合作社成员猪场猪舍朝向 中、小型猪场的猪舍大多采用有窗式、开敞式或半开敞式，这种情况下猪舍的朝向将直接关系到猪舍的采光和通风，对舍内环境具有较大影响。确定猪舍朝向的原则是：夏季少接受阳光直照，通风效果良好，以利于猪舍隔热透气；冬季则多接受阳光照射，冷风通过缝隙渗透到猪舍的量要最少，以利于猪舍保温。在选定猪舍朝向时需结合当地全年的气候环境和风向进行综合考虑，可向当地有关建筑设计部门咨询或自行从建筑设计手册上查阅当地民用建筑的最佳朝向。表5-7为我国养猪生产发达地区建筑朝向表。

表5-7 我国养猪生产发达地区建筑朝向表

地 区	最佳朝向	适宜朝向	不宜朝向
北京地区	南偏东或西30°以内	南偏东或西45°以内	北偏西30°～60°
长春地区	南偏东30°,南偏西10°	南偏东或偏西各45°	北方、东北、西北
沈阳地区	南、南偏东20°	南偏东至东,南偏西至西	东北、西方
郑州地区	南偏东15°	南偏东25°	西北
武汉地区	南偏西15°	南偏东15°	西方、西北
长沙地区	南偏东9°左右	南	西方、西北
广州地区	南偏东15°,南偏西5°	南偏东22.5°、南偏西5°至西	
南宁地区	南、南偏东15°	南偏东15°～25°、南偏西5°	东方、西方
成都地区	南偏东45°至南偏西15°	南偏东45°至南偏北30°	西方、北方
重庆地区	南、南偏东10°	南偏东15°、南偏西5°、北方	东方、西方

注:引自吉林省建筑设计院:《建筑日照设计》。

5. 养猪专业合作社成员猪场猪舍间距 养猪专业合作社成员猪场猪舍以单列式和双列式居多,尽管中、小型养猪场对占地面积要求不高,但猪舍间的间距却不能太小。猪舍间距的选择既要满足于光照、通风、防疫和防火的需求,还要尽量地节约土地,尤其是以耕地为场址时节约土地显得至关重要。根据理论计算和实践证明，猪舍间距为猪舍高度的 3～5 倍时最为合理，既能达到防火间距 6～8 米的要求，又能最大限度地减少占地面积。

三、养猪专业合作社成员猪场猪舍统一设计和建造

(一)养猪专业合作社成员猪场猪舍统一设计原则　养猪专业合作社成员猪场多属于中、小型养猪场，与大型规模养猪场有很多不同之处，因此在进行猪舍建造时必须充分考虑这些不同之处，以使其更具有实用性。

1. 创造适合猪生物学特征的猪舍环境　猪舍建造要适宜于猪群生长和生产的环境要求，最大限度地节约饲料，最大限度地发挥猪的生产性能。不同类型的猪对猪舍内环境温度、湿度、空气、光照的需求是不同的，并且对有害气体、灰尘、微生物等的抵御能力也是不同的。因此，在建造猪舍时必须充分考虑不同类型猪的生物学特性，以使得所建猪舍能充分满足猪的需求。表 5-8 为猪舍温度、空气相对湿度和通风换气的设计参数。

表 5-8　猪舍温度、空气相对湿度和通风换气的设计参数

猪舍类别	猪　龄	适宜温度(℃)	适宜空气相对湿度(%)	通风量(每头米³/时)		风　速(米/秒)	
				春、秋、冬季	夏　季	春、秋、冬季	夏　季
哺　乳仔猪舍	出生几小时	32 以上	60～75				
	1 周内	32～23				0.15	0.4
	2 周内	24～23	60～80				
	4 周内	22～21					
断　奶仔猪舍	5～8 周	24～20	60～80	冬 10，春、秋 20	50	0.2	0.6

续表 5-8

猪舍类别	猪 龄	适宜温度（℃）	适宜空气相对湿度（%）	通风量（每头米³/时）		风 速（米/秒）	
				春、秋、冬季	夏 季	春、秋、冬季	夏 季
生长猪舍	8周以后	20～17	60～80	冬10，春、秋20	50	0.2	自然风
育肥猪舍	成 猪	15～23	60～80	冬30，春、秋60	120	0.2	自然风
产 仔母猪舍		15～20	60～80	冬100，春、秋150	200	0.15	0.4
妊 娠母猪舍		6～16	60～80	冬85，春、秋110	150	0.3	1

注：引自王爱国主编的《现代实用养猪技术》（第二版）。

2. 适应当地的气候及地理条件 尽管养猪专业合作社成员猪场集中于某一地区，但仍然具有较大的分散性，各地的小气候和地理条件不同，从而对猪舍的建筑要求也就有差异。潮湿的地方要注意防潮、易发山洪的地方要注意防水、干燥的地区要注意防火等，各成员猪场需要结合当地的小气候条件进行设计建造。总体而言，长江以北地区应注意防寒保暖和通风换气的设计，而长江以南地区应注意防暑降温和防潮设计。

3. 建筑形式和构造适宜 许多养猪专业合作社成员猪场是在原有猪舍的基础上进行修整和添加设施设计建造的，但无论是老场翻新还是新建猪舍都必须满足于生产工艺的需求。

（1）*对墙壁的要求* 坚固、耐用、抗震、抗暴风、防火、抗冻、便于清扫和消毒，此外还应具有良好的保温与隔热性能。

（2）*对屋顶的要求* 防水、保温、承重、不透气、光滑、耐用、耐火、抗暴风等，良好的保温与隔热性能也是必不可少的。

(3)对地面的要求　坚实、平坦、保温、不透水、易于清扫和消毒。

(4)对门窗的要求　每栋猪舍至少应有两个门(用于进料和出粪),窗户对开且能满足于采光和通风的需求。

4. 经济适用　养猪专业合作社均是多人次的小额资金投入,能使用的资金有限,因此在进行猪舍设计建造时必须要确保每一笔钱都花到点子上,努力做到投入有限的资金换来最大的经济回报,并且切忌浮夸,应做到有多少钱办多少事。这就要求在猪舍设计建造时要综合考虑当地的人力、水电、建筑、污染治理等成本与整个养猪专业合作社的经济实力,在确定最适宜的饲养模式后确定最佳的设计建造方案,从长远的运转成本和提升经济效益的角度合理使用新技术、新材料和新设备等。

(二)不同排列形式猪舍的结构特点

1. 单列式猪舍　单列式猪舍的适宜建设指标为:猪舍长50～70米,开间3.6～4米,总宽度5～7米,墙高3～3.2米。这种猪舍利于采光、通风、保温、防潮、舍内空气质量较好、构造简单、投资较小、维修方便,但是劳动效率较低,非常适用于养猪专业合作社中承担育肥猪养殖的成员猪场。

单列式猪舍又可以根据建筑形式的不同分为前敞式、半敞式和封闭式3种:

(1)前敞式　前敞式前墙敞开,猪舍由后墙、两侧山墙组成,结构简单,投资少,排水效果好,通风透光,但温度不好控制。前敞式根据屋顶的形式可分为单坡式、双坡式,即屋顶流水方向向一侧或两侧。

(2)半敞式　半敞式是在前敞式的基础上增加了半截前墙(1米左右),便于冬季遮挡保温。半敞式根据屋顶的流水方向可分为单坡式、双坡式、拱式和钟楼式。

①坡　式

单坡式猪舍：即猪舍屋顶由高到低呈一斜坡，构造简单，造价便宜，并且排水和通风效果均较好。但是冬季的保温效果较差，不推荐在冬季寒冷的地区使用。

不等坡式猪舍：即猪舍屋顶由两个斜坡组成，并且两斜坡与地面所成夹角不相等。这种猪舍在基于单坡式猪舍优点的基础上保温效果稍微提升，但投资稍微多一点。总的来说，这类型猪舍非常适用于小型猪场。

等坡式猪舍：等坡式猪舍的优点与不等坡式猪舍相差不大。等坡式猪舍对建筑材料要求较高，多用于大跨度的猪舍建设。这类型猪舍非常适用于大、中型猪场。

②平顶式　平顶式猪舍的优点是可以充分利用屋顶平台，适用于大跨度猪舍的建造。但是其防水较难，舍内空间相比坡式和拱式较小，散热效果较差。这类型猪舍适用于冬季寒冷地区的大型猪场。

③拱式　拱式猪舍的优点是造价较低，但其屋顶保温效果较差，不便于安装天窗或排风扇，并且需要较高的施工技术。多用作育肥猪舍的建造。

(3)封闭式　封闭式猪舍就是屋顶和墙体形成一个全封闭的状态，也可以在墙体上开窗，其具有较好的保温隔热性能，能够进行人工控制环境，非常适用于妊娠母猪和哺乳母猪栏舍。但不推荐作为养猪专业合作社成员猪场的猪舍，这是因为它对养猪设备和技术要求较高，运营成本也较高。

2. 双列式猪舍　双列式猪舍的适宜建设指标为：总宽度 8～12 米，长度 50～70 米，墙体高度 3.2～3.5 米，通常是在中间设置一通道。这类型猪舍具有良好的保温效果，方便管理，可进行人工控制环境，便于实现机械化养殖；但其投资较多、采光效果不佳。常作为现代化规模养猪场的猪舍建造形式，这类型猪场也适用于养猪专业合作社中承担着主要生产任务的成员猪场。

双列式猪舍又可分为有窗式和无窗式，哺乳母猪、断奶仔猪和生产育肥猪栏舍场采用有窗式，在国内较为常见；而无窗式对生产技术要求较高，常见于国外的规模猪场。

3. 多列式猪舍 多列式猪舍的猪栏排成三列或四列，其优点是猪栏集中，便于管理，工作效率较高，容量大；但其构造复杂，采光不足，建筑材料要求高，前期投资稍多。适用于养猪专业合作社中承担着仔猪繁殖的成员猪场中的妊娠母猪舍。

四、养猪专业合作社统一指导改建猪场

（一）饲养工艺的改进 饲养工艺改进的主要内容有实现全进全出，早期断奶，力争不同生产阶段的猪群栏舍之间有较好的隔离条件。实现全进全出的主要方法是对栏舍进行重新分配，根据配种妊娠、分娩、保育、生长和育成 5 个阶段的规模进行重新设计和分配栏舍。对于由养猪专业合作社统一提供仔猪的合作社成员猪场基于其只承担生长和育成两阶段生产任务，其改建复杂程度较低，可根据预期规划的生产任务合理配置生长猪舍和育成猪舍的数量，但两类型猪舍之间应设有绿化带或相隔较远。实现早期断奶可有效地提高母猪年产仔数和设备利用率，对提高猪场的生产水平至关重要。但要实现早期断奶必须具备良好的配套设施和管理技术，如保证母猪和哺乳仔猪具有良好的营养和哺乳环境，保育舍具有良好的饲养环境，特别是温度，应达到 25℃，让仔猪能进入一个温暖舒适的保育舍。对于占地较大的旧猪场可将原有猪舍改造为保育猪舍、生长猪舍、育成猪舍，而在空地新建公猪舍、配种妊娠舍和分娩舍，从而形成两个相对独立的区域。若不具备地势条件，也要使得这两个区域之间有一个相对好的隔离条件，如隔离墙、绿化带等。

（二）猪舍改造 猪舍的改造必须使得改造后的猪舍能满足新的饲养工艺要求，有效改善通风降温和保温性能并且改善生物安全环境。旧猪场的改造一般是生产和改造同时进行，因此必须在改造前做好计划，分期分批改造或新建。同时做好改造区与生产区的隔离工作，防止疾病传播，一旦开始改造，合作社应集中人力财力尽量将工期缩短以减小对生产和管理的影响。

满足新的饲养工艺要求的具体做法是重新分配栏舍和间隔，首先母猪分娩和保育两个阶段的全进全出，然后建好其他 3 个生产区域之间的隔离设施。改善通风降温和保温性能的要求是对原有简陋的猪舍的天花板、墙体、门窗等进行适当整改，以满足不同生长阶段猪群的要求，从而改善夏季通风降温和冬季保温性能。生物安全环境是旧猪场改造的重头戏，这是因为旧猪场在原有简陋粗劣的条件下长期饲养，使得猪舍地面、墙体、排污沟均有不同程度的破损，藏污纳秽、细菌窝藏滋生。在改造时一定要把破损的墙体、地面和排污沟进行全面翻新，尤其是整个猪场内外的排污沟必须进行彻底的检查修缮。最后，对猪舍内外全场进行彻底的清洁消毒，使猪场的生物安全得到根本的改善。值得注意的是，由于一些旧猪场在改造后的饲养规模扩大，而原有场地面积不足，使得一些合作社在改建猪舍时见缝插针，尤其是在两栋猪舍的空地新建猪舍，这种做法是非常错误的。

（三）增添饲养设备 增添设备是旧猪场改造的重要环节，饲养设备应由养猪专业合作社统一购置。但是目前饲养设备的规格和质量参差不齐，在改造猪场时可以从以下几个方面考虑：①首先满足公猪舍、分娩舍和保育舍的设备要求，因为这 3 种栏舍饲养的猪群对饲养环境要求较高，在生产过程中扮演着非常重要的角色，直接影响猪场的生产成绩；②优先考虑环境控制设备，如通风、降温、保温和清洁消毒等设备，以保证猪舍内的环境；③对于分娩舍、保育舍内的主要生产设备要可靠耐用，一次性投资可长期、稳定使用；④对于具备较强经济实力的养猪专业合作社，可购置一些较为先进的设备，使猪场的机械化、自动化水平得到提升，投资效益较好。

(四)粪污处理设施改造　旧猪场的粪污处理设施较为落后，排放较为粗犷，在当前国家和社会对环境日趋关注的情况下，对猪场排污的控制非常严格，若改造后的猪场排污不能达标则不能投入生产。在粪污处理设施改造过程中可按以下两方面进行：①猪场粪污处理的工艺很多，不同工艺的投资和运行成本不一，首先应找一个具有实践经验的设计施工单位，根据旧猪场的实际情况做好工艺流程设计，保证设计出来的处理工艺达到国家颁布的各项法令和标准，如 2014 年 1 月 1 日起施行的国务院颁布的《畜禽规模养殖污染防治条例》；②养猪专业合作社成员猪场的分布较为分散，可根据不同地区的气候和周围的环境条件进行改造，因地制宜促进农牧结合，比如猪场粪污可以被充分利用于农村种植业和养殖业，这不仅有利于当地种植业和养殖业的发展，也可以在很大程度上降低猪场粪污处理成本。这就要求在改造时不能简单地完全照搬其他猪场的模式，应尽量做到因地制宜，将粪污无偿提供给种植户和养殖户，或将制成的沼气按成本价提供给邻近居民。这样做，可有效地提升养猪专业合作社的社会形象，促进企业和农民的和睦相处。

(五)防疫设施改造　大部分旧猪场的防疫设施和制度均存在一定的问题，对进入猪场的人员、车辆、猪群、物资等没有严格消毒隔离，使得猪场的疫病安全存在很大的隐患。因此，在对旧猪场的改造过程中必须根据其具体情况对防疫设施进行全面的改造。常见的防疫设施改造内容有：①修建围墙，对人和动物进行阻隔，严禁外来人员随意进出猪场，对确需进场的人员进行严格的消毒，建设一个安全、可靠、实用的人员消毒间；②将装猪台设置在离围墙 50 米以外的地方，并建消毒池和待售栏，此外还要健全种猪隔离舍和病猪隔离舍以及销售观察室；③在猪场生产区外设置饲料间，便于养猪专业合作社统一供应饲料后进行贮存，并且使外来运料车辆不进入生产区；④在进入猪场的门口设置工具、用品和药品隔离消毒室。

（六）人员培训 旧猪场的硬件改造完成后，整个猪场的饲养工艺和养猪设备等发生了重大改变，那么对猪场管理人员和技术人员的素质要求也要相应提高。养猪专业合作社必须对改造猪场内的工作人员进行充分培训，对于没条件的养猪专业合作社可委托其他培训单位进行培训。这不仅有利于提高员工的整体素质和完善饲养管理规章制度，而且还有利于给改造后的猪场营造一个全新的氛围，利于养猪专业合作社发展壮大。

第六章 养猪专业合作社的猪场生产工艺流程及生产技术指标

第一节 养猪专业合作社猪场生产工艺流程

一、养猪专业合作社猪场生产工艺流程的特点

基于养猪专业合作社的运行模式不同，养猪专业合作社的生产工艺流程与专业养猪户和单个养猪企业相比有其不同的特点。单个养猪企业的生产规模较大，通常于某地建一大型猪场，在全场范围内以猪舍为单位实行全进全出的饲养管理模式，并根据全年总生产指标合理分配季度和月份的生产任务，在整个猪场内统筹管理，其生产工艺流程划分十分明显。专业养猪户的生产规模相对较小，通常于某地建一中、小型猪场，基础母猪数量少，在全场范围内以猪舍为单位实行全进全出的饲养管理模式，分配于季度和月份的生产任务小，整个猪场内的统筹管理任务简单，其生产工艺流程划分不明显，一些养猪专业户甚至未采用自繁自养的模式，仅担任保育、育成和育肥三阶段的饲养任务，这就使得其生产工艺流程更为简单。

养猪专业合作社猪场多见于某一区域建设多个中、小型猪场，其中一个或两个猪场承担着整个养猪专业合作社的仔猪供应任务，即原种场或扩繁场，其生产成绩直接影响整个养猪专业合作社

的经济收益，在生产工艺流程中承担的任务有空怀配种期、妊娠期、哺乳期或仔猪保育期猪群的饲养管理，这类型猪场的生产工艺流程相对于单个养猪企业的大型猪场稍显简单，不用承担生长育肥期或仔猪保育期猪群的饲养管理任务，全场的核心技术是公猪、母猪、哺乳仔猪的饲养管理和配种繁殖，易于提高母猪的生产成绩。此外，养猪专业合作社还有多个成员猪场以承担生长育肥期或仔猪保育期猪群的饲养管理任务，即肥育场，这类型猪场通常生产工艺流程简单，对生产技术的要求相对较低，按照整个合作社预期的生产节律实行整场的全进全出的饲养模式，只需要配合好合作社的统一安排即可。养猪专业合作社的生产工艺流程特点是一次跨场形式的全进全出，这必然会导致运输的猪群产生不同程度的应激，因此要求做好运输前后的饲养管理工作及预防措施。

二、不同类型阶段饲养工艺流程及其特点

（一）三阶段饲养工艺流程及其特点

1. 三阶段饲养工艺流程

空怀及妊娠期→哺乳期→生长育肥期

2. 三阶段饲养工艺特点　三阶段饲养仅需两次转群，是一种比较简单的生产工艺流程，其特点是：简单、转群次数少，所需猪舍类型少。主要的优点有：减轻断奶环境应激，减轻断奶劳动强度，减轻断奶合群打斗应激，留给产仔房和保育舍更多的消毒时间，有利于产仔、培育阶段的生产管理，适用于养殖规模不大且自繁自养的小型农户养猪场。

（二）四阶段饲养工艺流程及其特点

1. 四阶段饲养工艺流程

空怀及妊娠期→哺乳期→仔猪保育期→生长育肥期

2. 四阶段饲养工艺流程特点 将仔猪保育阶段独立出来即为四阶段三次转群工艺流程，保育期一般持续到第十周，猪的体重达25千克转入生长育肥舍。断奶仔猪较生长育肥猪对环境要求高，这样便于采取集中措施提高成活率。在生长育肥舍饲养15周左右，体重达90～110千克出栏。虽然四阶段饲养工艺能够满足仔猪的生长条件需求，但母猪的发情鉴定以及配种不能满足现代养猪生产要求。适用于经济实力较好、养殖规模稍大的自繁自养猪场。

（三）五阶段饲养工艺流程及其特点

1. 五阶段饲养工艺流程

空怀配种期→妊娠期→哺乳期→仔猪保育期→生长育肥期

2. 五阶段饲养工艺流程特点 五阶段饲养四次转群，与四阶段相比，是把空怀待配母猪与妊娠母猪分开饲养，单独组群，有利于查情配种，提高繁殖率。空怀母猪配种后观察21天，确定妊娠后转入妊娠舍饲养至产前7天再转入分娩哺乳舍。其优点是断奶母猪复膘快，发情集中，便于发情鉴定，容易把握最佳的配种时机。五阶段饲养工艺适用于大、中型有规模的养猪场，能较为全面地适应整个养猪生产的阶段性特征。

（四）六阶段饲养工艺流程及其特点

1. 六阶段饲养工艺流程

空怀配种期→妊娠期→哺乳期→仔猪保育期→生长期→育肥期

2. 六阶段饲养工艺流程特点 六阶段饲养五次转群，与五阶段饲养工艺相比，是将生长育肥期分成生长期和育肥期，各饲养7～8周。仔猪从出生到出栏经过哺乳、保育、生长、育肥四个阶段。该工艺流程优点是：可以最大限度地满足仔猪生长发育的饲养营养、环境管理的不同需求，充分发挥其生长潜力，提高养猪效率。主要缺点是:增加了劳动量,转群次数较多,整个生产中增加了猪的应激,栏舍需要量增加等。六阶段饲养工艺能充分满足母猪和仔猪的生产和生活所需,从而取得良好的生产成绩,但是需要投入较多资金和较高水平的生产技术,通常使用于大规模的现代化养猪场,是国外养猪业中常见的饲养工艺。近年来随着新兴技术在我国养猪业中逐渐应用,六阶段饲养工艺也逐渐在我国大规模的现代化养猪场中得以应用。

三、养猪专业合作社猪场五阶段生产工艺流程

综合母猪查情配种需求、仔猪生长发育需求、资金状况以及技术力量等因素,五阶段饲养工艺作为养猪专业合作社的猪场生产工艺流程是比较适合的。养猪专业合作社的繁殖场或扩繁场只需要执行前 3 个或 4 个阶段的生产任务,而将仔猪保育或生长育肥任务分配给其他各成员猪场。这样做,能够减轻繁殖场或扩繁场的饲养任务、防疫压力以及扩大专业合作社的养殖规模。图 6-1 为养猪专业合作社猪场五阶段生产工艺流程图。

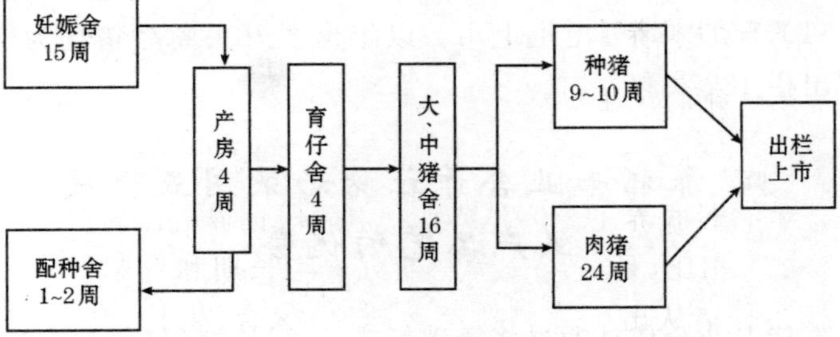

图 6-1 养猪专业合作社猪场五阶段生产工艺流程图

(一)待配母猪阶段 在配种舍内饲养空怀、后备、断奶母猪及公猪进行配种,待配母猪每天试情查情 2 次,确定配种成功后转入妊娠母猪舍内统一饲养。以年出栏万头商品猪的猪场为例,每周参加配种的母猪为 24 头左右。

(二)妊娠母猪阶段 所有配种成功的母猪均统一转入妊娠母猪舍内集中饲养,便于妊娠期的营养供应、环境温湿度控制以及集中采取其他饲养管理措施。

(三)母猪产仔阶段 妊娠母猪在预产期前 7 天转入产房,在产房哺乳仔猪 4 周左右,仔猪断奶时间为 21～28 天。母猪断奶后即转入配种舍,而仔猪在原栏继续饲养 3～7 天后转入保育舍。特殊情况可将仔猪进行合并,不承担哺乳任务的母猪可以提前转入配种舍等待发情配种。

(四)仔猪保育阶段 断奶 3～7 天后将仔猪转入仔猪保育舍或分配至其他成员猪场进行保育和育肥,仔猪保育 4 周,育肥 16 周即可出栏上市。

(五)育肥饲养阶段 对于没有进行仔猪保育能力的专业合作社成员猪场,可将仔猪在繁殖场或扩繁场进行集中保育后再分配至其他各成员猪场,这样可以有效地减轻仔猪应激,更利于仔猪的生长发育。育肥阶段持续 16 周,预计饲养至 24 周龄左右,体重达 90～110 千克时即可出栏上市。以年出栏万头商品猪场为例,每周可出栏 182 头猪左右。

四、养猪专业合作社猪场采用五阶段生产工艺的优势

养猪专业合作社通过将繁殖场或扩繁场的仔猪分配给社内其他成员猪场,可以实现以场为单位的全进全出,有利于防疫管理,可以避免养猪场过于集中给环境控制和废弃物处理带来负担。将

母猪产仔、仔猪的保育和生长猪的育肥安排在不同的猪场进行，并且养猪专业合作社的成员猪场大多相隔较远，各场猪舍可做到全进全出，避免大小猪在同一猪舍内混合饲养，避免母猪场疫病的传染，因此仔猪的成活率很高，生长速度也较快。

五、养猪专业合作社猪场工艺参数

为了准确计算各类猪群的存栏数、猪舍及合作社内各成员猪场的饲料用量和产品数量，必须根据养猪的品种、生产力水平、技术水平和环境设施等，实事求是地确定生产工艺参数。

（一）繁殖周期

繁殖周期＝母猪妊娠期（114 天）＋仔猪哺乳期
＋母猪断奶至受胎时间

其中：仔猪哺乳期根据不同的技术水平所采用的时间不同，一般介于 21～35 天，时间越短对技术水平的要求越高；母猪断奶至受胎时间包括断奶至发情时间（7～10 天）和配种至受胎的时间，后者取决于情期受胎率和分娩率的高低。

（二）母猪年产窝数

母猪年产窝数＝（365÷繁殖周期）×分娩率

不难看出，母猪的繁殖周期和年产窝数与情期受胎率和断奶日龄直接相关（表 6-1）。

表 6-1 母猪年产窝数与情期受胎率和断奶日龄的关系表

情期受胎率（%）		70	75	80	85	90	95	100
母猪年产窝数（窝/年）	21 日断奶	2.29	2.31	2.32	2.34	2.36	2.37	2.39
	28 日断奶	2.19	2.21	2.22	2.24	2.25	2.27	2.28
	35 日断奶	2.10	2.11	2.13	2.14	2.15	2.17	2.18

注：引自王爱国主编的《现代实用养猪技术》（第二版）。

(三)其他工艺参数 见表6-2。

表 6-2 养猪专业合作社商品猪场的工艺参数

项 目	参 数	项 目	参 数
妊娠期(天)	114	仔猪初生体重(千克)	1.2
哺乳期(天)	28	35日龄仔猪体重(千克)	8
保育期(天)	28～35	70日龄幼猪体重(千克)	25
母猪断奶至配种受胎(天)	7～10	180日龄育肥猪体重(千克)	100
母猪繁殖周期(天)	163～169	每头母猪年产仔数(头)	20～22
母猪年产胎次(窝)	2.0～2.2	公、母猪年更新率(%)	33
母猪窝产仔数(头)	9～10	母猪情期受胎率(%)	85
母猪窝产活仔数(头)	8～9	公、母猪比例	1∶25
哺乳仔猪成活率(%)	90	圈舍清洗消毒时间(天)	7
断奶育成猪成活率(%)	92	母猪临产前进产房时间(天)	7
生长育肥猪成活率(%)	98	母猪配种后原圈观察时间(天)	21

第二节 养猪专业合作社猪场生产技术指标

一、养猪专业合作社猪场生产技术指导的特点

单个养猪企业猪场在生产技术指导方面通常以聘请专家以及与科研单位合作的形式作为猪场的核心技术力量，再配以技术场长、技术主管、技术组长即可满足整个猪场的生产技术指导要求。养猪专业户则通常以政府机构提供的技术支持为核心技术力量，结合自身多年的养殖经验也可满足对生产技术的需求。然而养猪

专业合作社猪场的分散性较大，成员猪场的技术力量主要来源于合作社的统一指导，这就使得养猪专业合作社猪场生产技术指导具有特殊性。对于成员猪场中的核心猪场需要配以较强的技术力量，而对于对生产技术需求偏低的成员猪场则可以配备1名或多名技术人员统一为这些成员猪场提供技术指导，但技术人员长期穿梭于各成员猪场也会给疫病防治带来安全隐患。

养猪专业合作社的各成员猪场按生产工艺流程承担着整个流程中的一部分，其生产管理压力相对较小，这就要求其生产成绩应与大型规模化养猪场的生产成绩相差不大甚至优于其生产成绩，所以在制定养猪专业合作社猪场生产技术指标时可参考一些大型规模化养猪场的生产技术指标。

二、养猪专业合作社猪场猪群结构

猪群结构是需要根据不同养猪专业合作社的规模、采用的生产工艺流程和技术水平而定。也就是将整个生产过程划分为几个阶段，从而计算出每一阶段猪群的存栏数量，以达到最大限度地利用猪群、猪舍和设备等，提高生产效率。下面是猪场采用五阶段生产工艺流程时，猪群结构指标计算公式：

年产总窝数＝计划年出栏头数÷（窝产仔数×从出生至出栏的成活率）

成年母猪数＝计划出栏头数÷每头成年母猪平均提供商品猪数

后备母猪头数＝年总母猪数×年更新率

公猪头数＝母猪头数×公、母猪比例

后备公猪头数＝公猪总头数×年更新率

空怀母猪头数＝总母猪数×年产胎次×（产后配种天数＋观察天数）÷365

妊娠母猪头数＝总母猪数×年产胎次×饲养天数÷365

分娩哺乳母猪头数＝总母猪数×年产胎次×饲养天数÷365

哺乳仔猪头数＝总母猪数×年产胎次×窝产仔数×成活率×饲养天数÷365

35～70日龄保育仔猪数＝总母猪数×年产胎次×窝产仔猪数×哺育成活率×断奶成活率×饲养天数÷365

70～180日龄肥育猪头数＝总母猪数×年产胎次×窝产仔数×成活率×饲养天数÷365

各猪群存栏量可参考表6-3。

表6-3 养猪专业合作社不同规模猪场猪群结构

猪群类别	母猪数				
	100	200	400	500	600
空怀配种母猪(头)	25	50	75	125	150
妊娠母猪(头)	51	102	165	252	312
分娩母猪(头)	24	48	72	126	144
后备母猪(头)	10	20	26	46	52
公猪(含后备公猪)(头)	5	10	15	25	30
哺乳仔猪(头)	200	400	600	100	1200
幼猪(头)	216	438	654	1092	1308
育肥猪(头)	495	990	1500	2505	3015
合计存栏(头)	1026	2058	3098	5354	6211
全年上市商品猪(头)	1621	3432	5148	8632	10348

注：引自赵书广主编的《中国养猪大成》。

三、养猪专业合作社猪场生产指标

养猪专业合作社猪场生产指标也需要根据合作社的技术力量、管理水平、养猪设备以及生产母猪综合考虑确定。其设定的生产指标必须是通过提高管理水平和技术力量能在现有的养猪设备的情况下切实能达到的，切忌凭空制定。表 6-4、表 6-5 是结合养猪专业合作社的实际情况制定的常用生产指标，供读者参考。

表 6-4 养猪专业合作社生产指标表

项 目	指 标	项 目	指 标
母猪年产窝数（胎）	2～2.2	每窝年平均产仔数（头）	10
每窝平均断奶头数（头）	9	30 日龄平均个体重（千克）	8～9
母猪产后 14 天配种率（%）	95	母猪连产率（%）	90
母猪总分娩胎数（胎）	7～8	断奶日龄（天）	21～35
仔猪育成率（%）	94	仔猪保育期（天）	30～35
仔猪 20 日龄体重（千克）	6	20～90 千克育肥天数（天）	90～100
肥育猪平均日增重（克）	700～900	料肉比	1∶2.8～3.3
出生个体重（克）	1000～1800	断奶成活率（%）	95
育成期成活率（%）	99	全期成活率（%）	91

注：①引自赵书广主编的《中国养猪大成》。

②以上生产指标仅是在没有重大疫情爆发情况下的数据。

表 6-5 养猪专业合作社全年生产计划表

（以 600 头基础母猪为例） （头）

基础母猪数	600	
满负荷配种母猪数	周	30
	月	130
	年	1560

续表 6-5

基础母猪数	600	
满负荷分娩胎数	周	25
	月	108
	年	1300
满负荷活产仔数	周	250
	月	1083
	年	13000
满负荷断奶仔猪数	周	238
	月	1031
	年	12376
满负荷保育成活数	周	231
	月	1001
	年	12012
满负荷上市肉猪数	周	229
	月	991

四、猪栏配备

养猪专业合作社猪场能否按照工艺流程进行，关键是繁殖场或扩繁场的猪舍和栏位以及育肥场的配置是否合理。猪舍和育肥场的栏位是根据养猪专业合作社的规模进行确定，而繁殖场或扩繁场的栏位却需要准确计算，计算公式如下：

各饲养群猪栏分组数＝猪群组数＋消毒空舍时间(天)÷生产节律(一般是 7 天)

每组栏位数＝每组猪群头数÷每栏饲养量＋机动栏位数

各饲养群猪栏总数＝每组栏位数×猪栏组数

千头猪场各饲养群猪栏配置数量可参考表 6-6。

表 6-6 养猪专业合作社猪场各饲养群猪栏配置数量

（以年出栏 1 000 头商品猪为例）

猪群种类	猪群组数（组）	每组头数（头）	每栏饲养量（头/栏）	猪栏组数（组）	每组栏位数	总栏位数
空怀配种母猪群	2	8	4～5	1	4	4
妊娠母猪群	4	7	2～5	1	7	7
泌乳母猪群	2	7	1	2	8	16
保育仔猪群	2	52	8～12	2	5	10
生长育肥群	4	76	8～12	2	5	10
公猪群（含后备）	—	—	1	—	—	1
后备母猪群	2	4	4～6	1	2	2

第三节 养猪专业合作社的组织协调与指导服务

制定好统一的生产工艺技术流程和生产技术指标后，合作社的主要职能就是将统一制定的这些流程和指标落实到每个成员猪场的生产实践中，监督各成员猪场按照既定的流程进行生产并充分完成生产指标，促进整个养猪专业合作社制度化、标准化、规范化的运转。具体工作内容包括：

第一，人员培训。养猪专业合作社应当组织培训各成员猪场的管理人员和技术人员，学习生产工艺技术流程，提升业务水平，加强各成员猪场工作人员之间的交流。

第二，加强指导。养猪专业合作社应当聘请专业人员定期对各成员猪场的生产管理和生产技术进行详细的指导，以促进各成员猪场的管理和生产技术更加完善。

第三，细化生产工艺流程和生产技术指标。养猪专业合作社应当根据各成员猪场承担的饲养管理任务、规模、饲养条件以及技术力量，将统一的生产工艺流程和生产技术指标细化至每一个成员猪场，使得各成员猪场的生产工艺流程和生产技术指标更加明确易懂。

第四，设计制备统一的标识或手册。养猪专业合作社应将细化的生产工艺流程和生产技术指标制成规范统一的标识或手册供各成员猪场遵照执行。

第五，设立奖惩制度。养猪专业合作社应根据各自的情况制定不同的奖惩规则，奖惩规则包括对成员猪场和工作人员的奖惩，奖励生产成绩优秀的猪场和工作人员，惩罚生产成绩不达标的猪场以及工作不负责的工作人员。

第六，监督管理。养猪专业合作社应组织监督人员对各成员猪场的生产工艺流程执行情况进行监督，并对生产技术数据进行统计，对未严格按照既定的生产工艺流程执行或生产技术指标未达标的猪场在专业合作社内通报批评，对生产工艺流程执行彻底、生产技术指标完成良好的猪场应进行通报表扬，并按奖惩制度鼓励或惩戒。

第七，创造有利条件。养猪专业合作社应当结合各成员猪场的实际情况购置必需的设备和引进技术人员，以满足各成员猪场的生产和发展需要。

第八，信息共享。养猪专业合作社应将收集到的有关优化生产工艺流程和提升生产技术的信息及时提供给各成员猪场，提供各成员猪场之间的交流平台，以促进各成员猪场共同发展进步。

第七章　养猪专业合作社猪场各阶段猪群的饲养管理技术

第一节　种猪选择及引种方法

养猪专业合作社应根据合作社的发展潜力以及现有的猪场规模和饲养条件对猪场种猪选择和引种进行统一规划，确保所选留的种猪数量和标准以及在恰当的时候引种的数量、品种和血缘等能满足合作社的发展需求，切忌盲目选留和引进种猪。合作社在充分了解当前各成员猪场的猪群状况后，结合发展需要统一制定种猪选留标准和引种时间、数量、血缘，然后将选留和引进的种猪合理地分配给各成员猪场，这不仅可以避免各成员猪场独立引种造成合作社内引种混乱不利于合作社的统一规划，还可以避免多次引种造成的高额费用和疫病风险。因此，养猪专业合作社对种猪选留和引种实施统一规划、管理、供应是非常有必要的。

一、养猪专业合作社统一选种和引种

(一)做好合作社的发展规划　合作社一切事宜均应符合合作社的发展规划，而种猪的选择和引进的最终目的是满足将来猪场持续高效生产的需要，因此种猪的选择和引进必须符合合作社的发展规划。合作社应当在充分认识当前饲养规模、饲养技术和饲养条件等基础上结合合作社的发展潜力综合制定合作社的发展规划。

(二)了解当前猪群生产水平 合作社应当实时了解和掌握当前各成员猪场的猪群生产水平,对各成员猪场上报的生产数据和种猪淘汰规划做认真的核实、分析,召集理事会成员、各猪场管理者和技术人员讨论和总结当前各猪场的种猪生产水平以及承担育肥任务的猪场的接纳能力和技术力量。

(三)了解当前合作社的资金状况 合作社应当对当前的资金状况有充分了解,召集理事会成员、主要股东和财会人员讨论当前合作社的资金状况,是否有足够的资金能力引种以及引种后的维持生产的开销,若资金不足可视轻重缓急减少引种数量,以防让合作社陷入资金困境。

(四)制定统一种猪选择标准 合作社应当集结各成员猪场的技术人员以及外聘专家一起讨论制定统一的种猪选择标准,严禁各成员猪场以不同的标准选留种猪,以防合作社各成员猪场的生产水平良莠不齐。

(五)制定统一的引种规划 合作社应当集结各成员猪场的技术人员以及外聘专家一起讨论制定统一的引种计划,包括引种场、引种的时间和地点、引种数量、运输方式以及其他一些细节性的问题,尽量做到使引种计划面面俱到,以供引种时具体执行。

(六)种猪合理分配 合作社应当对选留和引进的种猪根据各成员猪场的饲养规模、饲养条件、饲养技术和饲养潜力合理分配种猪,确保生产成绩优秀的成员猪场有足够的种猪供持续高效生产。

二、种猪的选择

种猪的选择将直接关系到猪场的经济效益以及猪场的发展壮大,此外种猪的选择是一项综合性强的复杂工作,对选种工作人员专业知识和经验的要求较高。因此,养猪专业合作社猪场必须着力培训选种工作人员的业务水平,或招聘有选种经验的技术人员来完成这项工作。

(一)自繁后备猪的选择 自繁后备猪的选择一般需要4个阶段,即断奶阶段的选择、保育结束阶段的选择、测定结束阶段的选择以及配种和繁殖阶段的选择。

1. 断奶阶段的选择 断奶阶段的选择又称初选,从大窝中选择后备小母猪,要求整窝公母比例较小。一般而言,初选的数量应较多以便后期选留的机会较高,从而有利于选留到繁殖性能较好的母猪,推荐初选的数量为:公猪是预定留种的10～20倍,母猪是预定留种的5～10倍。其选择标准为:仔猪是窝产仔数较高的母猪所产个体,且该繁殖母猪的产仔记录中无遗传缺陷个体,符合本品种的体型外貌标准,生长发育良好,机体健康,活泼有力,体态及走路姿势正常,体格较大,皮毛光亮,背部宽长,四肢结实有力,乳头数达7对及以上(瘦肉型猪6对也可),没有明显的遗传缺陷。

2. 保育结束阶段的选择 在结束保育期后,仔猪达70日龄左右,仔猪随着生长发育逐渐暴露出遗传缺陷、生活力不强、生长发育受阻,疾病困扰等。因此,在保育结束进行第二次选择,此次选择只需要将体格发育良好、体重正常、没有瞎乳头、母猪外阴和公猪睾丸良好、生活力强、无疾病的初选仔猪转入测定阶段。常用的测定方法有2种:

(1)同胞测定 是对参与测定的种猪进行全同胞和半同胞测定,根据测定数据,综合评定种猪的性能水平。

(2)个体测定 在环境条件和饲养条件相对一致的情况下测定参选种猪的生长性状,根据综合指数的高低与体型外貌评分进行评定。

3. 测定结束阶段的选择 性能测定一般在5～6月龄结束,这时个体除繁殖性能以外的生产性状均已表现出来,因此这一阶段的选择是整个选择流程的关键时期。选择标准:对母猪的乳头缺陷和肢蹄坚实度与健康度进行普查,淘汰体质衰弱、肢蹄有疾、乳头内翻、体态不正常、阴门小或外阴上翻、隐睾、睾丸不对称、包皮不正常、同窝出现遗传缺陷的参选个体；在完成以上选择程序后，对选留的个体按照生长速度和背膘厚度等重要的生产性状构成的综合育种值指数严格进行选留。该阶段的选留数量为最终留种数量的115％～120％。

4. 母猪配种和繁殖阶段的选择 通过前面3个阶段的选择，对选留个体的祖系、生长发育以及体型外貌都已进行了全面的评定，而在该阶段则主要对选留个体的繁殖性能进行评定选留。选留标准：淘汰7月龄后仍无发情迹象、1个发情期内配种3次均不成功、断奶后2～3个月无发情征状、母性太差、窝产仔数明显较少、公猪精液品质差、性欲低、所配母猪产仔数均较少的个体。

(二)场外引进种猪的选择 从场外引种时，基于对供选种猪的生长状况、用药状况、隐性基因等因素不了解，使得场外引种时能选到满意的种猪困难重重，尤其是对于刚成立的养猪专业合作社，无引种经验且技术水平不够，更增加了场外引种的困难。因此，养猪专业合作社若需要进行场外引种必须聘请有丰富引种经验的技术人员或养猪专家随同对引种做科学的指导。以下是场外引种使用较为普遍的方法。

1. 充分利用系谱资料 场外引种时，应充分利用供选猪场的系谱资料，通过系谱资料了解其祖代、父母代、同胞、半同胞的生产性能和繁殖性能，以及该家系中的隐性遗传疾病，从而筛选出生产性能和繁殖性能均较优秀的家系，再从这些家系中选择所需引种的个体。与此同时，通过对其系谱的分析可以充分了解该引种场内各家系的血缘状况，在选种时尽量从血缘关系差异较大的家系中引种，以保证被选种猪之间的近交系数较低；并从生产资料中了解猪只的免疫状况以及饲养过程中的健康状况。

2. 种母猪的选择 体型外貌应符合相应品种的基本特征，无凹、凸背，体质结实。有效乳头数应不少于7对，乳头排列整齐，乳头之间有一定的间距，分布均匀，且无瞎乳头和内翻乳头；外阴要发育良好，阴门太小或上翘的个体不应选种。身体匀称健康，腹部宽大而不下垂，骨骼和肢蹄结实健壮，四蹄与地面接触充分，步态正常。

3. 种公猪的选择 要求头和颈较轻细，占身体的比例小，胸宽深，背宽平，体躯要长，腹部平直，肩部和臀部发达，肌肉丰满，骨骼粗壮，四肢有力，体质强健，符合本品种的基本特征。

三、商品仔猪的选择

根据养猪专业合作社不同的养殖形式，所需引进的猪只类别也不同，这里详细介绍一下商品仔猪的选择方法，供参考。

1. 猪种方面的选择 要查明欲购仔猪有无疫情，若有疫情不能购买。选购时，最好看看其父母代，应选杂交猪，最好是三元杂交猪，生长速度快，瘦肉率高，饲料报酬高。要求仔猪本身生长发育良好，符合品种特征。食欲强，健壮，动作灵活，被毛光滑油亮，脑门宽实，腰条长，腿高。

2. 个体方面的选择 选择仔猪时应选体重大、体质健壮、行动活泼、尾巴摆动有力的。凡是头大臀尖、腹部臌胀的仔猪，多为早期营养不良，生长发育受阻，或患过疾病（如白痢）的仔猪，这种猪的育肥效果不好。观察仔猪的眼睛是否有神，猪尾巴是否有稀粪。赶猪行走，看仔猪是否咳嗽。仔猪食欲与日增重成正比，要买虎头虎脑的猪，最好自带饲料饲喂。健康仔猪毛光亮、皮毛干净。不要图便宜，买小僵猪或戗毛猪。向畜主了解仔猪是吃粉料还是稀料，生喂还是熟喂，以精饲料为主还是以青粗料为主，每天喂几次，以确定饲喂方法。活泼的仔猪，典型表现为尾巴左右摆动不停。尾巴下垂、细而长的仔猪都长得慢，而且有病。观察卖方仔猪栏内尚未出售仔猪的健康状况，与出售的仔猪有何异样，进行对比，看出优劣，从中去劣选优。观察猪栏卫生状况，栏内猪粪形状，仔猪后躯是否干净，判断出猪群健康状态。将欲购买的仔猪重新放入栏内，仔细观察吃食、走动是否活泼乱跳，体型等与其他仔猪有何差异。

3. 不能选的个体 一是空腹仔猪不能选。通常情况下，卖方为了能够多卖些钱，会在仔猪出售前多喂一些精料，使仔猪的重量增加。如果是健康的仔猪，一定是吃得肚子鼓鼓的，而不健康的仔猪很可能食欲不佳，吃不了多少饲料，所以肚子往往是干瘪的，看上去就像没吃过饲料一样。挑选仔猪时，如果发现仔猪的肚子干瘪，呈空腹状态，这样的仔猪很可能不健康，最好不要购买。二是高温仔猪不能选。挑选仔猪时，要摸一摸仔猪的耳根是否烫手，如果温度超过40.5℃，说明仔猪正处于发病过程中，不能购买。三是脱水仔猪不能选。仔猪脱水常常表现为反应迟钝，粪便干燥，尿液赤黄，眼窝下凹，躺卧圈中，不愿起身。脱水仔猪要比健康的仔猪生长速度慢，而且免疫力比较低下，比较容易发病，不能购买。

四、引种方法

（一）制定科学的引种计划 成立养猪专业合作社的最终目的是为了获取经济利益，不管养猪场规模大小、养猪工艺先进与否，在引种时必须结合专业合作社的实际情况，做到有计划、有目的的引种，这主要是因为引种是养猪专业合作社中资金流向的重要环节，一旦引种后才发现引进的种猪不适宜本养猪专业合作社的前期规划和定位，将会造成重大的经济损失，而这种损失对于刚成立的养猪专业合作社往往是一个致命的打击。

科学的引种计划所包括的内容有：

1. 自身猪场的生产定位 原种猪场、祖代猪场、扩繁场、育肥猪生产场等，猪场的自身定位将直接关系到核心猪群的组建，而育肥猪场仅需要引进二元杂母猪。

2. 品种、品系及数量的选择 纯种选择：大白猪、长白猪、杜洛克猪、皮特兰猪、太湖猪；配套系选择：PIC、斯格、托佩克；二元杂选择：长大杂、大长杂等。而引进数量则需要根据养猪专业合作社的规模以及资金状况而定。

3. 引种猪场的选择 选择能够提供健康无病，性能优良种猪的大型种猪公司，到办有“种猪禽生产经营许可证”的单位或专业户引种，这是保证种猪质量的基础和关键。

4. 公母以及年龄比例 采用本交时，公母比例为 1∶20～25；采用人工授精时，公母比例为 1∶100～250；但是实际引种与生产时应增加公猪的数量，以防个别公猪因为疾病等原因不能使用耽搁了发情母猪的配种。除此之外，引进公、母猪的年龄大小应按一定的比例分配，这主要是为后期的种猪更新做准备，从而使得整个养猪专业合作社不间断地持续生产。

(二)引种前的准备 引种前的准备工作做得是否充分，不仅直接关系到是否能引进优良的种猪，而且还关系到整个引种过程是否能顺利进行。只有准备工作做得好，才能保证引进种猪的健康。

1. 了解疫病情况 调查各地以及引种运输途径地区疫病流行情况和种猪质量情况，必须从没有发生过疫病的地区并经过详细了解的健康种猪场引进种猪，同时了解该种猪场的免疫程序及其具体措施。

2. 技术人员培训 根据引种数量确定人员的配备，技术人员可以通过引进或猪场自己培训，应提前 1 周进场进行封闭式管理培训，使其掌握足够的生产技术以及对引进种猪的品种、生活特性、生理性状有充分的了解。而且在引进的种猪到场之前不得与其他猪只接触，以防引种后相互传染。

3. 隔离舍及饲养用具的准备 引种前应将隔离舍及隔离舍的饲养用具彻底清洗、消毒并且保证隔离舍空舍至少 1 周以上，按照“清洗—甲醛熏蒸—3%溶液喷雾消毒”的消毒规程，进行多次严格消毒，做到把猪舍的每一个空间都彻底消毒且不留死角。除此之外，还应对整个猪场内、外进行1次彻底的消毒，可采用3%～4%氢氧化钠溶液进行喷雾消毒。在对隔离舍和场区内外进行消毒后，整个场区尽量减少人员进出，对于隔离舍更是严禁行人、车辆和其他动物进出。

4. 药品和饲料的准备 种猪引进后，整个猪场需要进行封闭式管理，禁止一切外来人员与物品进入场内，因此在引种之前必须将物品、药品与饲料准备齐全，以免造成不必要的防疫漏洞。所需准备的有：饲喂用具、粪污清理用具、医疗器械、常规药品、疫苗、消毒液、供水设施、饲料等，尤其是过渡饲料的准备必须结合引进猪种的年龄阶段以及供选猪场所用饲料类型进行准备。所有物品均需消毒处理，并不得与其他猪只接触。

5. 引种时间以及运输方式 引种时间要尽量避开炎热和寒冷季节，并且提前查看气象资料，了解引种当日的天气状况。猪只的运输方式应当提前确定，每车装猪数量、装载方式、所需运输车辆的数量均应做细致的计划。

6. 办理审批手续以及拟定购猪合同 引种前，应按照《动物防疫法》的要求，将引种地点、品种、数量、几批次运输等向当地县级以上动物防疫监督机构申报，并办理检疫审批手续。双方在谈妥购猪的相关事宜之后，应根据《合同法》商量拟定合同，并打印装订供引种当日签订。

(三)引种操作 种猪选定之后，需要办理一系列手续才能装运种猪，相关手续如下：

1. 饲养管理技术资料 这对于进场后加强饲养管理、减少应激具有很重要的作用，应对饲料的种类、饲喂次数以及饲喂时间做详细记录，尤其是引进仔猪时更应详细了解仔猪的饲喂和管理措施。

2. 系谱资料 系谱资料是必不可少的,种猪必须有6代祖先的记录,包括血缘和性能测定结果,这有利于后期种猪的选配、选育。

3. 免疫合格证 引种时,请当地畜牧部门对种猪进行严格的检疫,确认健康的种猪需开具"畜禽运输检疫证明"等,以供运输途中有关部门检查以及回场后制定保健和免疫等措施参考。

4. 引种证明和协议书 引种证明供进场后有关部门检查或办理种猪场的经营执照用;引种协议是制定有关猪的血缘、质量和售后服务等方面的协议,以备后用。

5. 购买一定量的原场饲料 这主要是供运输途中和进入本场后的过渡期间使用,从而逐渐过渡饲料,以减轻猪只应激,促进引种成功。

(四)装载和运输

1. 车辆准备和消毒 一定要根据引种数量安排运输车辆,所装载猪只的数量不宜过多,装得太密会引起拥挤或挤压导致猪体损伤、休克甚至死亡。选用栏板较高的车厢或专用防逃、防跳网,用铁笼分装也能较好地避免猪体受伤。装猪之前,在车厢底部垫上3～5厘米厚的干沙土或稻草以防种猪肢蹄受伤。运输车辆以及随车用具在运载种猪前24小时先进行彻底的清洗,然后使用消毒液(3%～5%来苏儿溶液)进行彻底消毒处理2次。

2. 运输过程 夏季运输途中应注意经常供给干净的饮水,可在水中添加适量电解多维,防止中暑和降低应激,适宜将运输时间安排在早上或晚上。冬季则应在上午10时至下午3时之间气温较高的时候装运,且在车厢上方挂上帆布挡风保暖,以防猪只感冒。运输车辆应尽量选择路况较好的高等级公路或高速公路,起步、刹车要稳、慢,严防紧急刹车以免猪体受伤和引起应激。运输过程中每隔4～5小时应把每头猪赶起来,检查一下猪群状况,遇有异常猪只应及时处理,如出现呼吸急促、体温升高等异常情况,要采取有效的措施，必要时可注射抗生素或镇痛退热针剂，途中对异常猪只要勤查看，悉心照料。

（五）猪群到场后的饲养管理　新引进的猪只，对于新环境，尤其是仔猪从外场运输到新场，一般都会产生一些应激反应，所以运回后的前几天很重要，饲养管理等都会直接影响到引进猪只的健康状况和存活率。

1. 隔离观察　猪群到场后，立即对卸猪台、车辆、猪体及卸车周围进行消毒，然后按大小、公母进行分群饲养，有损伤、脱肛、受刺激过大的种猪应立即单栏饲养并及时治疗处理。对于转入隔离舍的猪群应当勤观察，对于出现轻度腹泻、便秘、咳嗽、发热等症状的猪可添加药物治疗，也可在饲料中添加药物进行预防。隔离舍要多通风，保持舍内空气清新，保持舍内温度在15℃～22℃，空气相对湿度在50％～70％。

2. 饲养管理　猪群到场后的12小时内应稍作休息，让其自由饮水，可在水中加适量维生素或口服补盐液，随后可提供少量饲料，先给予日常饲喂量的30％，然后由少到多逐渐增加饲喂量，一般经2～3天后就可以过渡到自由采食状态。可在饲料中添加抗生素和多种维生素以减少环境变化带来的应激，增强抵抗力，使猪只尽快恢复正常状态。待猪只渐渐适应环境后，则开始对猪群进行调教训练，定点排粪。应加强饲养管理，实行科学喂养，尽力创造有利于引入种猪性能发挥的饲养管理设备、条件等，采取逐渐过渡的办法，使其慢慢适应当地的饲养条件和饲料类型等，确保提高引进种猪的生产性能。

3. 核对登记　按照厂家提供的系谱，逐一核对耳号，核查清楚之后进行登记，供后期生产所用。

4. 免疫　猪群到场7天后，若各方面情况均无异常，要结合引种场的免疫情况和本地疫病流行状况，在进行主要常见疫病的抗体检查后，制定科学规范的免疫程序，适时进行免疫接种工作。

此外，还要定期使用药物（如阿维菌素、伊维菌素等）做好猪群的驱虫工作。

5. 转入生产区 经过30～40天隔离观察无异常，且猪群健康状况良好，进行彻底消毒后方可转入生产场区安排饲养生产。

第二节 猪群的饲养管理技术

一、种公猪的饲养管理

俗话说："母猪好好一窝，公猪好好一坡。"虽然猪场内种公猪的数量很少，但饲养种公猪的目的是用来配种，以此提高母猪受胎率，并获得数量多、质量好的仔猪。种公猪的好坏，不仅影响后代品质，而且直接影响母猪的受胎率，还直接关系到养猪生产的成绩，因此种公猪在猪群中十分重要，必须饲养好。

（一）种公猪的生理特点

1. 生精能力强、精液排出量大 种公猪的睾丸绝对重量很大，中国地方品种为500克左右，而国外育成品种可达1 000～1 200克。种公猪的生精功能很强，每克睾丸组织每天可产生精子2 400万～3 100万个。在正常的饲养管理条件下，1头成年种公猪1次射精量平均为250毫升，最高可达900毫升，精液总精子数可达250亿个左右。由于精液中含有的营养物质种类较多（表7-1），所以种公猪对营养的需求较高。

表7-1 种公猪精液中营养物质含量

物质	各种有机浸出物	粗蛋白质	脂肪	灰分	粗蛋白质占干物质含量
含量	约1%	1.2%～2.0%	0.2%	0.9%	60%以上

2. 交配和采精时间长 种公猪与母猪的交配时间每次为15～20分钟，即使是人工采精也需5～8分钟，整个过程持续时间较长，精力消耗较大。

(二)种公猪的环境需求

1. 温度 种公猪的适宜环境温度为18℃～20℃。种公猪个体大，皮下脂肪较厚，汗腺不发达，高温对其影响较大。当环境温度持续高于33℃时，会导致睾丸温度升高，影响精子生成，还会影响附睾中精子的发育，使精子活力降低，畸形数量增加，活精子数明显减少；此外，还会导致种公猪的食欲和性欲降低，严重者死亡。因此，夏季要注意防暑降温，对于夏季配种任务繁重且经济基础较强的养猪专业合作社，推荐将种公猪分栏集中饲养于一栋猪舍，舍内配备空调，其良好的精液品质和配种效果带来的经济效益将远超于空调投资。冬季则要防寒保温，以减少疾病的发生和饲料的消耗，冷应激同样会影响公猪的精液品质和性欲。

2. 湿度 种公猪的生长发育最适宜的空气相对湿度为60%～75%。若种猪舍内湿度过高，有利于病原微生物和寄生虫的滋生，易患湿疹等皮肤病。在舍内温度过低时，湿度过高会加剧猪体的寒冷，易发生冷应激。因此，保持种猪舍内适宜的空气相对湿度也是非常重要的。

3. 空气环境及光照 若种猪舍内氨气、硫化氢等有害气体浓度过大，持续作用时间较长会导致公猪体质差、抵抗力减弱、呼吸道疾病和结膜炎等发病率升高，还会导致采食量和性欲下降以及其他一些繁殖障碍。因此，种公猪舍应保持空气清新，注意通风，维持氨气和硫化氢的浓度分别在20毫克/米^{3}和10毫克/米^{3}以下。此外，光照条件对种公猪也非常重要，适宜的光照能促进种公猪的正常发育，提高繁殖力和抗病力，明显改善精液品质。推荐种公猪每天至少接受8～10小时100～150勒的光照。

(三)种公猪的营养需要 基于种公猪的品种、生理特点、体重、配种强度等，种公猪对营养物质的需求较大且需要量又各不相同。氨基酸平衡的动物性蛋白质对种猪的精液品质极其重要，形成精子的氨基酸包括赖氨酸、色氨酸、蛋氨酸和组氨酸等，赖氨酸尤其重要，日粮中若缺乏赖氨酸会导致公猪精子活率降低甚至产仔数降低。种公猪活动量较大，对能量的需求较高，但高能量会使种公猪体内脂肪沉积过多，易肥胖，会导致种公猪性欲下降，射精量减少，精子活率降低。保证供给种公猪适量的矿物质和维生素也非常重要，矿物质和维生素对种公猪生殖系统的发育以及精液品质的影响较大。如缺钙表现为精子发育不良、活力不高；缺磷表现为生殖功能衰退；缺锌表现为睾丸发育不良和停止生成精子；缺维生素 A 表现为性欲不强、畸形精子数增加；缺维生素 E 表现为睾丸发育不良、精子衰弱、畸形率增加、产仔数少等。瘦肉型种公猪每天每头营养需要量见表 7-2。

表 7-2 瘦肉型种公猪每天每头营养需要量

项 目	体重（千克）	
	90～150	150 以上
采食风干料（千克）	1.9	2.3
消化能（兆焦）	23.85	28.87
代谢能（兆焦）	22.90	27.70
粗蛋白质（克）	228	276
赖氨酸（克）	7.2	8.7
蛋氨酸和胱氨酸（克）	3.8	4.6
苏氨酸（克）	5.7	6.9
异亮氨酸（克）	6.3	7.6
钙（克）	12.5	15.2
磷（克）	10.1	12.2
食盐（克）	6.7	8.1

续表 7-2

项　目	体重(千克)	
	90～150	150 以上
铁(毫克)	135	163
锌(毫克)	84	101
铜(毫克)	10	12
锰(毫克)	17	21
碘(毫克)	0.23	0.28
硒(毫克)	0.25	0.30
维生素 A(单位)	6700	8100
维生素 D(单位)	340	400
维生素 E(单位)	17.0	21.0
维生素 K(毫克)	3.4	4.1
维生素 B_1(毫克)	1.7	2.1
维生素 B_2(毫克)	4.9	6.0
烟酸(毫克)	16.9	20.5
泛酸(毫克)	20.1	24.4
生物素(毫克)	0.17	0.21
叶酸(毫克)	1.00	1.20
维生素 B_{12}(微克)	25.5	30.5

注：①配种前一个月，在该标准上增加 20%～25%。

②冬季严寒期，在该标准上增加 10%～20%。

③引自王伟国主编的《规模猪场的设计与管理》。

种公猪的日粮应以精料为主，适当搭配青饲料，控制能量饲料。不能过多投喂粗饲料，以防造成“草包肚”影响配种。配种期饲料的营养水平和饲料喂量均应高于非配种期，在配种任务繁重阶段，应在原日粮的基础上加喂鸡蛋、鱼粉、多种维生素和青绿饲料，使种公猪保持旺盛的性欲和良好的精液品质。后备种公猪则应适当降低配合饲料中的能量水平，适当提高蛋白质水平，以保证配种使用时种公猪体重、膘情适中，性欲高，性功能完全，精液品质良好。种公猪的日粮投喂要根据不同个体、不同膘情、不同时间和季节定量定次投喂，每天投喂2～3次，配种前1小时不得饲喂。日粮投喂量一般为每头1.9～2.3千克，配种前1个月以及严寒冬季应适当增加投喂量10%～25%。

(四)种公猪4个阶段的饲养管理 种公猪的饲养管理大体上分为生长、调教、初配、成熟4个阶段，要提高种公猪的利用率，就应根据种公猪不同阶段的特点进行科学的饲养和管理。

1. 种公猪生长阶段的饲养管理 一般将体重达130千克之前的种公猪定义为种公猪的生长阶段，该阶段的饲喂管理主要是使种公猪生长发育达到初配时所需的性成熟和体成熟。

(1)限饲 种公猪生长阶段的饲养既要保证其能正常生长发育，又能保持适宜的种用体况，因此可以选择营养全面的能量饲料和蛋白质饲料，合理搭配、补充必需矿物元素、维生素和必需氨基酸。该阶段营养水平适宜前高后低，限量饲喂。建议投喂标准：120千克以下投喂2.5～3.6千克饲粮，120千克时投喂1.8～2.7千克饲粮，到8月龄且体重达130千克时即可开始调教初配。

(2)分群饲养 生长阶段的种公猪可以采用单圈和小群两种饲养方式相结合。单圈饲养一般每圈2头，最多3～5头，小群饲养10头左右。此方法可以避免种公猪养成咬尾和咬耳等恶癖，有利于种公猪生长发育均匀、整齐，还可以减少种公猪互相爬跨造成精液损失。将饲养栏舍安排在靠近成年公猪和母猪的地方，使其接受性诱惑。

(3)适量运动 除了让种公猪在栏舍和运动场自由运动外，每天还应有意识地进行驱赶运动，夏季适宜安排在早上和傍晚，冬季适宜安排在中午，每次行程以1～2千米为宜。适量的运动可使种公猪抵抗力增强，食欲兴旺，保持良好的体型、四肢灵活且坚实。

(4)疾病预防 种公猪是被层层筛选至生长阶段的，已耗费大量的人力财力，尚待进一步调教饲养就可以投入配种，因此该阶段着重观察种公猪的健康状况，按照免疫程序做好免疫接种和疾病防治。

2. 种公猪调教阶段的饲养管理 这一阶段的种公猪体重在130～145千克，适宜用高质量饲料进行限制性饲喂，根据体况每天限喂2.5～3.5千克优质饲料，使其日增重维持在600克左右。

调教阶段配种的目的在于培训公猪，而不在于让母猪受胎，因此要温和对待公猪，切忌粗暴，让公猪产生信任感是至关重要的。一般情况下，种公猪的调教时间为1个月左右。在训练的开始阶段，可以将种公猪安排在成年公猪配种旁边进行多次观摩。当种公猪第一次爬跨时，必须耐心调教，必要时做适当的引导。在调教的后期，每周可在配种栏内选用静立反应明显、发情良好、体型适当的初配母猪或刚配过种的母猪适配1～2次，每周配种不超过3次。对于机体健康且有性欲但不爬跨的种公猪，可用手轻轻按摩其阴茎，待其兴致饱满时，尝试协助其交配并将其阴茎插入母猪阴道，保证公猪完成射精。每次配种结束后，应将种公猪在交配过程中出现的问题仔细记录以便下次着重调教，并且对其精液品质进行检查。

3. 种公猪初配阶段的饲养管理

(1)限饲和饲养 限饲的主要目的是保持种公猪的体况，若体况过肥，生长过快，将会降低种公猪的性功能，不利于配种而且还会缩短种公猪的利用年限。其适宜的体况是根据体重和背膘厚来判定，比母猪的相应指标低20%。对种公猪进行单独圈养，保证其有足够的生活面积，保持栏舍干燥清洁。

(2)种公猪的评估 用种公猪两次配种10～15头母猪的返情率、配种能力和性欲等对种公猪进行评估，对性欲低或配种能力弱的种公猪应坚决淘汰。

(3)配种次数　切忌过度使用初配种公猪，每周配种次数不得超过3次，休养期不得少于3天。

4. 成熟种公猪的饲养管理

(1)成熟种公猪的饲喂　成熟种公猪要饲喂全价配合料，要求营养全面，以精料为主。适量饲喂优质青绿饲料，如菠菜和胡萝卜等，青绿饲料不宜饲喂过多。保持中等膘情，勤观察，根据不同情况增减饲喂量以保持良好的体型。种公猪的营养必须做到全年均衡，不能时好时差，以免影响种公猪的精液品质。

(2)成熟种公猪的栏舍　采取单栏饲养，栏舍面积在6平方米以上，运动场在12平方米以上。每天对栏舍进行2次清扫，保持栏舍和运动场的卫生，轮换使用不同种类的消毒剂，每周消毒1次，非工作人员禁止入内，以免传染疾病。

(3)控制配种次数　种公猪的配种次数应加以控制，一般每周配种次数不得超过5～6次，连续3天采精，中间应休息1天。

(4)做好防疫及体内外驱虫　对种公猪除了坚持正常的防疫外，每年的4月份和10月份肌内注射乙脑弱毒疫苗，开始采精前的1个月，肌内注射细小病毒灭活疫苗，严防传染病的发生，提高受胎率，减少母猪弱仔和死胎的发生。每年饲喂伊维菌素和丙硫咪唑2次，对体内、外寄生虫进行防治。

(5)做好生殖系统的健康保健　由于猪场本身就是一个污染源，圈舍及采精过程中的细菌、真菌等病原微生物容易感染种公猪的生殖系统，因此需要做好预防生殖系统感染工作。每月按治疗量饲喂3～5天的阿莫西林，做好采精前后的清洗和消毒工作，能有效预防种公猪生殖系统疾病的发生。

(五)种公猪的淘汰　种公猪一般使用年限为2～3年，年淘汰率在35%～40%，淘汰的种公猪可留作试情种公猪，但不参与配种。

1. 淘汰指标

①后备种公猪超过10月龄以上不能使用的；

②连续2个月精液检查不合格的；

③种公猪配种后产仔有遗传缺陷的；

④与配母猪普遍表现为受胎率低、分娩率低、产仔少的；

⑤性欲较差的种公猪；

⑥体型过大、膘情4分以上的种公猪；

⑦发生严重传染病的种公猪；

⑧发生普通疾病但连续治疗2个疗程而不能康复的种公猪；

⑨由于其他原因而失去种用价值的种公猪。

2. 种公猪的引入计划

后备种公猪年引入数＝基础种公猪数×年淘汰率÷后备种猪合格率

二、母猪的饲养管理

(一)母猪的发情

1. 母猪的发情周期 母猪发情是指在一定的时间段内，外部的体态和行为以及内部的生殖器官发生一系列的生理和行为变化，此过程中卵巢排出成熟的卵子等待受精。猪是多周期发情家畜，全年均可发情，不受季节、环境温度的影响，母猪的发情呈现出一定的周期性。发情周期指上次发情结束至下次发情开始，或者指上一次排卵至下一次排卵的间隔时间。在正常饲养管理和猪体健康的条件下，母猪的一个正常发情周期为20～22天，平均21天，但是有些特殊品种(如香猪的发情周期为18天)却表现出特异性。发情持续期一般为3～5天，但是初产母猪的持续时间会略长于经产母猪。

发情周期内表现出一系列的体内外变化，包括行为变化和生理变化。一般可将发情周期划分为发情前期、发情期、发情后期和休情期 4 个阶段。母猪发情前后外阴部的变化见表 7-3。

表 7-3 母猪发情前后外阴部的变化特征

发情前后特征	发情前	发 情	发情期后
平均时间(持续时间)(天)	2.7(1～7)	2.4(1～4)	1.8(1～4.8)
举动	不允许公猪配种	允许公猪配种,食欲减退,举止不安,发出特殊叫声或爬跨同伴	允许公猪配种→不允许
外阴部大小	肿胀至肿胀很大	肿胀很大→肿胀→略肿胀	略肿胀→缩小
外阴部颜色	浓桃红色	赤红色→紫色	紫色→褪色
引导前庭的颜色	浓桃红色至赤红色	赤红色→紫色	褪色
引导黏液的浓度	水样乳白色	水样乳白色→黏稠乳白色→糊状乳白色	糊状乳白色→消失

(1)发情前期　发情前期是指从母猪出现神经征状并且外阴部开始肿胀至接受公猪爬跨前为止,这段时间一般持续 1 天左右。这一时期母猪的卵泡逐渐成熟,其性情和生殖器官均发生变化,表现为食欲降低,精神不安,对外界的刺激非常敏感,阴门肿胀、变为粉红色,阴门内黏膜呈淡黄色,少量白色透明黏液从阴门流出。这个时间段内,母猪不让饲养人员靠近,能吸引公猪并对公猪产生兴趣,但拒绝公猪的爬跨。

(2)发情期(发情中期)　发情期是指母猪从拒绝公猪爬跨开始到接受公猪爬跨时为止,一般持续 1～2 天。母猪食欲进一步降低甚至不吃料,精神不安,外阴膨大如核桃形,阴门内黏膜潮红,黏液外溢,排尿频繁,背部僵硬,发出特征性鸣叫。遇公猪时站立不动，两耳竖立细听，若有所思且呆立，用手按压母猪腰背，表现出站立不动，即“静立反射”，若伴有黏液由清变浊，手感滑腻则可开始配种。

(3)发情后期 再次表现出拒绝公猪爬跨到发情征状完全消失时期。若母猪在发情中期未配种或配种未受胎，则出现发情后期症状，主要表现为性欲减退，有时仍然走动不安，甚至爬跨其他母猪，但却拒绝公猪爬跨和交配，卵巢排卵后卵巢腔开始充血并形成黄体，生殖器官逐渐恢复至正常状态。

(4)休情期(间情期) 指从本次发情征状消失至下次发情征状出现的时期。此时期卵巢排卵后形成黄体并分泌孕酮，使母猪精神保持安静状态，经14天左右黄体逐渐退化消失，新的卵泡继续发育，则进入下一个发情周期。

2. 母猪不发情的原因

(1)营养因素 营养不足主要是对后备母猪的生产功能有明显的负面影响，尤其是在哺乳期的初产母猪很容易出现哺乳不足，在调动体脂肪泌乳后，出现个别营养吸收不良，可使初情期第一次发情推迟。尤其是一些刚成立的小型养猪专业合作社，资金不足，技术力量薄弱，缺乏养殖经验，饲料比较单一，很多矿物质不足和微量元素缺乏，可以影响生殖激素的合成和生殖器官发育受阻。例如，钙、磷不足或二者的比例不当造成钙、磷的吸收障碍，从而引起缺乏症，卵巢的功能受到影响，阻碍卵泡的生长和成熟，导致母猪不发情。

正常饲喂条件下，即使维生素A、B族维生素、维生素E和维生素D出现一定程度的缺乏也不会直接影响母猪的发情，尤其是对于经产母猪，其影响作用更是不明显。但是在某些应激因素(疾病和应激等)同时存在时，容易扩大维生素缺乏对母猪生殖功能的影响。

营养不良和营养过剩也是导致母猪不发情的重要因素。母猪在哺乳期间利用体脂进行泌乳过多，并且生理负担大，若其母乳性较强且哺乳的仔猪较多，则会导致体重损失增大。若在母猪哺乳期间不加强营养或其本身采食量低，断奶后母猪常常会因为体重损失过多推迟发情时间，甚至不再发情。与此相反，若在母猪后备期的6月龄以后不对其采食量进行限制或蛋白质摄入不足，哺乳母猪因为在哺乳期出现营养过剩而导致体重增加，使得卵巢内脂肪沉积过多，卵泡发生脂肪性变化，这两种情况通常会导致后备母猪发情推迟，而经产母猪则表现为不发情。

(2)饲养因素　后备母猪过早配种，初产母猪不发情的情况比经产母猪的比例要高。后备母猪配种过早，可造成母猪妊娠期营养不良，而哺乳期又承担着泌乳和自身生长的双重生理压力，使得母猪体脂消耗过大，这是造成初产母猪断奶后不发情的主要原因。后备猪饲养密度过大，直接导致母猪采食不均而影响母猪的性成熟，而一些后备母猪又因为体格发育不良，过肥或过瘦，表现出不发情或不正常发情。气温与光照也是一个重要因素，高温、高湿的天气容易导致母猪出现热应激。统计表明：热应激不仅能使母猪产仔数降低还会导致母猪发情紊乱，出现不正常发情现象。除此之外，缺乏运动、公猪刺激少、饲料原料霉变等也能导致母猪发情受阻，后备母猪长期圈养且与公猪几乎没有接触，或是饲喂了含毒素的饲料，如玉米霉变产生的毒素会打乱母猪正常的内分泌功能，造成母猪不正常发情或排卵受到抑制。

(3)疾病因素　导致母猪发情不正常或出现发情障碍的疾病较多，慢性消化系统疾病和慢性呼吸道疾病会使母猪消瘦而出现发情障碍；产科疾病如胎衣不下、恶露不净等容易产生化脓性子宫炎，往往会改变子宫内环境和功能，而且影响母猪的正常发情；伪狂犬病、乙型脑炎、细小病毒病、慢性猪瘟、衣原体病、蓝耳病和霉菌毒素等病原因子，均可能造成流产、木乃伊且断奶后长期不发情；子宫炎、阴道炎、部分黄体和非黄体化的卵泡囊肿等病理性因素也是导致母猪不发情的重要因素。

(4)先天性因素　主要是生理缺陷和遗传缺陷，由于遗传选种不严格，使一些遗传缺陷得以遗传，造成母猪不发情和繁殖障碍，如母猪雌雄同体，表现为肛门下面有阴蒂、阴唇和阴门，但腹腔内无卵巢却有睾丸。生理缺陷主要表现有：生殖道畸形、卵巢发育不全、两性畸形等，这些也是造成母猪不发情或发情不正常的因素。

(5)繁殖技术落后　这种现象常见于一些小型猪场或小型养猪专业合作社，由于资金不足，技术力量较为薄弱，识别母猪发情征状的经验不足，工作疏忽大意，未能及时发现母猪发情，出现一些人为错误断定的假不发情现象。

3. 促进母猪发情排卵的措施

(1)满足营养需要　对空怀母猪进行短期优饲可有效地促进母猪发情排卵，其具体做法是：在仔猪断奶的前3天至断奶后的3天内适当减少母猪的饲喂量，促使母猪及时干奶，这样有利于防止母猪发生乳房炎，在母猪干奶后的6～7天进行优饲，这时的饲粮营养水平和投喂量要与妊娠后期相同，有利于促进断奶母猪迅速恢复体力，为发情和排卵做准备。但是值得注意的是，这段时间的优饲需要结合母猪的膘情，对于过于瘦弱的母猪需要提供哺乳母猪料，使其及时恢复体况；对于过于肥胖的母猪则可以多添加青粗饲料，让其尽快恢复到适度的膘情，可以较早发情排卵。

青绿多汁饲料可以提供足够量的钙、磷、维生素、矿物质、微量元素等，因此空怀母猪每天饲喂5～7千克的青绿饲料或25克鱼粉，可以有效地满足空怀母猪发情排卵的需要，从而促进发情排卵。此外，在断奶母猪日粮中添加适量的抗生素能有效地防治空怀母猪的子宫炎、阴道炎等生殖疾病，保持空怀母猪生殖系统处于健康状态也有利于发情排卵。

(2)科学的管理　保持猪舍的干燥、清洁和温湿度适宜，有利于空怀母猪发情的舍内温度是12℃～15℃，良好的运动和光照对促进母猪发情排卵也是有利的，建议每天的光照时间在10小时左右。对空怀母猪进行群饲也是有利于母猪发情的，尤其是将其与发情母猪混养，由于外激素和爬跨的刺激，可诱使其发情。对于限位栏饲养空怀母猪的养猪专业合作社，可以将未发情的母猪安排在正处于发情期的母猪旁边也可以有效地刺激其发情。在每天早上空怀母猪进食完毕侧卧于栏位时，可对其乳房进行一定时间的按摩，不仅能刺激母猪乳腺发育，而且更能兴奋母猪的性活动，促进其发情排卵，按摩时间以表层按摩5分钟、深层按摩5分钟为宜。此外，还可以在早、晚时间安排试情公猪在空怀母猪栏内逗留20～30分钟，通过公猪追爬“逗情”和公猪外激素的刺激，也可以有效地促进母猪发情排卵。

(3)注射催情素　孕马血清中含有促性腺激素，可促进滤泡成熟和排卵，对于不发情的母猪，每天皮下注射孕马血清1次，每次注射10毫升左右，连续注射3次可有效地促进空怀母猪排卵。此外，按8～10单位/千克体重计量，每日肌内注射绒毛膜促性腺激素或合成雌激素可以有效地促使母猪发情。此外，孕马血清和绒毛膜促性腺激素联合使用，可以有效地避免母猪发情不排卵现象。

(二)妊娠母猪的饲养管理

1. 妊娠诊断　早期判断母猪是否妊娠在养猪生产实践中具有重要的实践意义，越早了解母猪的妊娠情况，对后期生产就越有利。在妊娠初期可以诊断母猪是否受胎，对于已受胎的母猪可以安排进入妊娠母猪舍集中饲养，有利于安胎保胎；而未受胎的母猪则需要观察发情状况，并采取一定的催情措施，及时补配，有利于缩短产仔间隔。此外，妊娠的早期诊断还利于了解妊娠母猪的预产期。而在妊娠后期可以诊断出母猪的受胎数，有利于确定母猪的饲养定额和分群管理，并确保母猪的安全分娩。妊娠的诊断方法主要有观察法、试剂法和仪器法，其中观察法要求工作人员具有丰富的实践经验，其简单易行且耗费较少；而后两种方法的诊断结果较观察法准确，但程序较为复杂且耗费较多。不同养猪专业合作社需要结合自身的技术力量、经济状况以及生产目标进行综合选择。

(1)观察法　观察法的具体方式较多，在实际生产中可以结合多种具体方式进行综合判定，要求技术人员具有较强的实践经验，并且工作认真、仔细、负责。

①根据母猪发情周期判断　母猪的发情周期一般为 21 天，如果在配种后的 21 天内未出现发情迹象，且表现出食欲渐增，被毛光亮，增膘明显，性情温驯，行动稳健，嗜睡，尾巴自然下垂，阴门缩成一条线，驱赶时夹着尾巴走路等现象，可以暂定为已经受胎。

②检查乳头　经产母猪在配种后 3～4 天，用手轻轻捏母猪最后第二对乳头时，若有 1 根较硬的乳管，则表示已经受胎。

③指压　指压适用于检查配种后 2 周的经产母猪，若将拇指和食指从母猪第 7～9 胸椎两侧由弱渐强的压至第二腰椎，不出现脊背凹曲或拱背则可断定已经受胎。

④其他　除以上方法，还有直肠检查、弓张反射和手掐法，但由于种种限制，在实际生产中很少应用，因此这里不做一一叙述。在养猪生产实践中，还可以结合品种的一些特征和实践经验制定出适合于养猪专业合作社内部使用的诊断方法。

(2)激素测定法　激素测定法有两种方式，一种是注射人工合成的雌激素，另一种是测定母猪血浆中的孕酮浓度。配种后的第 16～17 天在母猪耳根部皮下注射 3～5 毫升人工合成的雌激素，然后观察母猪的发情状况，若 5 天内不表现出发情迹象则证明已经受胎，该方法的准确率可达 90%～95%。孕酮与硫酸接触会出现明亮的豆绿色荧光化合物，测定母猪配种后第 19～23 天的血浆中孕酮含量，若测定值较低则说明未受胎。

(3)超声波测定法　目前，大规模的养猪专业合作社多使用 B 超或多普勒超声进行母猪早期妊娠诊断，不仅可以诊断出母猪是否受胎，还可以诊断出胎儿的数量和性别。其方法是把B超仪的探头在涂上耦合剂后贴于配种后20～29天的母猪腹部体表后，发射超声波，根据成像或胎儿心跳感应信号音或者脐带多普勒信号，可以判断出母猪是否受胎或有几个胎儿。使用B超仪进行妊娠诊断，在1个月以内的准确率为80%，40天以后的准确率可达100%。

2. 营养需要　妊娠母猪在妊娠期的不同阶段对营养的需求是不一样的，通常而言，经产母猪妊娠前期对营养的需求主要是用于自身维持体征和复膘，而初配母猪则还需要额外的营养物质来维持自身继续生长发育需求，在妊娠前期胎儿发育所需营养物质极少；而在妊娠后期，胎儿的生长发育比较迅速，同时对营养物质的需求量也增加。因此，对于母猪妊娠期的营养需求应结合母猪的体况和胎儿的发育情况（表7-4）进行综合考虑后再给予适当的营养，使得妊娠母猪在包含胎儿的情况下体重增加为：经产母猪30～35千克，初产母猪35～45千克。

表7-4　妊娠母猪体内胎儿发育变化

胎龄（天）	胎儿重量（克）	占初生重比例（%）
30	2.0	0.15
40	13.0	0.90
50	40.0	3.00
60	110.0	8.00
70	263.0	19.00
80	400.0	29.00
90	550.0	39.00
100	1060.0	76.00
110	1150.0	82.00
初　生	1300.0～1500.0	100.00

(1)能量需求　正常情况下,促使母猪体重显著增加的有效措施是提高能量水平,并且仔猪的初生重也会稍有增加。但是能量的补充必须有一定的限度,不能太高,主要是因为妊娠期的母猪消化吸收能力非常强,相对较低的营养水平即可满足于母体的维持需要和胎儿的生长发育需要。若饲喂能量水平较高的饲料,不仅会使胚胎死亡率增加、产仔数降低,还会导致母猪过于肥胖,致使泌乳期采食量降低,妊娠期由饲料养分转化为体脂,泌乳期再由体脂转化为乳脂,研究表明这种转化效率仅49%,而哺乳母猪将饲料养分转化为乳脂的效率是67%,从而大大浪费了饲料,这对于养猪专业合作社的经济收益是极为不利的。妊娠母猪的日粮中能量水平也不能过低,这不仅会导致母猪损失体重过大,易发生流产或木乃伊猪,还会导致母猪在断奶后推迟发情且配种受胎率降低。目前,我国猪的饲养标准规定:妊娠前期的消化能需要量是维持基础上增加10%,妊娠后期是在前期的基础上增加15%。

(2)蛋白质需求　妊娠母猪日粮中的粗蛋白质水平最低可降至12%,这主要是因为母猪在妊娠期对蛋白质的需求有较大的缓冲作用,能够在一定限度内不受蛋白质的影响。但是,若蛋白质长期缺乏不仅会导致母猪早产、产仔数降低,甚至还会导致母猪在断奶后发情不正常和配种受胎率降低。此外,保证妊娠母猪饲粮蛋白质的全价性以及其与能量、维生素和矿物质的平衡,不仅可以有效降低蛋白质的需要量,还能较大程度地节约饲料费用,而产仔数和胎儿发育也不会受到影响。

(3)矿物质和维生素需求　钙、磷、锰、碘等矿物质和维生素A、维生素E、维生素D等均是母猪妊娠期内不可缺少的营养素,在母猪妊娠后期对矿物质的需求量增大,若在这段时间不供以足量的矿物质会导致分娩时间延长、死胎和骨骼疾病的发生增加;缺乏维生素A也会导致胎儿中出现早死、早产、畸形、弱仔等。对于养猪专业合作社可以制备优质草粉和各种青绿饲料来满足妊娠母猪对维生素的需求，不仅能满足母猪的需求，还能在一定程度上节约饲料成本。

(4)营养标准 母猪妊娠期的营养标准见表 7-5 和表 7-6。

表 7-5 妊娠母猪每头每天的营养需要量

项 目	体重(千克)					
	妊娠前期			妊娠后期		
	90～120	120～150	150 以上	90～120	120～150	150 以上
采食风干料(千克)	1.70	1.90	2.00	2.20	2.40	2.50
消化能(兆焦)	19.92	22.26	23.43	25.77	28.12	29.29
代谢能(兆焦)	19.12	21.38	22.51	24.73	26.99	28.12
粗蛋白质(克)	187	209	220	264	288	300
赖氨酸(克)	6.00	6.70	7.00	7.90	8.60	9.00
蛋氨酸＋胱氨酸(克)	3.20	3.60	3.80	4.20	4.60	4.70
苏氨酸(克)	4.80	5.30	5.60	6.20	6.70	7.00
异亮氨酸(克)	5.30	5.90	6.20	6.80	7.40	7.80
钙(克)	10.4	11.6	12.2	13.4	14.6	15.3
磷(克)	8.3	9.3	9.8	10.8	11.8	12.3
食盐(克)	5.4	6.1	6.4	7.0	8.0	8.0
铁(毫克)	111	214	130	143	156	163
锌(毫克)	71	80	84	92	101	105
铜(毫克)	7	8	8	9	10	10
锰(毫克)	14	15	16	18	19	20
碘(毫克)	0.19	0.21	0.22	0.24	0.26	0.28
硒(毫克)	0.22	0.25	0.26	0.29	0.31	0.33
维生素 A(单位)	5440	6100	6400	7260	7920	8250
维生素 D(单位)	270	300	320	350	380	400

续表 7-5

项目	体重(千克)					
	妊娠前期			妊娠后期		
	90～120	120～150	150 以上	90～120	120～150	150 以上
维生素 E(单位)	14	15	16	18	19	20
维生素 K(毫克)	2.9	3.2	3.4	3.7	4.1	4.3
维生素 B_1(毫克)	1.4	1.5	1.6	1.8	2.0	2.4
维生素 B_2(毫克)	4.3	4.8	5.0	5.5	6.0	6.3
烟酸(毫克)	14	15	16	18	19	20
泛酸(毫克)	16.5	18.4	19.4	21.6	23.5	24.5
生物素(毫克)	0.14	0.15	0.16	0.18	0.20	0.22
叶酸(毫克)	0.85	0.95	1.00	1.10	1.20	1.30
维生素 B_{12}(微克)	20	23	24	29	31	33

表 7-6 妊娠母猪每千克饲料营养含量

项目	体重(千克)	
	妊娠前期	妊娠后期
	90～150	90～150
消化能(兆焦)	11.72	11.72
代谢能(兆焦)	11.25	11.25
粗纤维(%)	10.0	9.0
粗蛋白质(%)	11.0	12.0
赖氨酸(%)	0.35	0.36
蛋氨酸+胱氨酸(%)	0.19	0.19

续表 7-6

项　目	体重(千克)	
	妊娠前期	妊娠后期
	90～150	90～150
苏氨酸(%)	0.28	0.28
异亮氨酸(%)	0.31	0.31
钙(%)	0.61	0.61
磷(%)	0.49	0.49
食盐(%)	0.32	0.32
铁(毫克)	65	65
锌(毫克)	42	42
铜(毫克)	4	4
锰(毫克)	8	8
碘(毫克)	0.11	0.11
硒(毫克)	0.13	0.13
维生素 A(单位)	3200	3300
维生素 D(单位)	160	160
维生素 E(单位)	8	8
维生素 K(毫克)	1.7	1.7
维生素 B_1(毫克)	0.8	0.8
维生素 B_2(毫克)	2.5	2.5
烟酸(毫克)	8.0	8.0
泛酸(毫克)	9.7	9.8
生物素(毫克)	0.08	0.08
叶酸(毫克)	0.56	0.50
维生素 B_{12}(微克)	12.0	13.0

3. 饲养管理 母猪妊娠阶段饲养管理的主要任务是：保证受精卵在子宫角附着、着床以及胎儿的正常发育，保证母猪多生产健壮、生活力强、初生体重大的仔猪，确保母猪有中上等体况为哺乳期泌乳做准备，保证首配母猪自身的生长发育，注意保胎，防止流产。妊娠期的饲养管理是非常重要的，将直接决定猪场的生产效率和经济效益。

(1)*饲养方式* 对于妊娠母猪，常见的饲养方式有小群饲养和单栏饲养，但是这两种饲养方式各具优缺点，养猪专业合作社应结合自身的生产目标、管理经验以及猪场的设备设施进行综合选择。

小群饲养就是将配种日期相近、体重差异不大、性情温驯的3～5头妊娠母猪饲养在同一栏舍，而到妊娠后期则将同一栏舍妊娠母猪的数量缩小至2～3头。这种饲养方式有利于妊娠母猪自由运动，减少母体疾病的发生，死胎率和难产率降低，还有利于促进母猪的食欲。但小群饲养也存在不可避免的缺点，难以做到分群恰当，母猪之间吃食不均导致肥瘦不均，影响胎儿的生长发育。

单栏饲养就是将母猪在确定妊娠后由配怀栏舍转至妊娠舍，集中饲养管理，每头母猪单独饲养在宽60～70厘米、长约2.1米的限位栏中。这种饲养方式的优点是能够集中饲养管理，便于环境温湿度集中控制，采食均匀，妊娠母猪相互之间无摩擦打斗。其缺点是妊娠母猪不能自由运动，肢蹄疾病发生率较高，死胎和难产率高，而且母猪的使用年限相比小群饲养要短，规模化大型养猪场常采用这种饲养方式。

对于养猪专业合作社，若有足够的建场面积和较为丰富的管理经验，可以在妊娠前期进行小群饲养，而在妊娠后期采用单栏饲养。这样不仅有利于妊娠母猪早期适量的运动、减少肢蹄疾病，而且不影响后期的采食量，可以有效地提高妊娠母猪的生产性能。

(2)*良好的环境条件* 妊娠母猪对环境条件的要求与生长育

肥猪环境要求相近，妊娠母猪适宜的猪舍内环境温度为10℃～28℃，空气相对湿度在60%～75%。夏季需要防暑降温以防发生热应激导致产仔数降低和死胎数增加，冬季同样也要防寒保暖，冷应激同样也会影响母猪的产仔性能。此外，良好的通风换气措施也是必要的，尤其是妊娠母猪集中饲养的栏舍中，饲养密度大，相对较为潮湿，容易滋生大量的有害生物，若微生物浓度太大，不断侵袭妊娠母猪猪体，不断激活猪的免疫系统，将直接影响母体及胎儿的健康状况；此外，在严寒的冬季为了保温而较少通风换气，会导致妊娠栏舍内有害气体的浓度增加，容易导致母猪患呼吸道疾病，因此在实际生产中需要注意通风换气、及时清除粪污等。

(3)保证饲料质量和疾病防治　妊娠母猪对饲料的质量较为敏感，同时饲料的质量也会间接影响胎儿的健康和生长发育，因此在供给妊娠母猪饲料时严禁饲喂发霉、腐败、变质的饲料；此外，酒糟、未脱毒的棉籽饼和菜籽饼等也严禁用于饲喂妊娠母猪，尤其是小型养猪专业合作社，为了降低生产成本而充分利用周边农户提供的辅料，若饲喂不当，容易导致流产和死胎现象。

疾病防治同样也是妊娠母猪饲养管理中的重要环节，对于感冒发热的妊娠母猪应及时用药治疗，以防病情加深导致胚胎死亡或流产。同时，要注意预防疾病性流产和死胎，尤其是猪流行性乙型脑炎、细小病毒病、流行性感冒等很容易导致妊娠母猪流产和死胎，应按照科学合理的免疫程序进行免疫注射预防。

(4)日常管理　总的来说，妊娠母猪的日常管理工作还是较为轻松的，定时打扫舍内卫生，保证足够的饮水，保证饲料的质量与饲喂量，夏季注意防暑降温，冬季注意通风换气，注意采食量和排粪情况等。但是在管理过程中必须细心，尽职尽责，善待妊娠母猪，态度温和，严禁鞭打、在妊娠栏舍内大喊大叫、追赶，防止小群饲养的妊娠母猪咬架、挤压，经常触摸妊娠母猪的腹部和乳房，使母猪接触饲养员时变得温驯，从而建立良好的人猪关系，有利于后期接产工作的顺利进行。此外，还应当加强监控，实时注意妊娠母猪的行为及健康状况，按照准确的配种记录在预产期前 4～7 天转至产房，转移过程中应当任其慢步走动，严禁追赶、恐吓、驱打等。

(三)分娩哺乳母猪的饲养管理

1. 分娩时间的确定

(1)预产期的推算　妊娠母猪预产期均是根据配种日期和母猪妊娠期进行推算的，正常妊娠期为 110～120 天，平均为 114 天。常见的推算方法有："加 4 减 6 法"，"三、三、三法"，"配种月加 3，配种日加 20 法"，"查表法"，其中"三、三、三法"和"查表法"在生产实践中应用较为广泛。以下是这几种推算方法的举例。

①加 4 减 6 法　即在配种时间的月份上加 4，日子上面减 6；例如配种日期为 3 月 2 日，那么预产期为 6 月 27 日。

②三、三、三法　即在配种时间上加 3 个月 3 个星期 3 天；例如配种时间为 3 月 5 日，那么预产期为 6 月 29 日。

③配种月加 3，配种日加 20 法　例如配种时间为 3 月 10 日，那么预产期为 6 月 30 日。

④查表法　能够对应制定的表格根据配种日期直观地查到分娩日期，方便，快捷，准确，如表 7-7 所示。

表 7-7　母猪分娩期推算表

配种日	一	二	三	四	五	六	七	八	九	十	十一	十二	配种月
	4	5	6	7	8	9	10	11	12	1	2	3	分娩月
1	25	26	23	24	23	23	23	23	24	23	23	25	分娩日
2	26	27	24	25	24	24	24	24	25	24	24	26	
3	27	28	25	26	25	25	25	25	26	25	25	27	
4	28	29	26	27	26	26	26	26	27	26	26	28	
5	29	30	27	28	27	27	27	27	28	27	27	29	

续表 7-7

配种	一	二	三	四	五	六	七	八	九	十	十一	十二	配种月
日	4	5	6	7	8	9	10	11	12	1	2	3	分娩月
6	30	31	28	29	28	28	28	28	29	28	28	30	分娩日
7	1/5	1/6	29	30	29	29	29	29	30	29	1/3	31	
8	2	2	30	31	30	30	30	30	31	30	2	1/4	
9	3	3	1/7	1/8	31	1/10	31	1/12	1/4	31	3	2	
10	4	4	2	2	1/9	2	1/11	2	2	1/1	4	3	
11	5	5	3	3	2	3	2	3	3	2	5	4	
12	6	6	4	4	3	4	3	4	4	3	6	5	
13	7	7	5	5	4	5	4	5	5	4	7	6	
14	8	8	6	6	5	6	5	6	6	5	8	7	
15	9	9	7	7	6	7	6	7	7	6	9	8	
16	10	10	8	8	7	8	7	8	8	7	10	9	
17	11	11	9	9	8	9	8	9	9	8	11	10	
18	12	12	10	10	9	10	9	10	10	9	12	11	
19	13	13	11	11	10	11	10	11	11	10	13	12	
20	14	14	12	12	11	12	11	12	12	11	14	13	
21	15	15	13	13	12	13	12	13	13	12	15	14	
22	16	16	14	14	13	14	13	14	14	13	16	15	
23	17	17	15	15	14	15	14	15	15	14	17	16	
24	18	18	16	16	15	16	15	16	16	15	18	17	
25	19	19	17	17	16	17	16	17	17	16	19	18	
26	20	20	18	18	17	18	17	18	18	17	20	19	
27	21	21	19	19	18	19	18	19	19	18	21	20	
28	22	22	20	20	19	20	19	20	20	19	22	21	
29	23	—	21	21	20	21	20	21	21	20	22	22	
30	24	—	22	22	21	22	21	22	22	21	23	23	
31	25	—	23	—	22	—	22	23	—	22	—	24	

(2)产前征兆　母猪的平均妊娠期为114天,但是并非所有的妊娠母猪都是在妊娠114天后产仔,也有可能提前或延后2～3天。因此,仅仅根据预产期的推算来确定妊娠母猪分娩时间是不准确的,还应当结合妊娠母猪产前征兆进行综合而定。

母猪在产前会有一系列的变化,且与产仔时间存在一定关系(表7-8),包括举动、体态、乳房等。其中举动变化:母猪在产前6～8小时会叼草筑窝,经产母猪或在天气寒冷时会提前筑窝,母猪在产前6～7小时会出现频频排尿;体态变化:阴门红肿、松大,骨盆开张,皱褶展平,尾根两侧逐渐下降,肷窝塌陷等现象出现后会在3～5天内产仔;乳房变化:妊娠母猪在产前15天,乳房开始膨大下垂,临产前乳房显著胀大且色泽光亮,产前24小时前面的乳头可以挤出乳汁,产前12小时中排乳头可以挤出乳汁,当后面的乳头也能挤出乳汁时,几小时内即会分娩。若发现妊娠母猪站卧不安、时起时伏、频频排尿、开始镇痛、阴门流出稀薄黏液,正常在30分钟内即可产仔。

表7-8　妊娠母猪产前变化与产仔时间

产前变化	距产仔时间
乳房胀大	15天左右
外阴红肿,尾根两侧开始下陷	3～5天
挤出乳汁(透明)	1～2天(从前面乳头开始)
叼草做窝	8～16小时(初产、冬季较早)
乳汁变为乳白色	6小时左右
呼吸急迫、排尿次数增多	4小时左右
躺下,四肢伸直,阵缩间隔时间逐渐缩短	30～90分钟
阴门流出分泌物	2～10分钟

2. 分娩前的准备

(1)产房准备　产房的准备主要是清洁、消毒和各种设备的检查。在妊娠母猪预产期前7～8天，对产房内栏舍、过道、墙壁、地面、围栏、食槽、饮水器以及排水、排粪沟进行彻底的清洗，清洗完毕后用2%～3%氢氧化钠溶液或3%～5%来苏儿溶液喷洒消毒，24小时后再用清水进行冲洗。产房的墙壁最好用生石灰水喷洒或粉刷。对于潮湿的地面，可以铺撒生石灰、草木灰等进行干燥。清洗消毒完毕后，应敞开门窗通风。

对产房的分娩栏舍、饮水设施、围栏、食槽、排水和排粪沟、保暖箱、排风扇、电路等进行彻底的检修，保证设施设备能够正常运作，不要等到待产母猪进产房后才进行检修。对于有条件的猪场，可以在保温箱内垫上10～15厘米厚的切碎干草，有利于保暖，注意勤更换垫草。产房的适宜温度为15℃～18℃，夏季应采取防暑降温措施，冬季则应防寒保温且减少贼风侵袭。

(2)接产用具准备　妊娠母猪在产仔之前，产房工作人员需对接产用具逐一准备。通常需要准备的用具有：毛巾、抹布、水桶、水盆、剪刀、缝合针线、手电筒、备用灯泡和红外线灯、耳号钳、剪牙钳、磅秤、记号笔、记录本等；药品有：酒精、5%碘酊、温水、催产素、止血敏及消炎药物。

(3)妊娠母猪产前饲养和护理

①母猪产前饲喂　对于膘情好的母猪，在产前6～7天逐渐减料，至临产前1天左右可以减少至原来的一半，但这时的饲料应当饲喂精料而不适用纤维较高的粗饲料，产前的8～10天可以逐渐饲喂哺乳料以达到过渡的效果，防止因饲料骤变而引起母猪产后消化不良从而影响其哺乳性能。对于瘦弱的妊娠母猪则不减料，给予易消化、蛋白质含量高的饲料，以使其在产仔后能较好地进行泌乳和减少体重损失。

②母猪产前管理　在产前20～30天给妊娠母猪接种大肠杆

菌以提高初乳内的抗体水平。产前14天左右，对妊娠母猪进行全面检查，若发现皮肤病、虱子等体内外寄生虫，应使用消毒药液(如2%敌百虫溶液)进行处理以免传染给仔猪。

③母猪产前清洗消毒　母猪在转入产房前，需要用温水彻底的对猪体进行清洗，尤其是要清洗干净外阴、尾根、乳房、腹部。冬季则在暖和的条件下用温热水重点擦拭，然后使用2%来苏儿溶液或0.1%高锰酸钾溶液进行消毒。

3. 接　产

(1)接产操作　人工接产是减少出生仔猪死亡的一种有效技术手段，其主要任务是护理好新生仔猪，防止仔猪假死、压死，及时吃上初乳，及时处理难产母猪以及护理好母猪。在进行人工接产时，必须给产仔母猪营造安静的环境，切勿使母猪受到惊吓。母猪分娩的间歇时间一般为5～25分钟，平均为18分钟，产仔数越少，产仔的间隔时间就越长，整个分娩时间一般持续2～4小时。第一头仔猪产出一般是在破水后的30分钟，因此在发现母猪破水后，20分钟内一切准备工作均需就绪，需用0.1%高锰酸钾溶液擦洗母猪的乳房和外生殖器。仔猪全部产出后，胎衣大概是在10～30分钟排出。对于排斥工作人员进行接产的，可采用“醉酒”法，即在蒸熟的粉状精料内加入0.25～0.5千克白酒制成的食团喂猪，这样母猪不久就会醉倒，便可达到接产的目的。

接产过程中需注意以下操作。

①掏　仔猪出生后应当立即用干净的毛巾掏出仔猪口腔、鼻腔中的黏液，防止仔猪呼吸时将黏液带入呼吸道中，造成感染甚至把仔猪闷死。

②擦　用干毛巾等柔软的物品将仔猪身上的羊水、黏液等擦净，以维持猪体体温和促进血液循环。

③理　将脐带中的血向仔猪身体方向挤压，若脐带不自动脱离母体，切忌用力拉扯，以防造成大出血。应双手配合，轻轻地顺

着仔猪方向捋几下后，慢慢地将脐带理出。

④断 剪断脐带的最好方法是使用钝性剪进行处理，可有效地防止感染和及时干燥脱落。将脐带内血液挤向仔猪腹部方向后，在距离仔猪腹部 5～6 厘米处用钝性剪掐断脐带，涂上 5%碘酊。

⑤暖 仔猪常见的保暖措施是置于红外灯下或保温箱中，使其身上的水分快速挥发。初生仔猪适宜温度为 32℃，在冬季保证新生仔猪的适宜温度尤为重要。

⑥哺 初乳是新生仔猪获得免疫抗体的唯一方式，因此在仔猪出生后稍作休息后将其送至乳房旁边，使其及时吃上初乳，对于不会吃奶的新生仔猪应当辅助其吃上初乳。

⑦记录 对新生仔猪进行称重、编号，准确记录并保存好。

⑧剪牙 剪牙的主要目的是防止划伤母猪乳头或乳房，使用电工用的小偏口钳将上下颌的 4 对犬牙沿根部全部剪掉，剪牙时要把仔猪头部保定好，防止剪破牙床和舌头。

(2)异常情况处理

①假死仔猪的处理 假死仔猪是指新生仔猪不动也不呼吸，但是脐带基部和心脏依然跳动。对于出现这种现象的新生仔猪，只要施以恰当的抢救方式，恢复正常的概率很大。造成这种情况的常见原因：一是黏液阻塞了气管；二是仔猪出生时在产道内停留过久；三是胎位不正，产仔时脐带受到压迫或扭转；四是出生时脐带断裂；五是仔猪被胎衣包裹着产出。

在接产过程中，一旦发现假死仔猪，应立即采取急救措施。

方法一：清除口腔、鼻腔中的黏液后，两只手分别托住仔猪的臀部和肩部，同时进行前后运动，使仔猪身体自然屈伸，起到类似人工呼吸的作用，也可以直接对准仔猪鼻孔适度用力吹气，反复 20 次左右。

方法二：用芥末油、乙醇、白酒等有刺激性气味的液体涂抹于假死仔猪的鼻子，起到刺激呼吸的作用。

方法三：一手倒提仔猪的后腿，一手拍打仔猪后背，直至发出叫声为止，注意力度要适中。

方法四：捋脐法，即擦干仔猪口鼻黏液后，距仔猪 20～30 厘米处剪断脐带，捏住脐带断端，以每秒 1 次的频率自断端至基部来回捋动脐带，不间断地反复进行，直至救活。

方法五：对于呼吸衰竭的仔猪，可肌内注射或皮下注射尼可刹米注射液。

②难产的处理　正常情况下，母猪很少发生难产，难产发生率仅占分娩的 0.25%～2%。但是在规模化养殖中，由于饲养管理的种种问题(其中包括妊娠母猪的运动量极小)，导致母猪发生难产较为常见。难产分为一开始就难产和产仔过程中难产，一旦母猪出现难产现象，若不及时采取措施，常会导致母仔双亡，给养猪者带来巨大的经济损失。导致难产常见的原因有：母猪骨盆发育不良、产道狭窄、死胎多、分娩时间拖长、子宫收缩无力、胎位异常、胎儿过大等。一般母猪破水 30 分钟后不产仔，长时间剧烈疼痛、呼吸急促、心跳加快、皮肤发绀而不见产仔则可认定为难产，应果断采取措施。

方法一：子宫收缩无力的母猪，可以肌内注射 10～20 单位(一次性用量)缩宫素以促进子宫收缩，一般在注射后 20～30 分钟产出仔猪，必要时还可以注射强心剂。

方法二：在注射药物 30 分钟以后仍不产仔的母猪，则需要手掏助产，具体做法是，用指甲刀剪除、磨平指甲后，用肥皂水洗净手和手臂，再用 0.1% 高锰酸钾溶液或 2% 来苏儿溶液消毒后用 70% 酒精消毒。同时也对母猪的外阴部用上述消毒液进行消毒，消毒完毕后在手和手臂上涂抹润滑剂，趁母猪努责间歇时将手指尖合拢呈圆锥状，慢慢伸入产道，摸到仔猪后，将仔猪顺位后握住胎儿适当部位，随着努责动作慢慢将仔猪拉出，拉出一头仔猪后若能自行产出则不需进一步手术，对实施手术的母猪必须及时注射抗生素或其他消炎药，以防产道、子宫感染发炎。

方法三：对于破水时间太长，产道干燥、狭窄或胎儿过大引起难产的，可先向母猪产道注入加温的生理盐水、肥皂水或其他润滑剂后再按上述方法将胎儿拉出。

（3）*产后护理*　母猪在排出胎衣后，则说明已经产仔完毕。产仔结束后，应用肥皂水或0.1%高锰酸钾溶液将母猪乳房、外阴部和后躯清洗干净，在产后30分钟供给母猪适量的温热淡盐水或温热的豆饼麸皮汤和少量盐，以补充体液和抗疲劳。母猪分娩后的8～9小时不得喂料，分娩后的4～5天根据母猪乳房的变化和仔猪的粪便逐渐增加饲喂量，5～7天后按照哺乳母猪的饲养标准进行喂料。

4. 影响母猪泌乳量的因素及提高泌乳量的措施

（1）*影响母猪泌乳量的因素*　母乳是影响哺乳仔猪生长发育的关键因素，泌乳量和泌乳质量对哺乳仔猪的死亡、哺乳仔猪健康生长、断奶窝重和母猪繁殖效率均有不同程度的影响。因此，提高哺乳母猪的泌乳量和泌乳质量对以上这些生产指标均有益处，还可以进一步降低生产成本，提高经济效益。养猪生产中影响母猪泌乳量的因素有品种、带仔数、胎次、营养水平以及饲养管理等。

①*品种*　不同品种的泌乳量是不同的，大型母猪泌乳量高，小型母猪或产仔数少的母猪泌乳量低。此外，杂种母猪在泌乳量上表现出较强的杂种优势。引进猪种的泌乳量高峰期在分娩后20～25天，而中国地方猪种的泌乳量高峰期是在分娩后的27～32天。

②*带仔数*　母猪带仔头数与其泌乳量密切相关，带仔头数越多，泌乳量越高。这主要是因为仔猪对乳头的拱撞刺激使哺乳母猪分泌催乳激素而放乳，若没有被吸吮的乳头在母猪分娩后就会表现出萎缩现象，从而使其丧失产乳功能。哺乳母猪的泌乳量与其带仔数之间存在线性关系：

$$y=0.689x+5.98 \text{（泌乳早期）}$$

$$y=0.324x+8.20 \text{（泌乳后期）}$$

式中 y 为泌乳量，x 为带仔数。

根据这一关系，可以将产仔数较少的窝之间进行合并以使母猪的泌乳潜力得以充分发挥，而多余的母猪则可以转入配怀舍待配，这样可以很大程度上提高生产效率。

③胎次　通常情况下，初产母猪由于发育还不够成熟，不能完全适应哺乳习惯，其泌乳能力较经产母猪差，但是随着胎次的增加，泌乳量会逐渐上升，当达到第五胎时，泌乳量达到顶峰，随后又逐渐下降。

④营养水平　哺乳母猪的营养水平是控制母猪泌乳的关键因素，对母猪的泌乳量起着决定性作用，只有当营养水平完全满足需求时才能保证其泌乳性能的充分发挥，进而保证哺乳仔猪的正常生长和发育。如果哺乳母猪在泌乳期间的营养获取不足，则会动用其自身的脂肪储备，对母猪的生长不利并影响母猪以后的繁殖性能。

⑤饲养管理　哺乳母猪最适宜的环境温度是 15℃～20℃，环境温度过高，母猪易出现热应激，采食量下降、体重减轻、内分泌失调、产后炎症易发生，最终导致哺乳母猪的泌乳量降低。环境温度过低，哺乳母猪的采食量会提高，但是提高摄入的这部分营养是用于维持体温并非用于泌乳。此外，哺乳母猪的乳房炎等病症也是影响哺乳母猪泌乳量的重要因素。所以，此时饲养管理的好坏对哺乳母猪的泌乳量有较大的影响，在哺乳母猪的日常管理中必须为其营造安静舒适的环境，温和地对待母猪，不要轻易变动工作日程。

（2）提高泌乳量的措施

①饲喂全价饲料　泌乳期母猪饲料应该科学合理地搭配，供给足够的优质全价饲料，保证饲料中能量、蛋白质、维生素以及其他营养物质平衡，在供应全价饲料时一般不要更换品种，保持饲料

稳定。此外,在饲料中添加20%~25%青绿饲料,如块茎、块根、青菜、青草等含水量高、维生素丰富且口感较好的饲料。青绿饲料的添加应当由少到多逐渐添加,最好用打浆机把青绿饲料打成青浆,按照精料与青绿饲料1:1~2的比例进行投喂。有条件的养猪专业合作社,可以种植一些饲喂效果较好的青绿植物供哺乳母猪用,以降低生产成本并保证其安全性。

②充足的饮水　哺乳母猪在泌乳期间需水量很大,所以保证充足的清洁饮水非常关键。对于进行规模化养猪的专业合作社,安装自动饮水器能保证母猪随时饮水。

③饲养管理　哺乳母猪适宜的温度为15℃~25℃,空气相对湿度以不超过75%为宜。良好的饲养管理是维持哺乳母猪泌乳量的有效措施,猪舍周围保持环境安静,禁止喧哗、吵闹,猪舍内保持清洁、干燥以及良好的通风,勤于观察母猪的排粪情况,有条件的养猪专业合作社可以加强哺乳母猪在舍外的运动,可以有效地提高泌乳量。在哺乳过程中,母猪的乳头是否得以充分的利用也是关键,因此在管理过程中可以通过寄养的方式将仔猪合群,从而使得母猪的乳头得以充分的利用。按摩乳房可以促进乳腺的发育和提高乳房泌乳量,用手掌前后按摩乳房20分钟,保证每个乳房都能得到按摩,或用热毛巾进行按摩,每天按摩2次效果较佳。严格按照免疫制度对哺乳母猪进行免疫注射,出现疾病的哺乳母猪应及时采取措施使其恢复泌乳量,疾病应以预防为主。

5. 哺乳母猪的营养需要　哺乳母猪的营养需求主要是用于泌乳、自身维持,青年母猪还需要满足自身的生长发育需求。因此,哺乳母猪的饲养主要是为了提高母猪的泌乳量和乳汁品质以及维持母体的健康供下一个繁殖周期能正常的发情、排卵和受胎。哺乳母猪的营养需要量应当根据维持需要、带仔数、泌乳量和乳汁的质量等进行综合考虑供给。

(1)能量　泌乳的能量需要决定于泌乳量和乳的能量转化效

率,乳的热能值计算公式如下:

$$乳的热能值(兆焦/千克)=乳脂(千克)\times 38.5856+乳蛋白(千克)\times 24.361+乳糖(千克)\times 16.5194$$

通过大量计算,乳能含量为每千克乳 5.44 兆焦消化能,产奶转化效率为 60%左右,则产奶的能量需要量为每千克乳 9.07 兆焦消化能。也可以按照空怀母猪的基础日粮,每增加 1 头仔猪则增加 5.23 兆焦消化能(约合 0.36 千克玉米)。按照以上推算,一般情况下 1 头 150~180 千克的瘦肉型哺乳母猪每天至少需要消化能 63.1 兆焦,采食量为 5.5~6 千克。当日粮能量不能满足哺乳母猪维持和泌乳需求时,母猪将会分解自身组织以满足泌乳需求,母猪体重会下降,从而影响下一个繁殖周期的发情、排卵和受胎。

(2)蛋白质　同样按照维持和产乳需要进行推算哺乳母猪蛋白质需要量,哺乳母猪的维持需要一般是按照妊娠期的需要量进行供给,产乳需要则是按照产乳量、乳蛋白质含量和饲料蛋白质利用率进行综合考虑的。猪乳中含蛋白质 6%左右,饲料中消化粗蛋白质的利用率为 70%左右,可得每千克猪乳所需可消化粗蛋白质 86 克,若按带仔数为 10 计算,哺乳母猪每天用于泌乳的可消化粗蛋白质为 600~700 克。若供给蛋白质量不足,会导致产乳量减少,仔猪生长发育不良,母猪消瘦,断奶后也不能及时发情。

(3)矿物质和维生素　足量的矿物质和维生素供应是保证哺乳母猪母体健康和泌乳量、乳质量的关键。规模化养猪专业合作社常采用在饲料中添加适量的复合维生素添加剂和复合微量元素添加剂以保证哺乳母猪的需求。有条件的养猪专业合作社,也可以通过种植青绿饲料植物以供给哺乳母猪优质的青绿多汁饲料,不仅节约成本,还能取得较好的饲喂效果。

(4)营养标准　哺乳母猪的营养标准见表 7-9 和表 7-10。

表 7-9　哺乳母猪每头每天营养需要量

项　目	体重(千克)			
	120～150	150～180	180 以上	每增减 1 头仔猪(±)
采食风干料(千克)	5.00	5.20	5.30	
消化能(兆焦)	60.67	63.10	64.31	4.489
代谢能(兆焦)	58.58	60.67	61.92	4.318
粗蛋白质(克)	700	728	742	48
赖氨酸(克)	25	26	27	
蛋氨酸＋胱氨酸(克)	15.5	16.1	16.4	
苏氨酸(克)	18.5	19.2	19.6	
异亮氨酸(克)	16.5	17.2	17.5	
钙(克)	32.0	33.3	33.9	
磷(克)	23.0	23.9	24.4	3.0
食盐(克)	22.0	22.9	23.3	2.0
铁(毫克)	350	364	371	2.0
锌(毫克)	220	229	233	
铜(毫克)	22	23	23	
锰(毫克)	40	42	42	
碘(毫克)	0.60	0.62	0.64	
硒(毫克)	0.45	0.47	0.48	
维生素 A(单位)	8500	8840	9000	
维生素 D(单位)	860	900	920	
维生素 E(单位)	40	42	42	
维生素 K(毫克)	8.5	8.8	9.0	
维生素 B_1(毫克)	4.5	4.7	4.8	
维生素 B_2(毫克)	13.5	13.5	13.8	

续表 7-9

项　目	体重(千克)			
	120～150	150～180	180 以上	每增减 1 头仔猪(±)
烟酸(毫克)	45.0	47.0	48.0	
泛酸(毫克)	60	62	64	
生物素(毫克)	0.45	0.47	0.48	
叶酸(毫克)	2.5	2.6	2.7	
维生素 B_{12}(微克)	65	68	69	

注:以上营养标准按 10 头仔猪计量。

表 7-10　哺乳母猪每千克饲料养分含量

项　目	体重(千克)
	120～180
消化能(兆焦)	12.13
代谢能(兆焦)	11.72
粗纤维(%)	8
粗蛋白质(%)	14
赖氨酸(%)	0.50
蛋氨酸+胱氨酸(%)	0.31
苏氨酸(%)	0.37
异亮氨酸(%)	0.33
钙(%)	0.64
磷(%)	0.46
食盐(%)	0.44
铁(毫克)	70
锌(毫克)	44
铜(毫克)	4.4
锰(毫克)	8

续表 7-10

项 目	体重(千克)
	120～180
碘(毫克)	0.12
硒(毫克)	0.09
维生素 A(单位)	1700
维生素 D(单位)	180
维生素 E(单位)	8
维生素 K(毫克)	1.7
维生素 B_1(毫克)	0.9
维生素 B_2(毫克)	2.6
烟酸(毫克)	9
泛酸(毫克)	12
生物素(毫克)	0.09
叶酸(毫克)	0.5
维生素 B_{12}(微克)	13

6. 哺乳母猪的饲养管理

(1)哺乳母猪的饲喂　母猪在分娩前应根据体况适量增减饲喂量,在分娩前 3 天,饲喂量可适当减少至原来的 50%。对于体况较差的母猪应在分娩前 10 天左右饲喂易消化且蛋白质含量高的饲料,并且不对其减料。母猪分娩后的前几天体质较弱,消化力不强,应给予稀料或饲喂少量加水拌成的稀粥或麸皮稀粥,饲喂量应逐渐增加;5～7 天后母猪采食和消化正常了,改喂湿拌料,按标准规定量进行饲喂。在母猪断奶前 3～5 天酌情减料,以促进母猪断奶转入配怀舍。在整个哺乳期间,母猪每天的平均饲喂量不得少于 4.45 千克,才能保证哺乳母猪的泌乳性能得以充分发挥。哺乳母猪的饲喂最好是少喂勤添，一般每天饲喂3～4次，每次的间隔时间要均匀，做到定时定量。应该给哺乳母猪适当补喂动物性蛋白质饲料、动物性脂肪和青绿多汁饲料以满足蛋白质、必需氨基酸、维生素等的需要。此外，哺乳母猪的饲料结构一旦确定后应保持相对稳定，不要频变和骤变饲料结构，饲料结构改变容易引起母猪应激或奶质改变易引起仔猪腹泻。保证母猪在哺乳期间有充足的饮用水也非常重要，母猪分娩后饮水量逐渐增加，分娩后16～20天达到高峰期，每日每头饮水量为25～26升。

(2)哺乳母猪的管理

①良好的环境条件　保持猪舍清洁干燥、空气流通、日光充足。冬季注意防寒保暖，严寒地区应配备取暖设施，防止贼风侵袭；夏季做好防暑降温措施。由于母猪在整个哺乳期约有2/3的时间处在休息和卧睡状态，因此必须保持舍内环境的安静，使母猪安心哺乳和休息。

②合理运动　有条件的养猪场可以建专门供哺乳母猪运动的场地，无条件的养猪场最好也能让母猪和仔猪每天有0.5～2小时的舍外活动时间。

③乳房和乳头的保护　母猪乳腺的发育与仔猪的吮吸有很大关系，因此在母猪哺乳过程中尽量让每个乳头都能得到仔猪的吮吸。对于产仔数少于乳头数的情况，可以通过寄养或“一猪多乳”的方式保证每个乳头都得以利用。“一猪多乳”即训练每头仔猪吮吸多个乳头，一般训练3～4天仔猪就会习惯这种吮吸方式了。若哺乳母猪在断奶后乳房仍旧膨胀过大，则需要进行人工挤奶，以防积奶过多发生乳房炎。

④加强观察　饲养员要注意观察母猪采食、排粪和精神状态等，从而判断哺乳母猪的健康状况，若发现异常情况，应及时会同兽医检查原因，采取治疗措施。

(3)哺乳母猪异常情况的处理

①乳房炎 乳房炎是哺乳母猪较为常见的一种疾病，临床上主要表现为乳腺发硬、红肿、热、痛和功能障碍。导致哺乳母猪乳房炎的常见原因有：链球菌、葡萄球菌、大肠杆菌、绿脓杆菌等病原微生物通过仔猪咬破的伤口或乳房受到挤压、摩擦、扎伤等机械损伤导致的伤口；乳房内乳汁停滞或断奶不当；子宫炎并发乳房炎。治疗措施有：用手或湿毛巾按摩乳房，将残存乳汁挤出，每天挤4～5次，一般2～3天乳房即会出现皱褶并逐渐上缩；或肌内注射青霉素，按照2万～3万单位/千克体重的标准用蒸馏水稀释后注射；乳房发生脓肿时，应尽早由上向下纵向切开，排出脓汁，然后用3%过氧化氢溶液和0.1%高锰酸钾溶液冲洗。预防措施有：母猪在产前和断奶前3～5天，饲料中适量减少精料和多汁饲料，减少乳腺的分泌，注意舍内温湿度、环境卫生，做好消毒工作；对于冬季严寒的地区，可以在猪舍垫上清洁、柔软的干草。

②产褥热(产后败血症) 产褥热是指母猪在产后因局部感染细菌而引起的高热，体温升至41℃～41.5℃，全身痉挛且停止泌乳，常见于炎热季节。人工助产时消毒不严格或胎儿过大造成子宫损伤后感染细菌是其主要病因。治疗措施有：皮下注射垂体后叶素20～40单位帮助子宫收缩，排出恶露；用3%过氧化氢溶液或0.1%高锰酸钾溶液冲洗阴道、子宫，冲洗完毕后必须将余液排出；肌内注射氨苄青霉素G钠(钾)，按照2万～3万单位/千克体重，每天注射2次。预防措施：助产时严格遵守操作规程，切忌损伤子宫，若发生损伤应及时处理；保持舍内温湿度、做好消毒工作。

③产后少乳或无乳 导致母猪产后少乳或无乳的原因有：母猪在妊娠期和哺乳期饲喂量不足或饲料营养不够；母猪患有各种传染病或其他消耗性疾病，如乳房炎、应激、内分泌失调、乳腺发育不良等；母猪体质差，产房消毒不彻底，分娩时容易发生产道和子宫感染。为了防止产后少乳或无乳现象，必须搞好母猪的饲养管

理，及时淘汰老龄母猪，做好产房消毒和接产护理，对消瘦和乳房干瘪的母猪，可饲喂催乳饲料，如豆浆、麸皮汤、小米粥、小鱼汤等；也可服喂催乳片，每日 1 次，每次 10 片，连服 5 天；或皮下注射 30～40 单位缩宫素等。

三、仔猪的饲养管理

(一)哺乳仔猪的饲养管理 哺乳仔猪是指从出生到断奶前的仔猪，由于仔猪出生后的生存环境发生了根本性的变化，且生理功能发育尚不完善，该阶段的仔猪死亡率显著高于其他生理阶段。哺乳仔猪阶段的任务是减少仔猪死亡，生长发育迅速，断奶重和断奶窝重大，为断奶仔猪阶段的养育打下良好的基础。

1. 哺乳仔猪的生理特点

(1)消化器官发育不全，消化功能不完善 初生仔猪的消化器官虽在出生时就已经形成，但是其在结构和功能上都不够完善，这也是初生仔猪最为特殊和导致哺乳仔猪死亡率高的主要原因。仔猪出生时胃重 6～8 克，容积 20～40 毫升，仅占初生重的 0.44%左右，但是胃的生长发育速度非常快，在 20 日龄时增重至 35 克左右，容积可扩大 3～4 倍，60 日龄时胃重量可达 150 克，而此时的胃容积是出生时的 20～30 倍。而小肠的长度在 2 月龄时可增长至出生时的 5 倍左右，使得容积扩大至出生时的 55～60 倍。正是由于胃和小肠等消化器官的发育不全，使得仔猪的食糜排空时间较短，15 日龄的排空时间仅为 1.5 小时，但是其排空时间也会随着消化器官的发育而增长，到 60 日龄时排空时间可达 16～19 小时。由此可见，哺乳仔猪的消化器官处于生长发育较为旺盛的阶段，与此同时其消化能力还较弱，需要对其加倍呵护方能促进其健康成长和发育良好。

消化器官发育的晚熟直接导致消化酶系统发育较差，消化功能尚不健全。仔猪的胃液分泌只能当饲料直接刺激胃壁时才分泌出少量，这主要是由于初生仔猪胃与神经系统尚未完全建立起良好的功能联系，胃液中主要成分为胃蛋白酶和凝乳酶以消化乳汁中的成分，而对饲料中各成分的消化能力不足。但是初生仔猪肠液的分泌却非常的旺盛，尤其是淀粉酶和乳糖酶的活性相当的高。初生仔猪的胆汁分泌量极少，直接导致其对脂肪的消化吸收能力很弱，胆汁的分泌在出生后 3 周才开始迅速的增加，从而使得仔猪在断奶后对脂肪的消化能力有所提高。此外，初生仔猪的胃底腺发育不够，尚不能分泌盐酸以激活胃蛋白酶而不能消化蛋白质，也不能有效地抑制或杀死进入胃中的病原微生物，从而导致仔猪容易发生黄痢和白痢。盐酸的分泌会随着食物对胃壁的刺激和年龄的增长而逐渐增加，60 日龄的仔猪盐酸分泌量可达成年猪的水平，从而使得消化能力增强。

(2)生长发育快，新陈代谢旺盛　仔猪的生长发育是整个生理过程中最快的阶段，同时也是其他动物所不能比的，仔猪出生时的体重为 1 千克左右，低于成年体重的 1%，而 10 日龄的体重可增加 1 倍左右，30 日龄时增加 3～4 倍，60 日龄时增加 11～12 倍，可见，仔猪的生长发育是相当的迅速。

新陈代谢旺盛是满足仔猪出生后快速生长发育的基础，尤其是能量、蛋白质、钙、磷的代谢非常旺盛。仔猪每千克体重所需的代谢净能是成年猪的 3 倍左右，每增重 1 千克体重需要钙 7.9 克、磷 4～5 克，20 日龄时每千克体重中含蛋白质 9～14 克，是成年猪的 30～35 倍。因此，仔猪对营养物质需求量大，质量要求较高，但是对于营养物质却不完全反应敏感。

(3)缺乏先天免疫力，抗病能力差　由于仔猪在胚胎期时母体血管和胎儿脐带血管之间的屏障，大分子球蛋白形式的免疫抗体不能转移给胎儿，使得仔猪出生时没有先天的免疫能力。出生仔猪只能通过摄取初乳而获得免疫球蛋白，但是初乳的维持时间较短，一般在3天后即变为常乳，而初乳中的免疫球蛋白更是在母猪分娩后的12小时内下降至分娩时的25%。而仔猪一般在10日龄时才开始产生抗体，但是其产生量直至30～35日龄时仍较少；此外，这段时间胃底腺分泌盐酸的能力也很弱，不能有效地对胃内微生物起到抑制和杀灭作用，最终导致哺乳阶段的仔猪抗病能力非常的弱。

(4)体温调节的功能不完善　初生仔猪由于大脑皮层发育不完全，调节体温和适应环境的能力很差；此外，仔猪的被毛稀疏，皮下脂肪少，更是进一步限制了其对体温的调节能力。例如，将出生6小时的仔猪放置于5℃的环境下1.5小时就可以使仔猪的体温下降4℃。仔猪体温为38.5℃左右，出生时所需的环境温度为30℃～32℃。

(5)体内铁含量少，易贫血　仔猪在出生时体内含铁量仅为45～50毫克，只能够维持7天左右的需要，而母乳中的铁含量也非常的低，因此仔猪在出生后8～12天就开始出现缺铁现象，影响其生长发育速度，因此仔猪的早期补铁是非常重要的，每天的补铁量不得少于6～8毫克。

2. 哺乳仔猪的饲养　哺乳仔猪的饲养必须结合其生理特点进行综合考虑，仔猪生长发育快、消化器官的功能和结构不完善、易患缺铁性贫血等，这些生理特点都需要在饲养过程中全面考虑。

(1)哺乳仔猪开食、补料和饮水　开食是指第一次训练仔猪吃料，也可理解为是第一次补料。在哺乳的同时补充其他饲料称为补料。哺乳仔猪的生长发育迅速，新陈代谢旺盛，仅靠摄取母乳完全不能满足仔猪对营养物质的需求；此外，哺乳期间补料还可以刺激消化器官的发育和功能完善，而且还有利于为断奶后的采食和生长发育打下基础。因此，哺乳仔猪的开食和补料非常重要，养猪生产中必须耐心诱导仔猪开食并补料。

①开食　开食的时间一般是冬季为出生后的第7～10天，夏

季则在出生后的第5～7天。这个时间段正是仔猪出牙时，喜欢啃咬硬物，因此可以充分利用这个时间段投其所好的用一些食物进行开食。实践证明，提早训练仔猪开食相比于迟开食增重快，能获得较大的断奶重且显著减少腹泻。仔猪在经过特殊的清香可口的饲料诱食后，经过2～3天的训练，仔猪即能自行吃料，经过10天左右就能正常吃料。

②补料　哺乳仔猪补饲的饲料必须满足适口性强、体积小、高度浓缩、所含营养物质适合仔猪消化系统的要求，最好是将饲料制成颗粒，具备松脆、香甜的良好特性。仔猪补料一般经过调教期和适应期两个阶段，调教期是从开食到认料，一般需要1周左右，即7～15日龄；适应期是指仔猪认料到正式吃料的过程，一般需要10天左右，即15～25日龄。

③补饲有机酸和抗生素　仔猪补饲有机酸可以有效地弥补胃底腺分泌的盐酸不足，激活胃蛋白酶的活性，从而提高消化能力，柠檬酸、甲酸、乙酸、乳酸和延胡索酸等常用于仔猪的补饲有机酸。出生仔猪自身合成抗体能力不足而母乳中抗体含量较少，对疾病的抵抗能力差、很容易患各种肠道疾病，严重影响仔猪的生长发育甚至死亡率也较高。而抗生素有增强抗病力和促进生长发育的作用，可提高成活率和增重速度，仔猪每吨饲料中可添加40克左右的抗生素，多的也可达100～250克。

④饮水　哺乳仔猪生长发育快、新陈代谢旺盛，而且母猪中脂肪和蛋白质含量较高，从而使得哺乳仔猪需水较多，一般在仔猪出生3～5天后进行补料的同时进行补水，最好是在栏舍安装专供仔猪饮水的自动饮水器。此外，有研究表明，供给哺乳仔猪0.8%的盐酸水不仅能满足仔猪的饮水需求，还能补充仔猪胃酸分泌不足，从而促进仔猪的消化吸收。

(2)*补充矿物质*　哺乳仔猪最容易缺乏铁和硒，若不进行铁和硒的补充，常会导致缺乏症而影响仔猪的生长发育甚至死亡，因此在仔猪的饲养中应及时补充铁和硒。

①补铁 仔猪缺铁常表现出食欲减退、被毛散乱、皮肤苍白、生长停滞和白痢等。仔猪出生时体内储存的铁很少，约为 50 毫克左右，而仔猪出生后每天需要 7 毫克左右以合成血红蛋白、肌红蛋白、细胞色素酶类和多种氧化酶等，而仔猪每天只能从猪乳中获取不到 1 毫克铁，因此仔猪应在出生后 3～5 天及时补铁。

②补硒 硒是谷胱甘肽过氧化物酶的重要组成成分，可有效地防止脂类过氧化保护细胞膜。仔猪缺硒常表现出白肌病、心肌坏死、腹泻等症状。补硒可以通过肌内注射和饲料中添加，在出生后 3～5 天肌内注射 0.5 毫升 0.1％亚硒酸钠溶液或在按照 0.1 毫克/千克的标准添加于饲料中。

3. 哺乳仔猪的管理

(1)吃足初乳和固定乳头 仔猪先天不具有免疫能力，只能通过初乳获得免疫力，初乳相比常乳含有白细胞、酪蛋白、溶菌素等抗体，初乳是仔猪获得免疫力的唯一途径。因此，在仔猪出生后，应尽早安排其吃上初乳，不仅能刺激消化器官的活动，促进胎粪排出，而且还增加营养产热，提高仔猪对寒冷的抵抗力。在仔猪出生后的 24 小时内，应尽量让仔猪吃到足够量的初乳，这是因为初乳中的营养物质在很短的时间内会发生显著的变化。例如，初乳中的免疫球蛋白会在母猪分娩后的 12 小时内下降 75％。

母猪的乳房各自是相互独立互不相通的，这就使得每个乳房的泌乳量不同，并且母猪各乳房的泌乳量差异很大，一般靠前的乳头泌乳量多于靠后的乳头，并且母猪的乳池很小，贮奶量极少甚至不能贮奶，只有在仔猪拱吸时刺激乳腺的活动后放乳。但是放乳时间很短，一般仅为 10～30 秒，且间隔 1 小时，因此每个乳头的泌乳能力各不相同。而仔猪有固定乳头吮乳的习性，一般固定乳头后不会再做改变，为了保证整窝仔猪的均匀性以及照顾体质较弱的仔猪，应当进行人工辅助固定乳头。其做法是：在让仔猪自主选择乳头后进行适当的调整，将体格较大的仔猪调整至后部乳头，而体格较小的仔猪调整至前部乳头，尤其是要注意控制抢乳的强壮仔猪，人工辅助固定乳头需要在仔猪出生后2天内完成。

(2)防寒保温　新生仔猪对寒冷环境和低血糖极其敏感，其抗寒能力弱，且调节体温的生理功能尚不完善，在低温环境中，仔猪要靠提高代谢效率和增加颤栗来维持体温，使得原本有限储存的糖原消耗殆尽，最终导致体温降低且出现低糖血症。仔猪在出生1～3天的适宜环境温度为30℃～32℃，4～7天时适宜环境温度为28℃～30℃，直至断奶之前的适宜温度均维持在25℃左右，但是哺乳母猪的适宜温度却为15℃～19℃，因此对于整个产房进行温度控制就存在矛盾。所以，在生产中主要是采取不同的保暖措施对仔猪进行单独保暖，这样不仅有利于满足母仔的需求，而且能够很大程度上节约生产成本。

仔猪常见的保暖措施有保温箱、保温灯、垫料和保暖板等，每种保暖措施各具特点，在生产实践中需根据不同的需求进行选择。保温箱中配备150～250瓦的红外线灯，距地面40～50厘米，可有效地保证箱内温度在30℃以上，这种方法装置简单、购置成本较低，养猪生产中较为常用。而保暖板不仅能够起到保暖的作用，对仔猪还具有保健作用，例如促进细胞内线粒体代谢出更多的能量等，但是其购置成本较大。垫料保温常见于小型养猪场或农村小型养猪户，在垫料的下面搁置一块木板（等于提高地温12℃），再在木板上垫草20～30厘米，能取得较好的保温效果。

(3)防压　哺乳仔猪在出生后3～5天容易被压死，初生仔猪被压导致的死亡率占仔猪死亡率的20%～40%。因此，在仔猪出生后3～5天，应当安排饲养人员值班，在产房加强巡视观察，遇到仔猪被压，应立即赶起母猪并护理仔猪。规模化的养猪场在产房中一般使用在母猪身体两侧设有护栏的分娩栏，可有效地防止仔猪被压伤或压死，统计数据表明，采用护栏可以在仔猪出生后的1

周内死亡率降低14%左右。

(4)剪犬齿和断尾　仔猪出生后就有尖锐的上、下门齿和犬齿，一共8枚，在哺乳过程中容易咬破或划伤母猪的乳房或乳头导致乳房炎，也可能会伤及其他仔猪，因此在仔猪出生后的第一天即要修剪这些犬齿。使用电工用钳子在消毒后剪除，在剪犬齿过程中注意不要损伤仔猪的齿龈，断面要平整。

断尾主要是针对商品猪而言，是为了防止在育肥期出现咬尾现象而尽早断尾，可以与仔猪剪犬齿同时进行。方法是用钳子剪去仔猪尾巴的1/3，约2.5厘米长，然后涂上碘酊消毒并止血以防血流不止和并发症。

(5)寄养　在仔猪哺乳阶段，有可能会出现母猪死亡、分娩后无乳或少乳、产仔数超过了母猪有效乳头数等，则要将这些无奶吃的仔猪寄养至其他窝内哺乳。生产中也会出现某头母猪产仔数很少或带仔数很少，为了提高母猪的利用率，可将这些仔猪进行适当的合群哺乳，但是合并之前必须保证仔猪吃到足够的初乳。其具体做法是：选择迟于分娩1～2天的母猪寄养，且母性较好；寄养仔猪与原窝仔猪体格相差不大，容易固定乳头；在寄养之前用选入的母猪的乳汁涂抹仔猪全身；寄养适宜在夜间进行，使得母猪无法区分自产和寄养的仔猪。寄养之后要注意观察，防止母猪拒绝哺乳或咬伤寄养仔猪。

(6)预防腹泻　导致哺乳仔猪腹泻的因素众多，例如大肠杆菌感染、魏氏梭菌感染、球虫感染、哺乳母猪饲料霉菌毒素超标、哺乳母猪营养不足、病毒感染、环境温度、猪伪狂犬病、猪瘟等都会导致仔猪出现不同程度的腹泻，若不采取预防措施，一旦仔猪发生腹泻，会影响仔猪生长发育，甚至导致死亡。

常见的预防措施有：采取综合措施，首先提高青年母猪的免疫力，才能使仔猪从初乳中获得某种特定的抗体，生产实践中可以将青年母猪与经产母猪放在同一栏内饲养，或者让青年母猪接触到经产母猪的粪便。对于经产母猪，则要做好疫苗接种，在产前14～40天根据当地猪场疫情进行疫苗注射，以使母猪在临产前增加体内抗体浓度，使仔猪吮乳后得到较强的抗体保护。此外，还要做好产房和母猪的消毒工作，分娩当天给母猪注射抗生素以防产后感染，科学饲喂母猪，禁止使用发霉变质的饲料，供给营养全面的优质配合饲料，保证充足的饮水。其次，通过饲养好仔猪以防腹泻，做好初生仔猪的保温工作，让初生仔猪吃足初乳，及时开食、补料、补水和补铁；此外，及时按照免疫程序对仔猪注射疫苗也是防止肠道病原菌感染的有效措施。

(二)断奶仔猪的饲养管理

1. 断奶日龄及方法

(1)断奶日龄　传统养猪的仔猪哺乳期较长，通常在56～60日龄断奶。较长的哺乳期直接导致母猪的繁殖周期较长，使得产仔间隔较长，从而降低了母猪年产胎数。与此同时，泌乳母猪食入饲料转化为乳汁，仔猪吃乳汁的整个转化过程中，饲料的利用率仅为20%左右，倘若仔猪自己采食饲料，饲料转化率可达50%左右。由此可见，哺乳期太长会降低饲料利用率以及提高生产成本。此外，传统养猪的哺乳期较长还降低了分娩舍和设备的利用率。基于传统养猪的这些缺点，理论上讲仔猪的哺乳期越短对生产越有利，但实际生产中哺乳期的缩短是有一定的限度，这主要是因为仔猪断奶越早，对营养和环境条件的要求越苛刻，仔猪过早断奶会增加饲养成本，从而在一定程度上抵消了母猪增产的利润，并且母猪子宫恢复不全，使得母猪断奶至受胎时间间隔延长，下一次的受胎率和产仔数都会降低。因此，结合生产成本、生产技术、母猪的恢复和仔猪的发育需求，仔猪的断奶日龄在21～35日龄较为适宜，能够较好地避免早期断奶给母猪恢复和仔猪生长发育带来的影响，也可以在现有的技术水平上获得最大经济效益。

(2)断奶方法　仔猪断奶的方法一般有一次断奶、分批断奶、逐渐断奶3种，这三种断奶方法各具优缺点，各养猪专业合作社需要根据自身的生产条件、生产技术和人力资源进行综合选择。

①一次断奶 适用于乳房回缩、泌乳量少的母猪。断奶前3天减少泌乳母猪饲粮的日喂量，到断奶日龄一次将仔猪与母猪全部分开。这种断奶方法省时省力，便于操作，适合于集约化养猪专业合作社；同时，对管理的要求较高，因为仔猪可能因环境条件和营养方式的突变引起消化不良或腹泻，泌乳旺盛的母猪容易发生乳房炎，对母仔的应激均较大。

②分批断奶 适用于泌乳旺盛或所带仔猪发育参差不齐的母猪。具体做法是：在母猪断奶前1周左右先将其所带仔猪中个体较大的仔猪取走，而留下个体较小或体格较弱的仔猪，以便于获得更多的母乳，增加断奶体重，还可以防止乳房炎。这种方法对仔猪做到了区别对待，有利于仔猪的生长发育，尤其是个体较小的仔猪能够得到有效的补偿，但会延长哺乳期。

③逐渐断奶 适用于泌乳旺盛的母猪。在预定断奶日期的前5～7天开始控制哺乳次数，第一天哺乳5次左右，以后逐渐减少哺乳次数。平时与仔猪分开，或在白天分开，晚上再将母猪赶回，使母仔都有一个适应过程，最后于断奶日期顺利断奶。这种方法可以有效地降低断奶造成的应激，能够缩短母猪从断奶到发情的时间间隔，但操作起来比较费时费力，需要饲养员有较强的耐心和责任心。

2. 断奶仔猪的饲养 断奶仔猪对饲料的消化能力对于提高采食量和日增重是非常重要的，若消化能力强还可以减少消化疾病、医药费用和死亡率。供给大量非乳源性养分的饲料会引起消化不完全而在消化道中出现未被吸收的饲料，这就给有害菌群提供了生存繁殖机会而明显地改变肠道菌群平衡，且常常导致肠道损伤，进而降低消化酶的水平和消化吸收能力，因此选择能被尚未发育完善的消化系统消化吸收的饲料是至关重要的。断奶仔猪饲料要求适口性好，易消化，能量和蛋白质水平高，粗纤维含量较低，矿物质和维生素水平要能满足仔猪的需求。此外，在断奶仔猪饲料中添加酶制剂、有机酸和有益微生物对仔猪的生长发育也是很重要的。酶制剂可以提高饲料利用率和日增重；有机酸可以提高胃蛋白酶的活性，增强对饲料中蛋白质的消化能力和防止腹泻；有益微生菌群可以保持仔猪肠道内菌群的平衡，从而提高饲料转化率和增强机体的免疫力。断奶仔猪饲粮养分含量参见表7-11。

表7-11　断奶仔猪每千克饲粮养分含量

项　目	体重(千克)				
	1～5	5～10	10～20	20～60	60～90
消化能(兆焦)	16.74	15.15	13.85	12.97	12.55
代谢能(兆焦)	16.07	14.56	13.31	12.47	12.05
粗蛋白质(%)	27	22	19	16	14
赖氨酸(%)	1.40	1.00	0.78	0.75	0.63
蛋氨酸+胱氨酸(%)	0.80	0.59	0.51	0.38	0.32
苏氨酸(%)	0.80	0.59	0.51	0.45	0.38
异亮氨酸(%)	0.90	0.67	0.55	0.41	0.34
钙(%)	1.00	0.83	0.64	0.60	0.50
磷(%)	0.80	0.63	0.54	0.50	0.40
食盐(%)	0.25	0.26	0.23	0.23	0.25
铁(毫克)	165	146	78	60	50
锌(毫克)	110	104	78	110	90
铜(毫克)	6.50	6.30	4.90	4.36	3.75
锰(毫克)	4.50	4.10	3.00	2.18	2.50
碘(毫克)	0.15	0.15	0.14	0.14	0.14
硒(毫克)	0.15	0.17	0.14	0.26	0.28
维生素A(单位)	2400	2300	1700	1250	1250

续表 7-11

项　目	体重(千克)				
	1～5	5～10	10～20	20～60	60～90
维生素 D(单位)	240	230	200	190	120
维生素 E(单位)	12	11	11	10	10
维生素 K(毫克)	2.20	2.20	2.20	2.00	2.00
维生素 B_1(毫克)	1.50	1.30	1.10	1.00	1.00
维生素 B_2(毫克)	3.30	3.10	2.90	2.50	2.10
烟酸(毫克)	24	23	18	13	9
泛酸(毫克)	15.00	13.40	10.80	10.00	10.00
生物素(毫克)	0.15	0.11	0.10	0.09	0.09
叶酸(毫克)	0.65	0.68	0.59	0.57	0.57
维生素 B_{12}(微克)	24	23	15	10	10

仔猪要从已经习惯的乳汁改变为固体饲料，这期间可以饲喂粥状粉料进行过渡，这与吮吸母乳有很多相似之处，仔猪喜欢采食，可提高仔猪采食量 25%左右，过渡期后的固体饲料最好制成 2 毫米的柔软颗粒饲料。仔猪饲料最好做到勤添少量，每天饲喂 5～6 次，一段时间后逐渐减少饲喂次数直至正常，不仅能满足仔猪的采食习惯而且能保证饲料的新鲜度。这是因为当食槽中装满饲料，仔猪的大量唾液使饲料结块或是仔猪咬碎饲料后只吃其中的颗粒料，而粉料则被拒食而霉变。仔猪的饲料变换同样应有一个过渡期，突然变换饲料会暂时降低采食量，应逐渐变换饲料使仔猪有一个逐渐适应的过程，大多数生产者在变换饲料时采用 4 天的适应期。保证断奶仔猪饮水充足、清洁卫生也是很重要的，也可以在仔猪饮水中添加葡萄糖、钠盐、钾盐和电解多维等物质可有效抵抗应激和减少肠道疾病。此外，断奶仔猪饮水器的高度以 18～

20厘米为宜，每10头仔猪需要设置1个饮水器，水压不得过高，否则仔猪喝不到嘴里，每分钟水流量保持在250～350毫升。

3. 断奶仔猪的管理 断奶对仔猪是一个很大的应激，饲料由液体变成固体，生活环境变化也很大，若饲养管理不当，会造成仔猪烦躁不安、食欲不振、生长发育停滞、形成僵猪甚至死亡。因此，断奶仔猪的管理是养好断奶仔猪的关键。

(1)分群 严格采用"全进全出"的饲养方式，在仔猪达到断奶日龄时，将母猪调回配种舍，仔猪仍然留在产房饲养1～2天，使仔猪有一个断奶、转群的适应过程，然后全群转入保育舍。保育舍仔猪一般8～10头仔猪饲于一个栏位，最好采取原窝原圈转群，减少混群和并群，这主要是因为仔猪断奶、转群后情绪不安，这样可以减少应激损失，同时避免并群后发生争斗。如需混群并群，应按仔猪性别、体重大小、体质强弱、采食快慢等分群饲养，同群内体重差异不宜超过2～3千克，切忌将单个仔猪混入一窝猪群内。混群并群后，若群居秩序迟迟不能建立或出现仔猪受伤，可考虑进行适当调整。

(2)网床饲养 对于规模化的养猪专业合作社，采用网床培育断奶仔猪能取得较好的效果，粪污能及时通过漏缝网格漏到网下，减少仔猪接触污染的机会，床面清洁卫生、干燥，能有效地遏制仔猪腹泻的发生和传播；此外，还有利于冬季保温。实践证明，在网床上饲养断奶仔猪可提高仔猪的生长速度、个体均匀度和饲料利用率，减少疾病的发生，为提高养猪生产水平奠定良好的基础。

(3)环境控制

①温度 保育舍的适宜温度为23℃～25℃，断奶后的5～7天，舍温不得低于28℃以保证仔猪对环境温度的正常过渡，最好是控制保育舍的温度高于哺乳舍2℃。在保育的后期，60～70日龄时，可控制保育舍的温度为20℃～23℃，有利于顺利转入生长育肥舍。

②湿度 保育舍湿度过大可增加寒冷和炎热对仔猪的不良影响，为病原微生物提供滋生场所，引发多种疾病；湿度过低，空气中粉尘增多，容易诱发呼吸道疾病。因此，保育舍的适宜空气相对湿度为65％～75％。

③环境卫生 实行网床饲养，粪污能及时通过漏缝漏掉，只需要每天定时对网床地面上的一些未漏掉的粪污进行清扫或用刮粪板清理即可，其环境卫生易于控制，这也是网床饲养的最大益处之一。此外，应当控制通风量，使舍内氨气、硫化氢、二氧化碳等有害气体浓度降至最低，保证保育舍内空气清新。

(4)调教 刚断奶转群的仔猪采食、饮水、卧位和排泄区尚未形成固定位置，其可塑性较强，所以应当加强调教训练，使其形成理想的睡卧和排泄区。这样，既可保持栏舍卫生，又便于清扫。其具体做法是：利用仔猪嗅觉发达的特性和模仿行为，在仔猪早晨起来、饲喂前后、临睡之前将仔猪赶至排粪区排泄，转群后的2～3天将其所排泄的粪尿清理至排粪区而不移除，让仔猪顺着粪尿味辨认排粪区，经过7～8天的训练，可建立起定点卧睡和排泄的条件反射。

(5)疾病防治 按规定标准在仔猪饲粮中加入抗生素，能够增强抵抗疾病的能力，促进仔猪的生长发育。一般常用的抗生素有金霉素和土霉素等，其用量按仔猪的体重、饲料类型和卫生条件而定，仔猪每吨饲料中添加抗生素10～40克，发育正常后降低至正常水平。仔猪断奶后应强调做好免疫接种工作，特别是猪瘟、链球菌病、口蹄疫以及大肠杆菌病疫苗的免疫接种；同时，要进行药物预防，可在饮水中添加适量的复合维生素以提高抗应激能力，在仔猪转入保育舍之前要进行体内外寄生虫的驱除。

此外，仔猪在断奶后2周内容易发生腹泻，其发病可达40％以上，所造成的仔猪死亡率可达10％～20％。断奶后仔猪腹泻发生率很高，危害大，病愈后仔猪往往生长发育不良，日增重明显下降，常造成较大的经济损失。导致仔猪断奶应激的因素很多，如饲料中不易被消化物质含量太高、氨基酸和维生素缺乏、适口性差、饲料变质等营养因素；常见导致仔猪断奶应激的饲喂原因有：断奶后采食饲料过多、饲料突变、食槽被污染、饮水供应不足或不洁净等。要想减少断奶仔猪腹泻就必须消除这些应激因素，采取科学的饲养管理。如果腹泻不能及时控制，可诱发大肠杆菌的大量繁殖，使腹泻加剧。

四、生长育肥猪的饲养管理

（一）生长育肥猪的生长发育规律　养猪专业合作社要想获得最好的经济效益，首先必须掌握猪的生长发育规律，育肥猪在不同阶段表现出不同的发育规律，因而其营养需要和饲养管理要求也不同。育肥猪的整个饲养过程可以分为育肥前期和育肥后期两大阶段，其中育肥前期为体重在20～60千克时，育肥后期在60千克至出栏时；也可以将育肥前期细分为生长期和发育期，其中生长期为断奶至35千克，发育期为35～60千克。

1. 育肥猪体重的增长速度　通常以平均日增重来表示生长育肥猪的绝对生长，而用相对生长来表示生长育肥猪的生长强度。生长育肥猪的生长速度先是增快，到达最大生长速度后降低，在生长速度发生转折时的体重达90～100千克，约为成年体重的40%，而这时恰好是育肥猪的适宜屠宰期。生长育肥猪体重或年龄越小，其生长强度越大，随着年龄或体重增长，相对生长速度逐渐减慢。因此，在生长育肥猪生产中，要抓好猪在生长转折点（适宜屠宰体重）之前的饲养管理工作，尤其是利用好其在生长阶段较大的生长强度，以保证其最快生长，提早出栏，提高饲料转化率。

2. 体组织增长　猪体内骨骼、肌肉、脂肪、皮的生长顺序和强度是不平衡的，而是随着年龄的增长，顺序有先后，强度有大小。

常见瘦肉型猪种体组织的增长顺序和强度是骨骼＜皮＜肌肉＜脂肪，而我国地方猪种体组织的增长顺序和强度是骨骼＜肌肉＜皮＜脂肪。

3. 化学成分的变化　随着年龄和体重的增长，猪机体的化学成分也呈一定规律的变化，即幼龄时猪体的水分、蛋白质和矿物质的相对含量较高，随年龄的增长而逐渐降低，而此时的脂肪含量却相对较低，随着年龄的增长而逐渐升高。在生长育肥猪的整个生长过程中，体内水分和脂肪的含量变化最大，增重部分随年龄的增加而所含水分越少、脂肪越多；而蛋白质的含量变化较小，在出生后最初几个月的增长较快，但其含量在体重达 45 千克时变化不大，趋于稳定。

(二)生长育肥猪的营养需要　生长育肥猪的经济效益主要体现在生长速度、饲料利用和瘦肉率 3 个指标上，因此要根据生长育肥猪的营养需要配制合理的日粮，以最大限度地提高瘦肉率和降低料肉比。

1. 能量水平　能量供应水平与增重和肉质成分有密切关系，猪日采食能量越多，日增重越快，饲料利用率越高，屠宰率越高，胴体脂肪含量也越多。对于生长育肥猪能量的采食通常是前高后低，在育肥前期为满足肌肉和骨骼的快速生长，能量水平要求较高，适宜的饲料消化能为 12.97～13.97 兆焦/千克饲料，而育肥后期需要控制能量以减少脂肪沉积，适宜的饲料消化能为 12.30～12.9 兆焦/千克饲料。

2. 蛋白质和氨基酸水平　蛋白质不仅与育肥猪生长肌肉有直接关系，可有效地改善胴体品质，而且是酶、激素、抗体的主要成分，对维持新陈代谢和生命活动都有特殊功能。蛋白质对育肥猪的影响不仅表现在数量上，还表现在其品质上。蛋白质的摄入不足，不仅影响猪肌肉生长，还影响育肥猪的增重。必需氨基酸的配比也非常重要，猪需要的 10 种氨基酸中缺乏任何一种都会影响增重；此外，赖氨酸是猪的第一限制氨基酸，对猪的日增重、饲料转化率以及胴体瘦肉率的提高具有重要作用，因此必须注意日粮中赖氨酸与粗蛋白质的比例。此外，能量高使猪体品质降低，而适宜的蛋白质能够改善猪体品质，这就要求日粮具有适宜的能量蛋白比。在生长期，饲料中适宜的粗蛋白质水平为16%～18%，赖氨酸为0.56%～0.64%，能量蛋白比（指饲料中消化能与粗蛋白质的比值）为188.28～217.57；育肥期饲料中适宜的粗蛋白质水平为13%～15%，赖氨酸0.52%，能量蛋白比为188.28。

3. 矿物质和维生素 育肥猪的总体生长强度较大，必须保证日粮中营养成分全面，钙、磷等矿物质以及维生素在饲粮中的添加量必须要能够满足生长育肥猪的需求，以免导致生长育肥猪物质代谢紊乱，使增重速度减慢，饲料转化率降低，甚至引起疾病或死亡。

4. 饲养标准 生长育肥猪的饲养标准参见表7-11。

（三）生长育肥猪的饲喂 在现代养猪生产中，以160～180日龄体重达100～110千克为饲养目标，同时能获得最优的胴体和经济效益。常见的育肥方法有直线育肥和前敞后限两种，直线育肥法就是按照育肥猪生长发育规律将肥育猪饲养期分成2～3个饲养阶段，根据育肥猪不同阶段对营养需求的特点，始终用较高的营养水平饲喂，可达到增重速度快，缩短饲养期，提高育肥猪等级、出栏率和经济效益。而某些后期容易沉积脂肪的猪种中，为了提高胴体瘦肉率，可在牺牲一定程度的生长速度的前提下对育肥猪实行限饲，从全期的生产目的考虑，减料15%～20%最为适宜。

1. 饲喂方法 饲喂方法分为自由采食和限量饲喂两种方法。自由采食增重快、沉积脂肪多、饲料转化率低，限量饲喂饲料转化率相对较高，胴体背膘较薄，但日增重较低。根据生长育肥猪的生长规律以及生产目标，采用前期自由采食、后期限制饲喂，则全期日增重高，胴体脂肪也不会沉积太多，能获得较好的育肥效果。其中,限量饲喂又有两种方法:一种是降低营养平衡日粮投喂量的20%～30%;另一种是降低日粮的能量浓度,可通过增加粗纤维含量实现。

2. 饲喂次数 猪的最旺盛食欲在傍晚,然后是早晨,午间的食欲最差,结合这种采食规律,大多数养猪专业合作社将饲料投喂安排在全天的早晨和傍晚,日喂2次。

3. 饲料调制 集约化的养猪专业合作社很少利用青绿多汁饲料饲喂生长育肥猪,这主要是因为生长育肥猪生长发育迅速,使用精料饲喂可使其快速增长而缩短出栏上市时间,因此通常采用全价配合饲料饲喂生长育肥猪。全价配合饲料的调制分为颗粒料、干粉料和湿拌料3种。

(1)颗粒料 目前我国规模化养猪专业合作社已广泛利用颗粒饲料,这主要是因为将配合好的全价饲料制成颗粒状饲喂,便于投食,损耗少,不易发霉,并能提高营养物质的消化率。有研究表明:颗粒饲料的增重速度和饲料利用率均比干粉料好。

(2)干粉料 干粉料的日增重和饲料利用率均比饲喂稀粥料好,尤其是在自由采食和自动饮水条件下,可大大提高劳动生产率和栏舍的利用率,但是干粉料易粘于舌上且较难咽下,影响采食量,同时粉尘飞扬易引起肺部疾病,因此生产中应用较少。

(3)湿拌料 湿拌料是一种常用的饲料形态,料与水的比例为1∶0.5～1,这种饲喂方法具有降低粉尘、减少饲料和水的浪费,以及增加采食量,适口性好,优于干粉料。其干物质、有机物、粗蛋白质和无氮浸出物的消化率比干粉料高,氮在体内存留率也高。

(四)生长育肥猪的管理

1. 温度和湿度 我国地域辽阔,南北气候差异大,为猪群创造最适宜的温度和湿度条件对养猪生产十分重要。猪自身调节体温的能力较差,只有极少的汗腺可以在热天调节体温,也只有极少的被毛抵御冬季的寒冷。猪舍需要冬季隔热保温、夏季通风防暑,若温度过高时，食欲降低、采食量下降、增重慢，持续高温会导致中暑甚至死亡；温度过低会增加饲料消耗，增重慢。因此，只有将温度和湿度保持在适宜的范围内，使猪感到舒适，才能获得高的生产性能。体重低于60千克的猪适宜温度为16℃～22℃，60～90千克为14℃～20℃，体重在90千克以上时为12℃～16℃，温度过高或过低都会影响增重和饲料利用率。

在温度适宜的情况下，育肥猪适应的空气相对湿度在45%～95%。但是气温过低或过高，且伴有过高湿度，会加重寒冷和炎热的程度，可使日增重减少30%，料肉比增加10%，死亡率也会增加。此外，湿度过高会增加猪只的皮肤病、关节疾病、腿病以及寄生虫病的发病率。

2. 通风换气 在育肥猪高密度群养条件下，栏舍内二氧化碳、氨气、硫化氢、甲烷等有害气体产生较多，浓度较高，这些气体均会损害育肥猪的抵抗力，使育肥猪发生相应的疾病且容易感染疾病。此外，生产过程中产生的大量水雾、尘埃在空气中能使微生物迅速繁殖、生长和长期生存，从而增加了猪呼吸道与消化道疾病的发生率。因此，加强育肥猪舍内的通风换气是非常重要的。

集约化高密度饲养的生长育肥猪一年四季都需要通风换气，但是需要将通风与温度相结合，切不可单独考虑某一方面。密闭式育肥猪舍要保持舍内温度15℃～20℃，空气相对湿度50%～75%，冬、春、秋季空气流速应为0.2米/秒，夏季为1米/秒，每头育肥猪换气量冬季为45米^3/时，春秋季为55米^3/时，夏季为120米^3/时。保证二氧化碳不超过0.3%，氨气含量不超过0.02毫克/升，硫化氢含量不超过0.015毫克/升。

3. 饲养密度 是指每头猪的占地面积。饲养密度过大，即每头猪的占地面积太小，会增加猪之间的冲突，栏舍内局部温度升高，导致群居环境恶劣，猪的增重和饲料利用率降低。这种影响仅仅是当占地面积低于最低限度时才表现出来。一般认为，育肥期的饲养密度以每头猪占地 0.8～1 米^2 为宜，生长期以每头猪占地 0.6～0.7 米^2 为宜，而保育阶段以每头猪占地 0.3～0.5 米^2 为宜。对于育肥猪不同栏舍地面和不同生长阶段的适宜饲养密度可参见表 7-12。

表 7-12 育肥猪适宜饲养密度

体重阶段（千克）	每栏头数（头）	每头猪最小占地面积（米^2）		
		实体地面	部分漏缝地板	全漏缝地板
18～45	20～30	0.74	0.37	0.37
45～68	10～15	0.92	0.55	0.55
68～95	10～15	1.1	0.74	0.74

4. 分群和调教 在每头猪拥有相同圈养面积的条件下，不同的猪群数量也会影响饲养效果。数量过多，猪群次序不易建立，即使建立了也很不稳定，经常出现猪的争斗，而且生产性能相对于小群有所降低；数量太少，则失去了组群的意义且浪费栏舍，不利于争抢饲粮促进食欲。在正常条件下，结合生产性能和栏舍等，一般以每群猪 8～18 头较好，但各养猪专业合作社还需要根据自身的生产条件以及圈舍的占地面积因地制宜。猪的分群常采用“留弱不留强、拆多不拆少、夜并昼不并”的方法，即分群时将体格较弱的猪留在原来的圈舍内，把体格较强的分至其他群里面；把数量多的群拆分并入数量较少的群；分群适宜在夜间进行。此外，在分群时还要结合体重、体质、性情、采食速度等差异，尽量将各方面表现相当的猪分在同一群内。在分群时可以使用臭药水，使猪难以分辨，以减少争斗。分群后的前几天要勤观察，对争斗比较严重的猪群适当进行调整。

分群完毕后，要及时调教，使猪群养成在固定位置排便、睡觉、采食和饮水的习惯，以保持圈舍卫生，减少饲养员的工作量。调教成败的关键是要及早进行，重点抓住两项工作：一是防止强夺弱食；二是使猪采食、卧睡、排便位置固定，保持圈栏干燥卫生。

5. 去势 性别对猪的生产表现和胴体品质有重要影响，公猪比母猪和去势猪长得快，且胴体瘦肉率高，但是公猪带有难闻的膻味，往往会影响猪肉的品质，通常去势后再育肥，去势后的公猪性情安静、食欲增强、增重速度快、饲料利用率高且肉的品质好；而现代培育品种的母猪一般在性成熟之前已经达到屠宰日龄，所以母猪则不需要去势。近年来，养猪生产中提倡仔猪早期去势，主要是因为仔猪体重小，易保定，手术流血少，恢复快，但是对于食欲和精神状态不好的病猪却需要等到其病愈后再去势。手术操作要严格遵守规程，去势器具要严格消毒，手术完毕后要顺势涂抹碘酊，并注射抗生素，保持圈舍卫生，防止伤口感染。

6. 防疫和驱虫 要做到定期消毒、免疫和驱虫。每天清扫圈舍 2～3 次，每隔 2 周全面消毒 1 次，每次消毒要彻底，包括地面、栏杆、墙壁、走道等。每批猪出栏或转群后，也要进行彻底消毒处理。禁止闲杂人员进入猪舍，饲养人员的义务要勤清洁消毒。根据当地疫病的流行特点，制定出主要传染病的合理免疫程序，进行预防注射，并建立兽医制度，做好清洁、消毒和隔离工作。

侵害猪只健康的体内外寄生虫有猪蛔虫、肺丝虫、细颈囊尾蚴、虱子、疥癣等。其中，蛔虫主要危害 3～6 月龄的肥猪，而这时正是肥猪生长比较快的阶段，若不及时治疗很有可能变为僵猪，严重时可导致死亡。育肥猪一般在 90 日龄左右用四咪唑或左旋咪唑进行驱虫，其剂量为按 5 千克体重注射 5%盐酸左旋咪唑 1 毫升，或 2 片含 25 毫克的盐酸左旋咪唑；丙硫苯咪唑按每千克体重 100 毫克的标准拌入饲料一次喂服，也能取得较好的驱虫效果。较为常见的体外寄生虫是疥癣，以皮炎和奇痒为特征，不同年龄段的猪均可感染，对猪的危害较大，一旦发现疥癣病猪后应及时与健康猪隔离饲养，用温水刷洗病猪的患处再用药液，以充分发挥药液的杀虫作用。常用的药物和剂量：伊维菌素，每千克体重 0.3 毫克，皮下注射；溴螨酯，0.1%水溶液，喷洒患处；溴氰菊酯，0.3%软膏，涂抹患处；螨净，每千克体重 0.25 毫升，喷淋。同时，应做好猪舍的卫生工作，保持清洁、干燥、通风，隔离观察 30 日，表现健康，才可转入原群饲养。

第八章 养猪专业合作社猪场的生物安全管理技术

第一节 猪场的消毒措施

养猪专业合作社猪场通常分散于某一区域，每个成员猪场面临的环境和疫情压力各不相同，尤其是一些地方性的疾病本来只在小规模的范围内暴发，但养猪专业合作社各成员猪场之间的人员流动、物资运输量均较大，容易导致某一地方性疾病暴发于整个合作社猪场。此外，合作社成员猪场之间猪只运输量大，运输较为频繁，这不仅容易导致一个猪场的病菌和疫病传至另一成员猪场，甚至辐射至合作社所有成员猪场，给合作社猪场带来巨大的防疫压力。在地区性或全国性流行的疫病或突然暴发的疫病也会因为各成员猪场之间猪群的频繁运输而波及合作社的所有猪场。这就要求养猪专业合作社掌握不同时间段的疫情，根据疫情的严重程度进行统一管理，有效规避或减少在疫情严重的时间段进行猪群转场和物资运输，制定统一的消毒防疫措施，加强对成员猪场消毒防疫的管理和指导。

一、养猪专业合作社对猪场实施统一消毒管理的办法

（一）制定合理的生产节律 养猪专业合作社在统一制定各成员猪场的生产节律时，需要结合当地疫情流行情况，合理规避疫情

流行季节，确保需要大量转运猪群的时间处于当地疫情流行较弱的季节，尽量做到在疫情严重的季节不开展猪群转运工作。

（二）制定统一的消毒程序　养猪专业合作社根据自身的养殖特点和区域特征制定规范统一的消毒程序，包括各成员猪场日常消毒、紧急消毒程序，猪群转运、物资运输消毒程序，人员、车辆进场消毒程序等。

（三）统一购置消毒药品和器具　养猪专业合作社应根据消毒程序统一购置消毒药品和器具，保证各成员猪场的消毒能力相当，同时购置的消毒药品和器具应当满足各成员猪场在日常消毒和紧急消毒工作中的需要，常用的消毒药品应分类配置，交替使用，以免出现耐药性。此外，统一购置的药品应集中于一处由专人管理，各成员猪场根据实际需求领取，定时改变各成员猪场的消毒药品配置。这样，既可以避免药品浪费，又可以记录各成员猪场的药品消耗情况。

（四）统一采购保存疫苗和免疫　养猪专业合作社应统一采购和保存免疫程序所需的各种疫苗，疫苗的采购和保存应由专人负责，根据各成员猪场的实际需求进行分发配置。养猪专业合作社安排专职兽医人员按照免疫程序对各成员猪场的不同猪群接种疫苗，这样既可以保证免疫效果，又有利于责任追溯。

（五）统一修缮消毒设施　养猪专业合作社应提供给各成员猪场修缮规范统一的消毒设施的条件，包括技术指导和资金协助。常见修缮的消毒设施包括喷淋设备、淋浴设备、车辆和人员消毒池等。

（六）统一培训防疫员　养猪专业合作社应定期开展防疫培训工作，紧急情况时可临时召集培训和指导防疫部署，防疫培训工作应安排专人组织管理，可由本专业合作社专职兽医人员授课，也可从科研院校聘请专家授课。养猪专业合作社应对防疫人员的培训效果进行考核，对学习效果差、学习态度不佳的防疫人员可辞退或换岗。

(七)监督成员猪场的消毒程序 养猪专业合作社应当不定期检查各成员猪场的消毒程序是否落实彻底,包括进出猪场人员、车辆和猪群的消毒,栏舍猪群的日常消毒,工作人员进出栏舍的消毒等。对严格执行消毒程序的猪场通报表扬并给予奖励,而对未严格执行消毒程序且存在重大疫病安全隐患的猪场,通报批评并给予惩罚。

二、常用消毒药

(一)生石灰 生石灰为白色的块状物或粉状物,主要成分为氧化钙,加水后可以产生热量和氢氧化钙,俗称熟石灰,呈强碱性,吸湿性非常强。熟石灰可以杀死多种病原菌,但对芽孢无效,主要用于墙壁、地面、粪池及污水沟等的消毒。在实际生产中,因为石灰价格低廉,农村几乎随处可以买到,又没有难闻的气味儿,白色的外观也显得整洁,所以应用非常广泛。生石灰应现购现用、现配现用,搁置过久会失效。此外,不能简单地把生石灰粉直接撒在猪舍的地面,以免使仔猪烧伤口腔、蹄部,甚至造成人为呼吸道炎症。"石灰乳消毒"的正确方法是:用新鲜的生石灰加 10～20 倍的水,配制成为 5%～10%乳液,对猪舍不留空白和死角进行涂刷。

(二)氢氧化钠 又名烧碱、火碱、苛性钠等,是一种强碱性高效消毒药,对各种细菌、真菌、病毒、芽孢及寄生虫都有杀灭作用,但具有强腐蚀性,不能用于金属器械和纺织品的消毒。在生产中常将其配制成 2%～3%的热水溶液,用于消毒圈舍地面、食槽、用具和运输车辆等。用其消毒时最好使用热溶液(40℃),且加入少量的氯化钠(盐),能取得更好的杀菌消毒效果。在用氢氧化钠溶液对猪舍和用具进行消毒时,需将猪只赶出圈舍,在消毒半天后用清水冲洗,以免烧伤猪只蹄部或皮肤。

(三)福尔马林 即 37%～40%甲醛溶液,是一种广谱杀菌剂，也是目前养猪生产中对猪舍消毒常用的方法之一，具有全面彻底、省时、省力和消毒效果好等特点。消毒时，应计算好所需的剂量，且准备好消毒用的器皿。常用以下两种浓度比例：一是每立方米猪舍用福尔马林 42 毫升，高锰酸钾 21 克，用于重度污染或全进全出时的消毒；二是每立方米猪舍用福尔马林 28 毫升，高锰酸钾 14 克，多用于一般性的消毒。相对而言，消毒时间越长越好，一般情况下，密闭熏蒸 24 小时即可，消毒后不能立即使用，需要打开门窗，通风换气 3～5 天，以降低舍内甲醛的气味浓度。此外，4%甲醛溶液，还可用于手术器械的消毒，需浸泡 30 分钟。

（四）高锰酸钾 常与甲醛溶液混合用于猪舍的空气熏蒸消毒，也可用作饮用水消毒。0.05%～0.1%高锰酸钾溶液用于饮水消毒；0.1%溶液用于黏膜创伤、溃疡、深部化脓的冲洗消毒，也可用于洗胃，通过对毒物氧化可以解救猪生物碱和氰化物中毒，0.5%溶液可用于尿道或子宫洗涤；2%～5%溶液可用于浸泡、洗刷饮水器及饲料桶等。

（五）过氧乙酸 过氧乙酸为强氧化剂，有很强的氧化性，遇有机物放出新生态氧而起氧化作用，与次氯酸钠（又名 84 消毒液）、漂白粉等被作为医疗或生活消毒药物使用，为高效、速效、低毒、广谱杀菌剂，对细菌繁殖体、芽孢、病毒、霉菌均有杀灭作用，因此可用它来进行杀菌、消毒。此外，由于过氧乙酸在空气中具有较强的挥发性，对空气进行杀菌、消毒具有良好的效果，而且价格便宜。生产中常购买 20%过氧乙酸现配现用，0.1%过氧乙酸溶液可用于带猪消毒，0.3%～0.5%过氧乙酸溶液可用于猪舍、食槽、墙壁、通道和车辆的喷雾消毒。

（六）漂白粉 为次氯酸钠、氯化钙和氢氧化钙的混合物，为白色或灰白色的粉末颗粒，有显著的氯臭，性质很不稳定，吸湿性强，易受水分、光、热的作用而分解。其水溶液呈碱性，水溶液释放出来有效氯成分，有氧化、杀菌、漂白作用，生产中常将其配制成悬液，静置24小时后取上清液喷雾消毒，其沉淀物用于水沟、地面等消毒。5%～20%溶液能杀灭细菌、芽孢、病毒和真菌，主要用于猪舍、食槽、车辆消毒，10%～20%乳剂可在短时间内杀死细菌的芽孢，常用于猪舍、土壤、粪便、脏水的消毒。

(七)来苏儿 是一种消毒防腐药，能杀灭口蹄疫病毒、水疱病病毒、禽流感病毒、蓝耳病病毒、鸡新城疫病毒、猪瘟病毒、狂犬病毒、伪狂犬病毒等病毒和猪胸膜肺炎嗜血杆菌、结核杆菌、沙门氏菌等细菌。生产中常用于栏舍及运输车辆和器具的消毒。市售来苏儿的用法为：常规消毒1∶300洁水稀释，喷洒至挂水珠，7天1次；扑疫期消毒1∶200洁水稀释，喷洒至挂水珠，3天1次；消毒池消毒1∶300直接加入已注水的消毒池中，注意适时加水并加药。此外，来苏儿也可用于内服治疗腹泻、便秘，猪一次内服2～3毫升，并加水100～150毫升。

(八)菌毒灭 又称菌毒敌、菌毒净、农乐。是一类高效消毒药，为复合酚(含酚41%～49%，醋酸22%～26%)，是酚类消毒剂中最好的一种，各有效成分能迅速穿透破坏病原微生物细胞壁，进而凝聚、沉淀菌体蛋白质，干扰脱氧核糖核酸(DNA)和核糖核酸(RNA)的合成而杀菌消毒。能杀灭口蹄疫病毒、水疱病病毒、禽流感病毒、蓝耳病病毒、鸡新城疫病毒、猪瘟病毒、狂犬病毒、伪狂犬病毒等病毒和猪胸膜肺炎嗜血杆菌、结核杆菌、沙门氏菌等细菌。市售菌毒灭的用法同来苏儿。

(九)碘制剂 养猪生产中常用的碘制剂有碘酊、碘甘油和速效碘。

1. 5%碘酊 外用有强大的杀菌力，主要用于猪的手术部位和猪舍的消毒。用于小面积外伤消毒时，需要由中间向外周涂抹，然后用70%酒精脱碘。其配制方法为：取碘化钾10克加蒸馏水10毫升溶解后，加碘与适量乙醇，搅拌至溶解，再加乙醇至1 000毫升，即得。

2. 碘甘油 其作用机制是使菌体蛋白质变性、死亡，对细菌、真菌、病毒均有杀灭作用，主要用于创伤、黏膜炎症和溃疡部位的消毒。取碘化钾 100 克加水 100～300 毫升溶解后，加碘 50 克，搅拌使其溶解，再加甘油 200 毫升，用蒸馏水调制成 1 000 毫升，搅匀即得。

3. 速效碘 是一种新的含碘消毒液，室温下可与任意比例的水互溶，不浑浊无沉淀，其水溶液性质稳定、无异味、无刺激性、腐蚀性小、黄染极易洗脱，杀菌谱广，可杀灭各类细菌、病毒、霉菌孢子及细菌芽孢等，杀灭作用高效快速，无毒无害，是一种洗涤去污、消毒杀菌两者兼备的广谱灭菌药。具有消毒效果显著、生产工艺简单、生产成本低、应用范围广泛，并且使用非常方便的优点。生产中常见用法：300～400 倍稀释液用于猪舍消毒，350～500 倍稀释液用于食槽消毒，100～150 倍稀释液用于杀灭口蹄疫病毒。

三、养猪专业合作社各成员猪场的消毒工作

（一）消毒方法 养猪生产中，患病猪只、慢性或隐性感染猪只、健康带菌猪只、其他带菌带毒猪只以及自然界本身都不断地向外排放新的病菌和病毒，污染栏舍、空气、水源、饲料以及运输工具。因此，为了消灭病原体，切断传染病的传播途径，就必须采取经常性的消毒措施，但是不同消毒方法的消毒效果和作用是不同的，养猪专业合作社必须结合消毒的目的和对象选择适宜的消毒方法以取得良好的消毒效果。

1. 机械清除法 是指利用机械方法对消毒对象进行清洗、洗刷、通风以达到清除病原体的目的。例如，清洗猪体、栏舍地板、墙壁、门窗等，清除粪便、污水等；还有就是利用开窗、换气、通风等方法将猪舍内污浊的空气排出，减少病原体存在和繁殖的机会。

2. 物理消毒法 物理消毒法作用迅速，经消毒的物品上不留

有害物质,常见的有阳光消毒、人工紫外线消毒、火焰消毒、煮沸消毒、流通蒸汽消毒和巴氏消毒。其中,煮沸消毒是一种经济、方便、应用广泛而效果较好的消毒法,大部分细菌在100℃沸水中迅速死亡,而细菌芽孢在100℃沸水中也仅能耐受15分钟,一般来说,如果煮沸1小时,所有病原体都能杀死。

3. 化学消毒法 化学消毒法是指采用化学药品抑制和杀灭病原微生物的方法,主要有浸洗和清洗法、浸泡法、喷洒法、熏蒸法4种。其特点是消毒效果好,操作方法简单易行,是养猪场常用的消毒方法。

(二)常规消毒 常规消毒是指在养猪生产实践中对猪场中的猪舍、人员、车辆、道路、场区等例行定期消毒。常规消毒需要结合平时饲养管理,对环境、猪舍、用具和饮水等进行定期消毒,以达到预防为主、减少猪群发病机会的目的,是猪场日常管理工作中最重要的一项工作。

1. 猪舍消毒 育肥猪舍实行全进全出制,每批生猪出栏后在使用高压水枪彻底冲洗干净后用2%～3%氢氧化钠溶液喷洒消毒2小时以上,然后使用硬毛刷刷洗,最后用清水冲洗干净。晾干数日后,关闭猪舍门窗,用过氧乙酸熏蒸12小时,最好再用1∶300菌毒灭或1∶800消毒威喷洒消毒1次。消毒方法:消毒时先喷洒地面然后喷墙壁,先从离门远处开始,喷洒完墙壁后再喷天花板,关闭门窗30分钟后再开门窗通风,用清水洗刷食槽,将消毒药味除去。对于产房,先将地面和设施用水冲洗干净,干燥后用福尔马林熏蒸2小时,再用1∶300菌毒灭消毒1次,然后用清水冲去残药,最后用10%石灰水刷地面和墙壁。熏蒸方法:每立方米用福尔马林25毫升,水12.5毫升,倒入盛有12.5克高锰酸钾的容器内,密封门窗16～24小时。

带猪消毒常用1∶1 000的过硫酸氢钾复合物(有售)、5～50毫克/升的二氧化氯溶液或1∶2 000的金碘液消毒剂,严禁使用强酸强碱性药物消毒，以防对猪群造成伤害。一般情况下每周消毒2～3次，春、秋季节每周消毒4次，带猪消毒时可以将3～5种消毒药交替使用，消毒效果会更好。对母猪体表消毒可以用1∶500强效碘，进入产房前先把母猪全身洗刷干净，再用1∶500菌敌消毒全身，下腹、会阴部、乳房可用0.1%高锰酸钾溶液擦拭。

2. 人员消毒 必须重视猪场、工作人员和场外人员的消毒，他们是将病原带入猪场的重要媒介。同时应当严格控制外来人员入场，确需进入猪场的，必须严格按照规定消毒后才能进入。进入猪场的所有人员必须经过"踩、照、洗、换"4道消毒程序。具体程序是：在猪场门口更换衣服、靴鞋→进入猪场消毒池进行消毒→进入紫外线室接受紫外线消毒→进入生产区前用1∶1 000新洁尔灭溶液洗手消毒。消毒室要定时更换药液，并检查消毒效果；更换的衣服、靴鞋、帽等应及时清洗消毒，以备后用。

3. 环境消毒

(1)车辆消毒 猪场门口设消毒池或喷洒消毒设施，对进、出车辆消毒，消毒池长度至少为轮胎周长的1.5倍，池宽与猪场入口相同，池内药液高度不低于15厘米，同时配置低压消毒器械，对进场车辆喷雾消毒。消毒池内放置3%氢氧化钠溶液或1∶300菌毒灭，车身、车轮可用1∶800聚维酮碘喷雾。有重大传染疫情时，严禁车辆进入，确需进入的，必须使用0.5%～1%氢氧化钠溶液对车辆全面喷雾。

(2)场区消毒 生活区、办公室、食堂、宿舍、厕所及周边环境每月消毒1次，用1∶1 000过硫酸氢钾复合物粉(有售)进行消毒处理；道路每隔1～2周，用2%～3%氢氧化钠溶液喷洒消毒；对售猪周转区的装猪台、磅秤及周边环境，每销售一批猪后可用1∶1 000菌毒素或1∶2 000浓度的金碘液进行消毒。

(3)用具消毒 定期对保温箱、补料槽、饲料车、铁锹、扫帚等生产用具进行消毒。一般情况下，夏季和秋季每月消毒1次，春季每月消毒2次，消毒液可用0.2%～0.3%过氧乙酸溶液。

4. 饮水消毒 较多的猪场采用化学消毒法对饮用水进行消毒，常用的消毒剂有氯制剂和碘制剂等，从而保证对人、畜、水产品无害、无致癌、致畸、致突变作用。值得注意的是，不要任意加大饮用水中消毒药的浓度，以免引起猪的急性中毒，同时还可杀死或抑制其肠道内的正常菌群，造成腹泻或继发肠道疾病。饮用水应保持清洁，尤其在疫病发生时或水源受污染时更应注意饮用水的消毒，用杀灭饮水中的微生物控制猪体内的病原体。

（三）紧急消毒 紧急消毒是在疫病发生时采取的在常规消毒基础上进行加强消毒的一些措施，从而达到减轻疫病以及控制疫病进一步加重的效果。消毒对象包括猪舍，隔离场地，被病猪污染过的一切场所、用具和物品等，需要进行多次反复消毒。

空圈或隔离圈先用3%氢氧化钠溶液充分消毒后，晾干，再用100倍次氯酸钠溶液消毒，注意地面、天花板、柱梁、墙壁、窗户、沟道均要消毒到位。对器械、衣物、废弃物可以烧毁，也可以用3%氢氧化钠溶液浸泡24小时后焚埋，对具有较大用途的器具可浸于1∶200次氯酸钠溶液或0.5%～1%氢氧化钠溶液至少12小时。对于运动场，则在每批猪出栏后，地面喷洒生石灰水1千克/米^2，1周后洗刷、清理，待疫情稳定后再进猪。

堆肥尿沟、尿池可以撒生石灰或2%～3%氢氧化钠溶液，污水可用含有效氯25%的漂白粉消毒。病死猪最好焚烧或深埋，深埋时穴深1米以上，尸体先用3%氢氧化钠溶液浸泡，掩埋时要铺撒生石灰。运尸器材则用200倍次氯酸钠溶液浸泡至少12小时，运尸车辆用0.5%～1%氢氧化钠溶液喷雾。

（四）消毒注意事项

第一，要详细阅读药物使用说明书，正确使用消毒剂。按照消毒药物使用说明书的规定与要求配制消毒溶液，不可任意加大或降低药物浓度，根据每种消毒剂的性能决定其使用对象和使用方法。

第二，不要随意将两种不同的消毒剂混合使用或同时消毒同一物品。因为两种不同的消毒剂合用时常因物理或化学的配伍禁忌导致药物失效。

第三，严格按照消毒操作规程进行，事后认真检查，确保消毒效果。

第四，定期更换消毒剂，不要长时间使用一种消毒剂消毒同一对象。

第五，消毒操作人员要做好自我保护，如穿胶靴、戴手套等防护用品，以免消毒药液刺激手、皮肤、黏膜和眼睛等。同时注意消毒药液对猪群的伤害及对金属等物品的腐蚀作用。

第二节 常见传染性疾病的防疫措施

养猪专业合作社各成员猪场同样面临着常见传染性疾病的威胁，但相比于单个大型养猪场，养猪专业合作社猪场更具开放性，各成员猪场之间的人员、物资、猪群交流比较密切，容易导致传染性疾病传播于各成员猪场之间，因此养猪专业合作社面临的常见传染性疾病的威胁更大，这就需要养猪专业合作社猪场采取相比于单个大型养猪场更为严格的防疫措施。合作社通过各方努力协助好成员猪场的疾病防疫工作，统一购置防疫药品、建设防疫设施、制定防疫制度以及加强防疫宣传等，切实做好合作社内成员猪场的防疫工作。现对常见的传染性疾病的流行特点、临床症状以及防治措施做详细的说明，供养猪专业合作社统一制定疾病防疫措施时参考。

一、猪 瘟

猪瘟俗称“烂肠瘟”，是由猪瘟病毒引起的一种急性、热性、败血性的高传染病，可感染不同年龄段的猪只，发病率和病死率均很高，一年四季皆可发生，危害性极大。此病流行广泛，几乎世界各国均有发生，是威胁养猪业最重要的传染病。

(一)流行特点 任何年龄、性别、品种的猪都可感染发病，病猪是主要的传染源，传染途径主要是消化道。被病猪分泌物和排泄物污染的饲料、饮水、土壤、猪舍、运动场地、饲养管理用具都能使健康猪只感染该病毒。此外，猪只的买卖、运输、尸体处理不当、肉品卫生检验不严、兽医卫生执行不力，都能促进该病的流行。潜伏期的病猪和康复猪是最危险的传染源，在一定时间内甚至终生都能排毒。此病的暴发不受季节和气候的影响，且在猪只发病过程中还会出现并发症，如仔猪副伤寒、猪丹毒等细菌性疾病。

(二)临床症状 潜伏期为5～7天，根据病程长短分为最急性型、急性型、慢性型亚急性型，最常见的为急性型，最急性型的发病症状不易觉察。

1. 急性型 病程为7～20天，病死率可达60%～80%。病猪体温升高至40.5℃～42℃稽留不退，病猪精神沉郁，减食或厌食，俯卧嗜睡，常堆睡在一起，呈怕冷状，全身无力、行动迟缓、摇摆不稳，眼结膜潮红，眼角有多量黏性或脓性分泌物，耳、四肢、腹下、会阴等处的皮肤上有许多出血斑点，指压不褪色；公猪包皮炎，用手挤压有恶臭浑浊液体流出。随着病情的发展，病猪变得消瘦，后肢虚弱，走路摇摆，严重时出现后肢麻痹；在病程后期，病猪的腹部、鼻、耳、四肢呈紫色。仔猪发病时还伴有神经症状，遇外界刺激时，尖叫、倒地、痉挛。

2. 慢性型 病程通常在1个月以上，主要表现消瘦、贫血、全身衰弱、体温时高时低、便秘和腹泻交替出现，皮肤有紫斑或坏死，注射退热药和抗菌药后，食欲好转，停药后则不采食。

3. 亚急性型 病情发展慢，病程较长，发病率和病死率均较低，大多数成年猪能耐过，但仔猪死亡率稍高。妊娠母猪感染时，表现为流产、胎儿木乃伊化、畸形、死产、弱仔或产出部分外表健康的带病猪。这种带病猪在几个月内表现正常，随后则出现轻度厌食、沉郁、结膜炎、腹泻等病症，最后死亡。

（三）防治措施 目前尚无治疗猪瘟的药物，主要采取预防接种防疫措施，以减少猪瘟的发生，提高猪场生产效益。

1. 免疫预防接种 使用猪瘟疫苗进行免疫接种是目前我国控制猪瘟的主要措施，种猪群应坚持每年进行2次免疫接种，可采用春、秋两季免疫计划，或在哺乳仔猪断奶时进行接种。有条件的地区和猪场，可采用猪瘟免疫监测手段根据猪瘟抗体水平消长规律进行适时免疫，而没有条件的猪场必须严格按照猪瘟免疫程序进行预防接种，这是预防猪瘟发生的重要保证。常见的免疫程序有两种：一是在仔猪分娩后未吃初乳前接种，1小时后再吃初乳；60～65日龄时进行第二次接种；后备种猪在配种前进行第三次接种。二是在20～30日龄时进行第一次接种，60～65日龄时进行第二次接种，后备种猪在配种前进行第三次接种。

2. 紧急接种 由于猪瘟弱毒苗产生免疫力较快，所以在猪瘟发病地区可紧急接种疫苗从而控制猪瘟。对病猪进行急宰，对病猪污染场地、用具等进行彻底消毒，对健康猪只采用常规量的2～3倍紧急接种，并采取严格的隔离与消毒措施，防止疫情进一步扩大。

二、猪口蹄疫

口蹄疫是由口蹄疫病毒感染偶蹄动物（猪、牛、羊等）引起的急性、热性、接触性传染病。该病遍及世界许多地区，严重威胁畜牧业的发展。

(一)流行特点 传染途径主要是通过消化道黏膜侵入猪体，其他如鼻、眼、乳头和阴道黏膜也可传染。病畜可通过分泌物、排泄物和呼出的气体及病理性产物严重污染水源、饲料、空气、土壤、车辆、用具等媒介物，感染多种动物，造成大规模流行。此外，鸟类、鼠类和昆虫等野生动物也能机械性地传播该病。口蹄疫一年四季均可发生，但多发生于春秋及寒冷季节。猪口蹄疫由于口蹄疫病毒长期在猪群中反复流行，对猪的毒力增强。

(二)临床症状 潜伏期为1～2天，主要表现为蹄冠、蹄踵、蹄叉、吻突皮肤、口腔腭部、颊部及舌面黏膜部位以及母猪的乳头和乳房等出现大小不等的水疱和溃疡。病初体温升至40℃～41℃，精神沉郁，食欲减退或不食，病猪发生跛行，如不继发感染，在1周左右可结痂痊愈。口蹄疫对成年猪的致死率一般不超过3%，仔猪受感染后主要表现胃肠炎和心肌炎，病死率高达80%以上，妊娠母猪受感染后可发生流产。

(三)防治措施

1. 预防 经常检疫和定期普查相结合，了解和发现疫情，以便及时采取措施；规模猪场加强平时的防疫工作，进、出猪场必须坚持洗澡、更衣、换鞋和消毒制度；严禁从疫区购买猪只或肉制品；猪场定期进行全场大消毒；及时接种疫苗。种猪每3个月免疫1次，每次肌内注射2毫升；仔猪40～45日龄首次免疫，肌内注射2毫升，70～75日龄加强免疫1次，肌内注射2毫升；育肥猪120日龄左右进行第三次免疫，肌内注射2毫升。

2. 治疗 国家规定，口蹄疫病猪一律急宰，不准许治疗，以防散播传染。疫情较轻的个别患病猪可先用0.1%高锰酸钾溶液清洗患处，再涂抹碘甘油或龙胆紫，数日可治愈。

3. 紧急措施 猪群发病后，应及时上报有关主管部门，严格执行隔离封锁措施，防止疫情蔓延；立即扑杀病猪及同群猪，用2%～3%氢氧化钠溶液每天彻底消毒1次猪舍及污染的环境，内脏和污染物深埋或烧毁；未发病的猪群立即进行疫苗紧急接种，15天后加强免疫1次。

三、猪繁殖与呼吸综合征

猪繁殖与呼吸综合征是猪繁殖与呼吸综合征病毒引起的猪的一种急性、高度传染性疾病。该病可严重影响生猪生产，感染母猪流产、早产，死胎率可达20%～30%，新生仔猪病死率可达80%以上，在流行过程中存活的仔猪常常发育不良，且容易继发感染其他疾病。猪一旦感染该病，大多数会长期带毒，且难以彻底消灭，可导致重大的经济损失。

(一)流行特点 猪是易感动物，不同年龄段和不同品种的猪都易感染，而以妊娠母猪和1月龄内仔猪最易感染，仔猪感染仅在2天内即可发病，妊娠母猪需要4～7天。病毒可从病猪或带毒猪口鼻分泌物、粪尿等途径排出体外，经过饮水、饲料、土壤、用具等途径传播，此外还可以通过空气传播、接触传播、胎盘传播和交配传播。卫生条件不良，气候恶劣，饲养密度过高，低风速有利于病毒远距离散播。该病一般是在晚秋发病而冬季流行，其他季节则发病较少；猪群发病后，会产生部分抵抗力，疫情随之缓和；再次感染时，损失则会降至最低。

(二)临床症状 种母猪主要表现为体温较高，精神沉郁，食欲减退甚至不食，咳嗽，不同程度的呼吸困难。繁殖母猪反复出现食欲不振、发热、嗜睡，继而发生流产、早产、死产，流产后精神状况好转，有食欲，但无乳，有的乳头变红，有的皮肤发绀，耳朵发蓝。初生仔猪发病后，表现呼吸困难、运动障碍，1周内病死率高达35%以上，正常出生和早产的仔猪体弱、个小，有的腹泻、脱水，皮肤发红,脐带发紫,发病严重猪群断奶前仔猪病死率可达 50%~100%。公猪表现厌食、精神沉郁、嗜睡、发热,并有异常呼吸症状,精液品质暂时下降,精子数量少,活率低。育肥猪症状则较轻,仅表现 5~7 天厌食、呼吸增速、不安、体温升高、皮肤瘙痒,发育比正常猪迟缓。

(三)防治措施

1. 预防 在疫情活动期严禁到处引种,必须引种时要到非疫区、非疫场购买,购回后要隔离、检疫 2~3 个月后才能进场。加强饲养管理,实行严格的隔离与消毒制度,切实搞好环境卫生,改善猪舍内的通风和采光,减少猪群密度,坚持定期进行检测,发现病猪立即淘汰。不同阶段的猪群实行全进全出,空舍使用 2%氢氧化钠溶液或 0.3%~0.5%过氧乙酸进行彻底消毒。目前已有灭活疫苗和弱毒疫苗供应,感染母猪可在配种前 10~15 天接种弱毒苗,仔猪在 3~4 周龄接种疫苗,但是建议在无此病的猪场不要使用弱毒疫苗。

2. 治疗 目前,该病还没有特效疗法,一般实行支持疗法,为了控制继发感染,可以注射、拌料或饮水投给抗生素。发病后,妊娠母猪可在分娩前饲喂小剂量的阿司匹林,每头猪每天 8 克,连喂 1 周,断奶母猪可拌料投服四环素 4 周,仔猪在 3 日龄、6 日龄、9 日龄时注射长效抗生素,断奶仔猪在 3~4 周龄可投喂四环素、磺胺或泰乐菌素。

四、猪流行性腹泻

猪流行性腹泻是由猪流行性腹泻病毒引起的一种猪的肠道传染病,主要以排水样便、呕吐、脱水为主要临床症状。

(一)流行特点 不同年龄段、品种和性别的猪都能被感染发病,病猪和带毒猪是主要传染源,病毒从粪便排出污染环境而散播，感染途径主要是消化道，传播迅速，猪只密集的猪场内通常仅需数日即可波及全群。该病多发生于冬季，尤其是12月份和1月份，哺乳仔猪和育肥猪的发病率通常为100%，但病死率很低，1～5日龄的哺乳仔猪的病死率相对较高，几乎可达100%。

（二）临床症状 仔猪的潜伏期为15～30小时，育肥猪约为2天。病猪体温升高，精神沉郁，食欲减退，剧烈腹泻，顺着肛门往下流或呈喷射状，排灰黄色或灰色稀水便。日龄越小，症状越重，1周龄以内的仔猪常于腹泻2～4天后因脱水而死亡，病死率可达50%。而断奶猪或成年猪一般腹泻3～5天逐渐恢复正常，成年猪也有的不腹泻仅出现呕吐或厌食。

（三）防治措施

1. 预防 加强饲养管理，注意改善卫生条件，严格执行消毒制度。此外，我国已研制出猪流行性腹泻病毒甲醛氢氧化铝灭活疫苗，保护率可达85%；也可以给妊娠母猪进行猪流行性腹泻和猪传染性胃肠炎双价疫苗预防注射，哺乳仔猪可以通过初乳获得保护。

2. 治疗 该病无特效疗法，只能对症治疗，加强护理。在病情流行严重地区可以进行人工感染。如静脉或腹腔注射5%糖盐水和5%碳酸氢钠注射液，或给发病猪口服补液盐。

五、猪流行性感冒

猪流行性感冒是猪由流行性感冒病毒引起的一种急性、热性、高度接触性传染病。其临床特征为突然发病，并迅速蔓延全群，表现上呼吸道有炎症，现已呈世界性流行，严重危害养猪业的发展。

（一）流行特点 不同年龄段、性别和品种的猪群均易感染，病猪和带毒猪是主要的传染源。流感病毒随分泌物排出后通过飞沫入侵健康猪只体内，很快致病，而致病猪又成为传染源，并且康复猪和隐性感染猪的带毒时间相当长，使得病毒传播很快，往往在2～3天波及全群，但其病程短，约1周左右，病死率为1%～5%。该病大多发生在天气骤变的晚秋和早春以及寒冷的冬季，阴雨、寒冷、拥挤、运输、营养不良和内有寄生虫侵袭等应激因素均可诱发或加重病情。

(二)临床症状 潜伏期为2～7天，通常在1～2天内群体突然暴发，体温升高至40.3℃～41.5℃。其临床症状主要表现为：精神委靡，食欲消退，扎堆，不愿活动，呼吸急促，痉挛性咳嗽，有黏性分泌物从眼角和鼻孔流出。若在发病期间不加强饲养管理，时常并发支气管肺炎、胸膜炎等，从而增加病死率和延长病程。

(三)防治措施 目前，流行性感冒无特异性疗法，国内也无商品化疫苗，发病后可通过加强饲养管理和对症施以解热镇痛药和抗生素。为预防继发感染，重症病猪应服用抗生素或磺胺类药品，同时给予镇咳祛痰药。气候骤变时，注意猪舍保暖，做好通风换气，保持猪舍内空气新鲜，供给猪群新鲜的洁净饮水，严格执行猪场的消毒制度，在流行季节可每周用0.3%过氧乙酸带猪消毒1次，也可用食醋熏蒸消毒。平时应加强饲养管理，防止野禽及病人接近猪群，以减少发病概率。

六、猪伪狂犬病

伪狂犬病是由猪疱疹病毒Ⅰ型引起的多种哺乳动物和鸟类的急性传染病，在临床上以中枢神经系统障碍为主要特征，多数动物局部表现持续的剧烈瘙痒，不同年龄段的病猪，其临床症状也不同。

(一)流行特点 猪、牛、羊、犬、猫以及一些野生动物均容易感染伪狂犬病病毒，其对哺乳仔猪的危害最大，病死率极高，但成年猪多为隐性感染。病猪、带毒猪以及因吃了病猪尸体而患病的犬、猫等都是该病的传染源，健康猪吸入被污染的空气、采食被污染的饲料和饮水后均可感染该病，其传播途径多，经消化道、呼吸道、损伤的皮肤和生殖道均可传播，常见的传播媒介有：猪栏、用具、工作服、猪粪、垫料等。此外，仔猪可以因吮吸患病母猪乳汁而发病，妊娠母猪患病后可通过胎盘使胎儿感染而流产、死胎。伪狂犬病呈地方性流行或散发，无明显季节性，但以春、冬两季和产仔旺季多发。

（二）临床症状　潜伏期一般为3～15天，不同年龄段猪只的临床症状差异很大，以哺乳仔猪和断奶幼猪症状最为严重。新生仔猪体温升至41℃～41.5℃，精神沉郁，不吃奶，口角有大量泡沫或唾液流出，眼睑和嘴角水肿，呕吐、出现神经症状，肌肉震颤，运动障碍，共济失调；发病24小时后表现为耳朵发紫，后躯和腹部等部位有紫斑。断奶前后的仔猪症状较新生仔猪轻微，很少见到神经症状，部分猪表现出精神沉郁、厌食、高热、常并发呼吸症状，如流鼻液、打喷嚏、呼吸困难、剧烈咳嗽。育肥猪和成年猪主要表现为发热、沉郁、厌食、不同程度的呼吸症状，如呼吸困难、鼻炎、打喷嚏、流鼻液、剧烈咳嗽等。

（三）防治措施

1. 预防　从洁净猪场引进种猪，进行严格的隔离检疫1个月，猪舍地面、墙壁、设施及用具等每周消毒1次，粪尿及时无害化处理，捕灭猪舍内鼠类及野生动物等，种猪场的母猪应当每3个月采血检查1次。有发病史的种猪场应当使用鉴别诊断试剂盒定期对种猪群进行监测，淘汰阳性种猪。

免疫接种是控制该病唯一有效的办法，目前我国主要应用灭活疫苗和基因缺失疫苗进行免疫预防。种猪第一次注射后，间隔4～6周后加免1次，然后在每次产前1个月左右加免1次，其效果良好，可有效保护哺乳仔猪至断奶；产前免疫过的妊娠母猪所产仔猪在2月龄首免，3周后进行第二次免疫，而无母源抗体的仔猪在 2 日龄首免,3～4 周后进行第二次免疫。

2. 治疗　该病无治疗价值,其通常做法是发现疑似病例后立即采样送检,确诊后立即扑杀病猪,并对圈内外彻底消毒,采取综合防治措施将疫情控制在最小范围内。

七、猪细小病毒病

猪细小病毒病可引起猪的繁殖障碍,又称之为猪繁殖障碍病。各种不同种类的猪均可感染该病,但仅妊娠母猪表现出明显的临床症状,主要是流产、死胎、不受胎等,以初产母猪最为严重。猪细小病毒病遍及世界各地,猪场一旦感染,就很难根除。

(一)流行特点　不同年龄阶段、性别的猪群均可感染,初产母猪尤为典型,病猪和带毒猪是主要的传播源,主要通过粪尿、鼻液、唾液、精液以及死胎、弱胎、胎衣、胎水向环境传播,不仅可水平传播,还可垂直传播,带毒种公猪可以通过交配传染母猪,妊娠母猪也可以通过胎盘感染胎儿。由于猪细小病毒对外界环境的抵抗力较强,可在被污染的猪舍内生存数月之久,很容易造成长期传播。一般呈地方流行性或散发,主要发生于春、秋季节或母猪产仔和交配后的一段时间内。

(二)临床症状　仔猪和母猪的急性感染,通常没有明显症状,但妊娠母猪在妊娠期不同时间感染分别会造成死胎、流产、木乃伊胎儿等不同症状。妊娠初期(10～30 天)感染后可能会返情而不易受胎,或窝产仔数明显减少;妊娠前期(30～50 天)感染后主要是产木乃伊胎儿;妊娠中期(50～60 天)感染后多出现死产;妊娠中后期(60～70 天)感染多出现流产;妊娠后期(70 天以后)则能正常生产,但所产仔猪常带有抗体或病毒。初产母猪感染后可获得较强的免疫力。

(三)防治措施

1. 预防 从无病猪场引进种猪,引进种猪时应隔离观察,并进行 2 次血凝抑制试验,试验效价低于 1∶256 或呈阴性方可解除隔离混群饲养。加强猪场内、外环境的消毒,以 2%氢氧化钠溶液和 0.5%漂白粉消毒的效果最佳,严格处理患病母猪流产的胎儿、胎衣以及污染物。此外,初产母猪配种前 1 个月和半个月分别进行 1 次猪细小病毒弱毒疫苗免疫,也有进行自动免疫的,是通过后备猪放在感染猪圈内饲养,但是不建议养猪专业合作社使用自动免疫法,以防操作不当导致大面积严重感染。

2. 治疗 目前,该病没有特效药物治疗,只能进行对症治疗,发病后要及时补水和补盐,给予大量的口服补液盐,防止脱水;用肠道抗生素防止继发感染可减少病死率。

八、猪圆环病毒病

猪圆环病毒病是由猪圆环病毒(PCV)引起猪的一种新的传染病,其主要特征为猪的体质下降、消瘦、腹泻、呼吸困难、咳嗽、贫血和黄疸等。猪圆环病毒对外界环境的抵抗力较强,能在感染猪场存活很长一段时间。

(一)流行特点 病猪和带毒猪为主要传染源,经呼吸道、消化道、精液、胚胎传染,也可通过污染病毒的人员、工作服、用具等传播。该病流行以散发为主,有时可呈现暴发,病程发展缓慢,有时可持续 12～18 天之久,病猪多于出现症状后 2～8 天死亡。容易引起继发性感染,如猪繁殖与呼吸综合征病毒、细小病毒、伪狂犬病病毒、副猪嗜血杆菌、多杀性巴氏杆菌和链球菌等。

(二)临床症状

1. 猪断奶后多系统衰竭综合征 病猪表现消瘦、生长迟缓、呼吸困难、淋巴结肿大、腹泻、贫血、黄疸、精神委靡、食欲不振、发热、咳嗽、气喘、嗜睡。猪断奶后多系统衰竭综合征急性发病猪群的病死率可达10%，但常常由于并发或继发细菌或病毒感染而使病死率大幅度增加。

2. 猪皮炎和肾病综合征 常见症状为猪皮肤上形成圆形或不规则、呈红色至紫色的病变，病变中央呈黑色，病变常融合成大的斑块，不易消失。感染轻的病猪可自行康复，感染严重的病猪表现出发热、不食、消瘦、黏膜苍白、跛行、体重下降和腹泻。

3. 母猪繁殖障碍 发病母猪体温升至41℃～42℃，食欲减退，出现流产，产死胎、弱仔、木乃伊，仔猪断奶前病死率升高，病后母猪受胎率低或不受胎。

4. 肺炎 多见于保育期和育肥期的猪，咳嗽、流鼻液、呼吸加速、精神沉郁、食欲不振、生长缓慢。

5. 先天性震颤 发病仔猪站立时震颤，由轻变重，卧下或睡觉时震颤消失，易受外界刺激而震颤，精心护理3周内可恢复。

(三)防治措施

1. 预防 引进种猪要严格检疫，隔离观察1个月后健康猪只可进场饲养，实行养猪生产各阶段全进全出，避免将不同日龄的猪混群饲养，以减少猪群之间的接触感染机会，严格执行消毒卫生制度，最大限度地降低猪场内污染的病原微生物，从而减少或杜绝猪群继发感染的概率。尽可能地减少猪群的应激因素，避免饲喂霉变饲料，做好猪舍的通风、换气，改善猪舍的空气质量，降低氨气浓度，保持猪舍干燥，降低猪群的饲养密度。

提前采用药物预防来控制细菌性继发感染。妊娠母猪：产前7天至产后7天在饲料中添加支原净(100克/吨)，金霉素(2.5千克/吨)，阿莫西林(150克/吨)。哺乳仔猪：在1日龄、7日龄和断奶时分别注射0.2毫升速解灵(500毫克/毫升)。断奶仔猪：断奶前7天至断奶后30天，饲料中添加泰妙菌素(50克/吨)、金霉素或强力霉素(150克/吨)、阿莫西林(500克/吨)，严重感染的猪场可在28日龄、35日龄、42日龄各肌内注射头孢噻呋(500毫克/毫升)0.2毫升,同时在饲料中添加适量电解质、维生素B_{12}和维生素C等。同时做好其他疫苗的接种工作,如猪瘟、伪狂犬病、气喘病和猪细小病毒感染等疫苗。

2. 治疗 目前尚无特效的治疗方法,可用抗病毒与抗生素及磺胺类药物进行对症治疗,以控制继发感染,减少死亡。

九、猪丹毒

猪丹毒是由猪丹毒杆菌引起的一种急性、热性、人兽共患传染病,其主要表现急性败血症、亚急性皮肤疹块、慢性心内膜炎和非化脓性关节炎。该病广泛分布于世界各地,对养猪业危害很大。

(一)流行特点 不同年龄段和品种的猪群均可感染,3～12月龄的猪群最容易感染,而哺乳仔猪和老龄猪群发病较少,病猪、临床康复猪和健康带菌猪都是传染源。传染源猪从粪尿、炎性渗出物及其他分泌物排出大量的强毒菌,污染饲料、饮水、土壤和用具等,通过饮食和皮肤伤口等传染给健康猪群;此外,猪场蚊、蝇等也是该病的传播媒介。带菌猪在不良条件下抵抗力低时,细菌也可入侵血液,引起体内源性传染而发病。该病一年四季均有发生,有的地方以炎热多雨季节多见,有的地方以春、冬季节多见,有时也会呈暴发性流行。

(二)临床症状

1. 急性败血症 此型常见于散养农户。暴发突然,病死率高(80%～90%),病猪体温高达42℃～43℃,不退热、寒战、减食、不愿走动、常卧地不起,或有呕吐。眼结膜充血,粪便干硬呈栗状,后期会伴有腹泻,有的病猪皮肤潮红、发紫。

2. 亚急性皮肤疹块 通常呈良性经过,常痊愈转归。体温41℃以上,病初食欲减退,精神不振,不愿走动;1～2天后,在胸、腹、背、肩及四肢外侧出现大小不等的疹块，先呈淡红色，后变为紫红色，以至黑紫色，呈方形、菱形、圆形，坚实，稍突起，后期中央坏死，形成痂皮，经过 7～15 天恢复。

3. 慢性型 主要表现为慢性心内膜炎、慢性关节炎和皮肤坏死，皮肤坏死一般单独发生，而浆液性纤维素关节炎和心内膜炎往往并发。浆液性纤维素关节炎常发生于腕关节和跗关节，关节肿胀、疼痛、僵硬、步态强拘，甚至跛行。心内膜炎则见消瘦、贫血、衰弱、喜卧、呼吸急促、心律失常。皮肤坏死常发生于背、肩、耳及尾部，局部皮肤变黑，干硬如皮革样，逐渐与新生组织分离，最后脱落，遗留一片无毛而色淡的瘢痕。

(三)防治措施

1. 预防 引进种猪时，必须先隔离观察 2～4 周，确定无病后方可入群饲养。平时注意加强饲养管理，改善环境卫生条件，加强免疫，定期预防接种和预防性投药即可有效控制该病。在猪丹毒常发地区，每年春、秋和夏、冬两季应定期进行预防接种，疫苗使用方法：仔猪 60 日龄肌内注射猪丹毒弱毒苗，成年猪每年春、秋各加强免疫 1 次，推荐使用猪瘟、猪丹毒、猪肺疫三联苗。

2. 治疗 发病后立即隔离，全群用药，24～36 小时治疗效果显著，首选青霉素。青霉素：肌内注射，每日 3 次，2 万～3 万单位/千克体重，连用 3 日。土霉素：肌内注射，每日 1～2 次，10～25 毫克/千克体重，连用 3 日。泰乐菌素：肌内注射，每日 2 次，2～8 毫克/千克体重。洁霉素：肌内注射，每日 1 次，11 毫克/千克体重。

猪群中发生猪丹毒时，全群测温，尽早确诊，隔离治疗。同时对猪舍、食槽、运动场、用具等彻底消毒，垫料烧毁，死猪深埋或烧毁，疫情扑灭后进行 1 次彻底的消毒，并注射疫苗。

十、猪肺疫

又称巴氏杆菌病、猪出血性败血症、锁喉风。是由多杀性巴氏杆菌引起的猪的流行性或散发性传染病，常继发或并发其他疾病，如猪瘟、蓝耳病、气喘病、仔猪副伤寒等。

(一)流行特点 不同年龄段的猪群均容易感染，育成猪的发病率较高，带菌猪常因运输、气候骤变、潮湿、寒冷、阴雨、营养不良、饲料骤变、寄生虫等导致抵抗力下降或其他传染病入侵而引起发病。病猪和带菌猪是主要传染源，通过分泌物、排泄物污染饲料、饮水、用具而经呼吸道、消化道和皮肤创伤而感染健康猪群。该病常为散发，一年四季均可发生，多继发于其他传染病之后，有时也呈地方性流行。

(二)临床症状

1. 最急性型 常见于流行初期，呈现败血症症状，常突然死亡，体温升至41℃以上，呼吸高度困难，食欲废绝，黏膜蓝紫色，有热痛，口、鼻流出泡沫，呈犬坐姿势，咽喉部肿胀、坚硬，发热、敏感，重者可波及耳根和前胸部，最后窒息而死，病程1～2天。

2. 急性型 是猪肺疫主要和常见病型，病初体温升至40℃～41℃，发生干咳、呼吸困难、黏稠液从鼻孔流出，或混有血液，黏膜蓝紫色，常有黏脓性结膜炎，先便秘后腹泻，后期皮肤有紫斑，病程4～6天。

3. 慢性型 多见于流行后期，持续性的咳嗽，呼吸困难，体温时高时低，精神不振，食欲减退，逐渐消瘦，有时关节肿胀，皮肤发生湿疹，最后发生腹泻，多于2周以上衰弱而死亡，病死率达60％～70％。

(三)防治措施

1. 预防 引进猪群需要隔离1个月以上，确定健康无病后进场饲养。加强饲养管理,喂给全价饲料,改善栏舍环境卫生,通风透光,保持干燥,特别注意猪舍的温度、湿度,以消除或减弱猪抵抗力的一切外界因素。做好预防免疫接种,仔猪 60 日龄进行免疫,成年猪每年春、秋各加强 1 次免疫,推荐使用猪瘟、猪丹毒、猪肺疫三联苗。死猪深埋或焚烧,慢性病猪难以治愈,应送指定屠宰场急宰。

2. 治疗 发现病猪应立即隔离治疗,对原猪舍、食槽、用具等进行彻底清洗消毒。效果最好的抗生素是庆大霉素,其次是四环素、青霉素、氟苯尼考等,应根据疗效及时更换用药。庆大霉素:肌内注射,2 000～4 000 单位/千克体重,与抗猪肺疫血清同时肌内注射,效果更好。或青霉素:肌内注射,2 万～3 万单位/千克体重,每日 2～3 次,连用 3 天。或恩诺沙星注射液:2.5 毫克/千克体重,每日 2 次,连用 3 天。此外,10%磺胺嘧啶钠注射液对猪肺疫也有较好的疗效,大猪 40 毫升,小猪 20 毫升,每天肌内注射 1 次。

十一、猪大肠杆菌病

猪大肠杆菌病是由致病性的埃希氏大肠杆菌引起的猪的多种临床表现的病,通常以仔猪黄痢、仔猪白痢和仔猪水肿病为典型代表,是危害仔猪正常生长发育的一个重要疾病。

(一)仔猪黄痢 仔猪黄痢又称早发性大肠杆菌病,是初生仔猪的一种急性、致死性传染病,病死率较高,是养猪场的常见传染病,若防治不及时,可造成严重的经济损失。

1. 流行特点 该病主要发生在出生数小时至 7 天以内的仔猪,以 1～3 日龄最为多见,7 日龄以上的哺乳仔猪发病极少。带菌母猪是主要传染源,通过粪便排出大量病原菌污染母猪乳头、皮肤及猪舍、饮水、用具、食槽等,仔猪出生后通过乳头等感染之后又成为传染源向环境中排放病毒,使其他仔猪和母猪感染,往往整窝发病,发病率常在 90%以上,病死率极高,有时甚至全窝仔猪死亡。猪舍温度低、湿度大、通风不好、圈舍脏等均可促进发病，该病一年四季皆可发生，在猪场内一次流行后，一般经久不断。还常与轮状病毒、冠状病毒以及球虫混合感染。

2. 临床症状 最急性的，不易观察到明显症状，通常出生后10小时左右即死亡。出生后2～3天发病的仔猪，排黄色稀便，肛门松弛，后肢被粪便污染呈浅黄色，精神不振，不吃奶、消瘦、脱水、眼窝下陷，小母猪阴道黏膜呈红色，最后衰竭死亡。

3. 防治措施

(1)预防 母猪进入产房前应当对产房、产床进行彻底的清扫、冲洗和消毒，并且要对母猪身体表面的污垢彻底清洗，并用无刺激性的消毒药进行猪体喷雾消毒，临产前再用0.1%高锰酸钾溶液擦洗乳房、臀部、会阴部消毒。保持产房空气新鲜，温度在25℃～30℃，仔猪出生后1周内保持护仔箱内温度在32℃左右。母猪产后应在挤掉乳头开始的几滴初乳后，让每头仔猪都吃到足够的初乳。常采用给母猪免疫，使仔猪通过初乳获得被动保护，可用大肠杆菌K88、K99、987P三价灭活菌苗，或K88、K99双价基因工程菌苗在妊娠母猪产前1个月进行免疫接种。

(2)治疗 仔猪开始发病时，应立即全窝投药。常用药物有：庆大霉素，口服，每日2次，4～11毫克/千克体重；多黏菌素E，口服，每日1～2次，1.5～5毫克/千克体重；利福霉素钠，口服，每日1次，15毫克/千克体重；痢菌净，口服或注射，每日1～2次，5毫克/千克体重，连用2～3天；链霉素，灌服，每日2次，150～200毫克/头，连用2～3天；抗菌注射液，肌内注射，每日2次，0.2毫升/千克体重；黄连素注射液，肌内注射，1日2次，60～100毫克/头，连用2天。此外，还可用诺氟沙星、恩诺沙星、微生态制剂(如促菌生、乳康生、调痢生等)，但是微生态制剂和抗菌药物严禁混用。

(二)仔猪白痢 仔猪白痢又称迟发性大肠杆菌病，是7～30日龄仔猪常发的一种急性肠道传染病，发病率较高，病死率较低，发生非常普遍，几乎所有猪场都有本病，是危害仔猪的重要传染病之一。

1. 流行特点 一般发生于10日龄至1月龄的仔猪，以10～20日龄最多，1月龄以上的仔猪很少发生。仔猪的饲养管理不佳、猪舍卫生不好、阴冷潮湿、气候骤变、母猪乳汁浓度不适宜等均可促使仔猪发病；此外，病猪体内排出的大肠杆菌对饲料、饮水、用具等的污染也可使健康仔猪发病。此病一年四季皆可发生，但一般以严冬、早春及炎热季节发病较多。

2. 临床症状 病猪突然发生腹泻，粪便糊状，呈乳白、灰白色或黄白色，具有腥味，性黏腻，有时混有气泡，病猪体温不升高，食欲减退、精神不佳，拱背，被毛粗糙无光泽，发育滞缓，行动缓慢；有的并发肺炎、呼吸困难等；若不及时治疗和加强饲养管理，一般经过5～6天死亡。

3. 防治措施

(1)*预防* 对于仔猪白痢的预防应当采取综合性预防措施。母猪的饲养管理直接关系到仔猪的健康状况，应合理配制母猪饲料，使母猪在产前产后有足够的营养，以保持母猪泌乳量的平衡，防止乳汁过稀或过浓。仔猪出生后保证产房内的空气新鲜，注意通风，保持产房清洁、干燥。生产中，有人给仔猪口服碳酰苯砷酸钠，第一周10毫克，第二周20毫克，第三周30毫克，可防止本病发生和提高增重率；产前1个月至产后1个月期间给母猪饲喂抗贫血药，如硫酸亚铁250毫克、硫酸铜10毫克、亚砷酸1毫克，每日1次，可使仔猪白痢显著减少。此外，预防免疫接种也是控制仔猪白痢的有效方法，可参见仔猪黄痢的免疫接种。

(2)*治疗* 参见黄痢治疗措施。此外，病猪应当及时口服补液盐，根据仔猪数量配制补液盐水，一般可将补液盐水倒在水槽内供仔猪饮用，每千克体重为70～80毫升，分3～4次服用，连服5～6天。

(三)水肿病 猪水肿病是由致病性大肠杆菌的毒素引起断奶仔猪的一种急性散发性疾病，是我国养猪生产中的常见病，死亡率高，是断奶仔猪危害较为严重的疾病。

1. 流行特点 水肿病呈地方性流行，不广泛传播，主要发生于断奶仔猪，小至数日龄、大至4月龄也有发生，体格健壮、生长快的仔猪最为常见。带菌母猪和感染仔猪是主要传染源，其粪便排出的病菌污染饲料、饮水和用具后通过消化道感染。饲料、饲养方式及气候的骤变均促使该病发生，一般多见于春、秋两季。

2. 临床症状 突然发病，不食，眼睑、头部、颈部水肿，严重的可引起全身水肿，指压水肿部位有压痕。发病初期有神经症状，表现兴奋、转圈、痉挛、共济失调，走路不稳、口吐白沫、触摸敏感；后期反应迟钝，呼吸困难，腹泻或便秘，粪中带血。经过1～2天后死亡。

3. 防治措施

(1)预防 邻近地区发生水肿病时，应做好卫生防疫工作，防止该病传入。加强仔猪断奶前后的饲养管理，防止饲料单一化，补充富含矿物质和维生素的饲料。断奶时不要突然改变饲养条件，猪舍温度要保持相对恒定，通风良好，卫生条件好，食槽勤刷、勤消毒，粪便随时清除，以减少不良应激。在哺乳母猪饲料中添加硒和维生素E，能显著降低猪水肿病的发病率。在有该病的猪群内，对断奶仔猪，在饲料内适当添加土霉素、诺氟沙星、恩诺沙星和乳酸菌制剂等抗菌药物，可以预防该病的发生。

(2)治疗 目前无特效药物治疗该病，只有对症治疗以缓解症状和防止继发感染。在发病初期可投服适量缓泻盐类泻剂，促进胃肠蠕动，使用利尿、强心镇静和消除水肿的药物，也可自用一些敏感的抗菌药进行治疗。可试用卡那霉素50毫克、5%碳酸氢钠30毫升、25%葡萄糖液40毫升，混合后一次静脉注射，每天2次；同时，肌内注射维生素C注射液2毫升，每天2次。

第三节　猪群免疫程序

一、疫苗的种类

常见疫苗有灭活疫苗、弱毒疫苗、单价疫苗、多价疫苗、联合疫苗等。

(一)灭活疫苗　灭活疫苗又称死疫苗,灭活疫苗是先培养病毒或细菌,然后用加热或化学制剂(通常是甲醛)将其灭活,无传染性,但仍保持免疫活性。其特点是:易于保存,疫苗稳定,使用安全,但是用量大,免疫期短,需要多次注射。

(二)弱毒疫苗　弱毒疫苗是从自然界中筛选出来的弱毒或强毒经人工方法致弱而得到的,丧失了对原寄主的致病力,但仍保持良好的免疫原性。其特点是:用量小,免疫期长,对注射的猪有较好的免疫性;但其易失活,不易保存,容易造成新的污染。

(三)单价疫苗　利用同一种微生物菌(毒)株或一种微生物中的单一血清型菌(毒)株的增殖培养物所制备的疫苗称为单价疫苗。单价疫苗对相应的单一血清型微生物所致的疾病有良好的免疫保护效能,但不能使免疫猪获得完全的免疫保护。

(四)多价疫苗　指同一种微生物中若干血清型菌(毒)株的增殖培养物制备的疫苗。多价疫苗能使免疫动物获得完全的保护(如猪多价副伤寒死菌苗),而且可以在不同地区使用。

(五)联合疫苗　联合疫苗是指含有 2 个或多个活的、灭活的生物体或者提纯的抗原,由生产者联合配制而成,用于预防多种疾病(如猪瘟、猪丹毒、猪肺疫三联苗)或由同一生物体的不同种或不同血清型引起的疾病(如流行性脑膜炎 A＋C 型疫苗)。猪接种后能发生相应疾病的免疫保护，注射次数少，是一针防多病的疫苗。

二、疫苗的保存和使用

（一）疫苗的保存 贮藏冻干苗时，随着保存温度的升高，其保存时间相应缩短。在－15℃以下的温度可以保存1年以上，在0℃～8℃干燥条件下可以保存6个月左右，8℃以上随着温度的升高而保存时间越短。冻干苗的贮存切忌反复冻融，每次取用时做到用多少取多少，反复冻融会使疫苗效价下降。液体疫苗分油佐剂和水剂两种，此类疫苗适宜环境为4℃～8℃，切忌冷冻，也不宜贮存于高温环境中。

（二）疫苗的使用

1. 检查 疫苗要逐瓶检查瓶签与应注射疫苗是否相符，瓶身有无破损，液体苗有无异常，油乳苗有无破乳，冻干苗有无解冻，有无超过有效期等，凡有上述现象之一，该瓶疫苗则不能使用。

2. 稀释 水剂苗或油乳剂苗使用前不必稀释，但必须摇匀。需稀释时应计算好剂量；稀释两种以上的疫苗，应使用不同的注射器和器皿，不能混用混装。

3. 稀释后的保存 疫苗的使用坚持现配现用的原则，并避免阳光照射，15℃以下应在6小时内用完，15℃～25℃2小时内用完，25℃以上1小时内用完。如考虑注射时间偏长，疫苗则应放在加冰块的保温箱内。

4. 疫苗的注射 疫苗在使用前必须摇匀。边注射边做好记号，以免漏注或重复注射。根据猪只大小和接种部位的要求，选择长短、大小适宜的针头。按要求每头、每窝、每栏使用针头。保证注射部位准确，注射剂量和注射密度适宜，做到不漏打、不打飞针。注射过程中发现疫苗漏出时，应补注。

5. 记录 疫苗注射后，记录日期、名称、免疫猪群、注射剂量等免疫情况。

三、猪场主要传染病免疫程序

猪场的传染病种类很多，不同地区、不同类型的猪场传染病的发生情况不同，并且关于传染病的预防接种的免疫程序尚无统一规定，各地区、各养猪专业合作社应根据本地、本场的实际情况，制定适合本场的切实有效的免疫程序。表 8-1，表 8-2 仅供参考。

表 8-1 猪场一般免疫程序

类别	注苗时间	疫苗名称与次序	备注
仔猪、保育猪	20 日龄	猪瘟疫苗 3～4 头份	发生温和型猪瘟时，改为乳前免疫，1～4 头份，根据情况使用副伤寒菌苗、链球菌苗、大肠杆菌基因疫苗、传染性胃肠炎疫苗与流行性腹泻疫苗
	60 日龄	猪瘟疫苗 4 头份	
	1～3 周龄	猪伪狂犬病疫苗	
	6～10 周龄	猪繁殖与呼吸综合征疫苗	
后备猪	配种前	1. 细小病毒活疫苗	1、2 两种疫苗可分开部位同时注射，最好间隔 3～4 周再做加强免疫。第二胎前仅免疫 1 次，第三胎以后根据免疫检测情况决定是否免疫，其他疫苗一般间隔 1 周注射 1 种
		2. 猪乙型脑炎活疫苗	
		3. 猪口蹄疫灭活苗	
		4. 猪伪狂犬病疫苗	
		5. 猪繁殖与呼吸综合征疫苗	
		6. 猪瘟疫苗	

续表 8-1

类 别	注苗时间	疫苗名称与次序	备 注
经产种母猪	配种前或产后 20 天	1. 猪瘟疫苗	
		2. 猪口蹄疫灭活疫苗	
	产前约 50 天	3. 猪伪狂犬病疫苗	
	产前约 30 天	4. 猪繁殖与呼吸综合征疫苗	
成年种公猪	每年春、秋两季分别注苗	1. 猪瘟疫苗	
		2. 猪口蹄疫灭活疫苗	
		3. 猪伪狂犬病疫苗	
		4. 猪繁殖与呼吸综合征疫苗	

注:引自钟正泽、刘作华、王金勇主编的《高产母猪健康养殖新技术》。

表 8-2 湖南某原种猪场免疫程序

猪别	周(日)龄	疫苗种类	注射剂量	使用说明
引进与自留种猪配种前	126 日龄(55～60 千克)	猪瘟弱毒苗	2～3 头份/头	
	133 日龄(60～65 千克)	伪狂犬(gE)基因缺失苗	1 头份/头	初产母猪临产前 1 个月加强免疫 1 次
	165 日龄(85～90 千克)	细小、乙脑苗	各 1 头份/头	两侧注射,3 周后加强免疫 1 次,各 1 头份/头
	180 日龄(95～100 千克)	中农威特五号苗	4 毫升/头	3 周后加强免疫 1 次,4 毫升/头
	配种前 3 周(115～120 千克)	国产蓝耳、圆环苗	各 1 头份/头	蓝耳-元亨或大华农,圆环-国产,两侧肌注
	配种前 1 周(120～125 千克)	猪瘟弱毒苗	3 头份/头	

续表 8-2

猪别	周(日)龄	疫苗种类	注射剂量	使用说明
生产公猪	每年的4月中旬	细小、乙脑苗	各1头份/头	两侧注射
	每年的3月、9月、10月、11月中旬	中农威特五号苗	4毫升/头	
	每年的4月、10月中旬	伪狂犬(gE)基因缺失苗	1头份/头	
	每年的3月、9月上旬	猪瘟弱毒苗	3～4头份/头	
	每年的3月、9月下旬	蓝耳(元亨或大华农)	1头份/头	
生产母猪	每年的4月、10月中旬	伪狂犬(gE)基因缺失苗	1头份/头	三胎以上根据检测情况决定是否注射
	每年的3月、9月、10月、11月中旬	中农威特五号苗	4毫升/头	
	每年的3月、9月上旬	猪瘟弱毒苗	3～4头份/头	
	每年的3月、6月、9月、12月下旬	蓝耳(元亨或大华农)	1头份/头	
	每年的4月上旬	细小、乙脑苗	各1头份/头	两侧注射,只免疫第一、第二胎母猪
种用或商品猪	14日龄	蓝耳(元亨或大华农)	1头份/头	针对蓝耳病不稳定场
	14日龄	国产圆环苗	1头份/头	跟蓝耳免疫同时进行,两侧肌注
	18日龄	进口五号苗	1头份/头	针对五号病发病猪场
	28～30日龄	猪瘟弱毒苗、丹肺二联苗	2头份/头	猪瘟2头份/头,丹肺1头份/头,两侧注射
	40日龄	伪狂犬(gE)基因缺失苗	1头份/头	

续表 8-2

猪别	周(日)龄	疫苗种类	注射剂量	使用说明
种用或商品猪	55 日龄	蓝耳(元亨或大华农)	1 头份/头	
	65～70 日龄	中农威特五号苗	2 毫升/头	每年 10 月至翌年 4 月期间免疫
	65～70 日龄	猪瘟弱毒苗	2 头份/头	与五号免疫同时进行，两侧肌注
	120 日龄	中农威特五号苗	3～4 毫升/头	每年 10 月至翌年 4 月期间免疫

注：①自留与外购种猪的重量均为 50 千克，若选种重量超过 65 千克时，需及时与猪病防控中心联系，以便制定合理的免疫程序，确保后备种猪在配种前猪瘟、伪狂犬病、口蹄疫、蓝耳病、细小病毒病、乙型脑炎疫苗都能免疫 2 次。

②有疾病流行的猪场，及时与猪病防控中心联系，做血样检测，以便制定合理的免疫程序。

四、疫苗接种的注意事项

第一，严格检查疫苗质量。必须使用正规生物药厂生产的疫苗，疫苗接种前，要仔细检查疫苗瓶外部包装、内部质量和生产日期等，若发现瓶身破裂、瓶塞松动，或疫苗出现变色、有异物、发霉、发臭等现象，不能接种，并对同批次的疫苗进行严格检查筛选。对过期、无批号、油乳剂破乳、失真空或来源不明的疫苗禁止使用。此外，还要认真阅读标签和使用说明，严格按照说明使用，切忌随意改变疫苗的使用方法。

第二，选择合适疫苗稀释液。严格按照使用说明书稀释，首先要做疫苗的真空试验，失去真空的疫苗严禁使用。相同的疫苗，不同的接种方法，其使用的稀释液也不尽相同。一般情况下，病毒性活疫苗使用灭菌的生理盐水或蒸馏水稀释；细菌性活疫苗一般使用铝胶生理盐水稀释；口服免疫可用冷开水或深井水稀释；除口服免疫外，严禁使用热水、温水或含氯等消毒剂的水稀释。此外，某些疫苗是用厂家专配的稀释液则必须使用专配稀释液，不得随意更换。疫苗要现配现用，疫苗稀释后必须在2小时内注射完毕，在使用疫苗的过程中，避免阳光直接照射和高温环境。

第三，注意无菌操作。免疫接种的工作人员应当剪短指甲，用消毒液清洗双手后再用蒸馏水或生理盐水清洗1遍，穿消毒工作服、鞋。接种时需要的所有用具，如针头、注射器、镊子、钳子等须采用高温灭菌法进行消毒，消毒前要将注射器拆解。所有器具应在冷却后使用，严禁使用消毒药对器具消毒，以免残留的消毒药杀死疫苗或降低疫苗效价，从而影响疫苗的效果。吸取疫苗时，先用75%酒精棉球擦拭消毒瓶盖，再用注射器抽取疫苗，若一次抽取不完，应另换一个消毒针头进行免疫接种，插在疫苗瓶上的针头可不拔出，以便继续吸取疫苗，但是必须用干的酒精棉球盖好。

第四，免疫前后的饲养管理。对有病态、体质衰弱的猪应暂缓注射疫苗，并且不要在转群、运输、惊吓、饲料过渡、气候突变、高温天气等应激状态下接种。对于免疫注射后反应较大的猪只一般1天左右可自行恢复，严重者可以注射0.1%肾上腺素注射液1毫升即可消除过敏症状。免疫接种前的3～5天可以使用抗应激药物、免疫增强保护剂，以提高免疫效果。在免疫接种前3天至接种后7天这段时间内不能使用抗菌药物，以免影响免疫效果。免疫接种后，活苗经1～2周、灭活苗经2～3周才能使机体获得免疫保护，这段时间内要加强饲养管理，尽量减少应激因素，加强环境控制，防止饲料霉变，搞好清洁卫生，避免强毒感染。

第五，登记。及时认真填写免疫接种记录，包括疫苗名称、免疫日期、舍别、猪别、日龄、免疫头数、免疫剂量、疫苗性质、生产厂家、有效期、批号、接种人员等，以便将来按期补打，防止遗漏和抽查检测免疫效果。此外，每批疫苗最好存放1～2瓶，以备出现问题时查询。

第九章　养猪专业合作社猪场的废弃物处理技术

第一节　猪场常用粪污处理方法

一、猪场粪污处理的基本原则

2001年3月，国家环境保护总局在颁布的《畜禽养殖污染防治管理办法》(国家环境保护总局令第9号)中明确提出了“畜禽养殖污染防治实行综合利用有限，资源化、无害化和减量化的原则”。国务院2013年10月8日通过了《畜禽规模养殖污染防治条例》(国务院令第643号)，并于2014年1月1日起施行。该条例明确指出：全面推进畜禽养殖废弃物的综合利用和无害化处理，保护和改善环境，保障公众身体健康，促进畜牧业持续健康发展；为此应统筹考虑保护环境与促进畜牧业发展的需要，坚持“预防为主，防治结合”的原则，实行统筹规划、合理布局、综合利用、激励引导。此外，养猪专业合作社在饲养工艺方面还需要按照清洁化生产的原则进行可操作的调整，以满足环境保护、减少粪污排放和健康发展的需求。

(一)减量化原则　我国养猪业发展迅速、粪污排放量大，在粪污处理上首先应强调减量化原则，即通过养殖结构调整及开展清洁生产减少粪污的产生量。这种从污染源头抓起的做法，消减了污染物总量，节约用水，将用水量降低到最低限度，减少了治理经费，达到将污染源控制在最低限度的目的。为了达到减量化，应采取科学的饲养方式和废气无处理工艺等有效措施，减少畜禽养殖废弃物的产生量和向环境的排放量，不仅可以从生产工艺改进入手，例如雨污分离，干湿分离，饮排分离，干清粪以减少污染物总量降低处理难度，也可以从饲喂的角度出发，例如改进饲料加工方法或在饲料中添加添加剂以提高猪群对饲料营养物质的消化率等。

（二）无害化原则 从事畜禽养殖活动和畜禽养殖废弃物处理活动，应及时对畜禽粪便、畜禽尸体、污水等进行收集、贮存、清运，防止恶臭和畜禽养殖废弃物渗出、泄漏。染疫畜禽以及染疫畜禽排泄物、染疫畜禽产品、病死或者死因不明的畜禽尸体等病害畜禽养殖废弃物，应按照有关法律、法规和国务院农牧主管部门的规定，进行深埋、化制、焚烧等无害化处理，不得随意处置。猪场粪便在进行再利用时，必须注意无害化问题，以防止粪便中的大量病原体给人、畜、作物等带来潜在的危害。因而在利用之前需要选用先进工艺技术，结合猪场周围的环境、粪污消纳能力和能流生态平衡的特征，因地制宜的采用不同的方法进行粪便和污水无害化处理，使其在利用时对作物的生长、牲畜的养殖以及地下水质不会产生影响。

（三）资源化原则 资源化利用是防止猪场粪便污染的核心内容，经过处理的粪便可作为肥料、饲料、燃料等，具有很大的经济价值。国家鼓励和支持采取种植和养殖相结合的方式消纳利用畜禽养殖废弃物，促进畜禽粪便、污水等废弃物就地就近利用。例如粪便中含有农作物所必须的氮、磷、钾等多种营养成分，是很好的土壤肥料来源。将发酵后的沼肥施用于树木和田地，可节省大量农药和化肥，节约生产成本，改善土壤理化机构，提高土壤肥力，调节作物生长，抑制病虫害，能够增产、增质、增值。污水处理后的灌溉和回用可使水资源得到进一步的利用。并可以进一步争取做到污染物的零排放，实现清洁生产，改善养猪环境，提高猪群生产力和健康水平，保障产品品质。但是，要求将畜禽粪便、污水、沼渣、沼液等用作肥料的，应与土地的消纳能力相适应，并采取有效措施，消除可能引起传染病的微生物，防止污染环境和传播疫病。

（四）生态化原则 根据物质循环、能量流动的生态学基本原理将畜牧业回归农村，促进种植业与畜牧业紧密结合，以农养牧、以牧促农，实现生态系统的良性循环，是我国解决畜禽养殖污染的主要途径之一，也是我国实现农业可持续发展的必由之路。国家鼓励和支持沼气制取、有机肥生产等废弃物综合利用以及沼渣沼液输送和施用、沼气发电等相关配套设施建设。例如建成“猪→污→沼→水→饲→猪”、“猪→污→沼→水→菜→猪”、“猪→污→沼→水→果→猪”和“猪→污→沼→水→田→猪”的生态平衡系统。利用现代科学技术，通过人工设计养猪业生态工程，以协调发展和环境之间、资源开发利用与生态保护之间的关系。

二、猪场粪污的清除方式

（一）干清粪 干清粪方式主要是粪便产生后即分流，干粪由机械或人工清扫和收集，尿及冲洗水则从下水道流出，分别进行处理。干清粪方式的特点是收集的固态粪便含水量低，粪中营养成分损失小，肥料价值高，便于高温堆肥或进行其他方式处理利用；耗水量少，产生的污水量就少，且污水中的污染物含量低，易于净化处理。其缺点主要是劳动强度大，劳动生产率低，需要大量的劳动力资源，在劳动力资源比较缺乏的地区，干清粪方式将难以为继。干清粪工艺分为机械清粪和人工清粪两种，这两种工艺各具不同的优缺点，养猪专业合作社可根据自身的生产规模和劳动力资源进行综合选择。

1. 人工清粪 人工清粪就是靠人力利用清扫工具将猪舍内的粪便清扫收集，由人力清粪车运至猪舍外，再用机动车或直接由人力清粪车运至沼气池或积粪场。这种清粪方式在我国的养猪场得以广泛采用，主要是因为我国劳动力资源丰富，价格便宜。此外，人工清粪只需要一些清扫工具和手推车，设备简单，无能耗，一次性投资少，可以做到粪尿分离，便于后续的粪尿处理，还能有效地促进养猪专业合作社内家庭成员的就业，可以充分利用合作社的人力资源。但是这种清粪方式劳动强度大，生产率低，比较适用于中、小型养猪专业合作社。

2. 机械清粪 机械清粪主要采用刮板式清粪机械，通过刮板机将粪尿运送至猪舍的一端后运走，同人工清粪一样，容易做到粪尿分离，减少冲洗用水量，便于后续的粪便污水处理。其优点是很大程度上减轻了劳动强度，节约了劳动力，提高了工效，还可以及时清除舍内粪便，使其保持较为清洁卫生的环境，从而减少猪群疾病的发生，有利于猪群的健康生长发育。其缺点是一次性投资较大，耗电量大，拖拉刮板的钢丝绳容易被腐蚀损坏(平均寿命一般不超过 3 年)，且机械部件不易调节，清理效果和耐久性较差，并且其工作时的噪声较大，影响猪群的休息。

(二)水冲式清粪 水冲式清粪是指在缝隙地板下设粪沟，沟底呈 1%左右的坡度，每天多次用水冲圈舍，混有粪尿的冲洗污水流入粪沟，在粪沟的一端设有冲水器，每天定时多次由冲水器放水冲洗粪沟，将粪沟内的粪污冲入排污主干沟，再进入贮粪池内。沟底 1%的坡度是为了保证粪污流体能够顺利流出，在粪沟的一个侧壁上需要顺着沟内粪污流向每隔 8～10 米设置冲洗水管。通常在清扫栏舍后，向粪沟内定时放水冲洗，冲洗水压力不得低于 4 千克/厘米^2，每次冲洗时间持续 2 分钟左右。为了节约用水，可在粪沟的低端设置翻斗水箱作为辅助冲水箱，将沟内粪便冲洗干净。

水冲式清粪的主要优点是能及时、有效地清除舍内的粪尿，保持猪舍环境卫生，有利于猪群和饲养人员的健康，设备简单、投资较少、劳动强度小，劳动效率高、工作可靠、故障少，在劳动力缺乏或人力资源昂贵的地区较为适用。但其缺点也显而易见，主要是耗水量大，水资源浪费严重；后期粪污处理过程中，固液分离后，干物质中养分含量低，肥料价值降低；污水中的大部分可溶性有机物仍然很高，增加了处理难度，在水源不足或没有足够农田消纳污水的地方不宜采用，这就需要养猪专业合作社在选择场址时充分考虑其生产工艺。

（三）水泡式清粪 水泡式清粪方式是在水冲粪工艺的基础上改进而来的，主要是在猪舍内的排粪沟与排污主干沟间设有闸门，排粪沟中保持一定深度的水，日常猪的粪尿冲洗和饲养管理用水一并排入缝隙地板下的粪沟中，粪便在粪沟内浸泡稀释成粪液，贮存一定时间后粪沟装满，打开粪沟出口的闸门，沟中的粪液经排污主干沟进入贮粪池贮存。

根据所用设备的不同，该清粪方式可分为截流阀式、沉淀闸门式和连续自流式 3 种。截流阀式是在粪沟末端一个通向舍外的排污管道上安装一个截流阀，截流阀在平时处于关闭状态以使得粪污在粪沟中积留，经过一定时间的浸泡将粪便稀释成粪液，在达到一定量时将截流阀打开使得粪液排至舍外的总排粪沟；沉淀闸门式在一般情况下，粪沟上部宽 65 厘米左右，粪沟始端深度在 65 厘米左右，沟底有 0.5%～1%的坡度。为了减少粪沟深度，通常横向粪便干沟位于猪舍中部。在纵向粪沟的最下端，与横向干沟连接处设闸门或挡水坎，沟内保持一定深度的水，粪便落入沟内浸泡变稀，每隔一定时间（3～4 天），打开闸门，同时放水冲洗，粪液混合物便由纵向粪沟经横向干沟直流入贮粪池。此后，关闭闸门，向粪沟内放水，使其达 5～10 厘米深度，待继续使用。连续自流式与沉淀闸门式基本相同，仅仅只是在纵向粪沟末端以单板闸门代替了后者的闸门。平时，挡板闸门的挡板和闸门之间保持 5～10 厘米的缝隙，其作用是使纵向粪沟内的粪液混合物能连续地从此缝隙流出，其结果加长了冲洗周期，节约了冲洗用水。此外，挡板闸门还能防止猪舍间空气串通，控制疫病传播，避免贮粪池和横向干沟的臭气和冷空气进入猪舍，有利于生猪卫生和冬季防寒保温。

水泡式清粪方式的特点是粪便中的可溶性有机物经长时间浸泡后，便于后续处理；相对于水冲式清粪方式，能够节约冲洗用水量；可降低劳动强度，提高劳动效率。其缺点主要是粪便长时间在猪舍内停留，在粪沟中部分厌氧发酵，产生甲烷等有害气体，危害猪群和饲养人员的健康。

三、大、中型养猪场常用粪污处理方法

猪场的粪污处理主要分为粪便等固体废弃物处理和污水处理两部分。首先对粪污进行固液分离处理，干清粪法则省去了固液分离这一步，分离出的固体粪污通过堆肥处理、肥料成分与水分调整，生产出具有改良土壤、肥料成分全面、肥料价值较高的有机复合肥；而分离出的液体部分则采用酸化（沉淀）＋好氧生物处理（高速生物滤池）＋生物氧化塘（分解吸收和贮存）等一系列工艺，经过处理后的水用于农田和果蔬灌溉。通过这种处理方法不仅能改善猪场及其周围的生产环境，减少有害气体，有效地保护猪群和工作人员的健康，提高猪肉及其制品的品质带来可观的经济效益，还能变废为宝，促进种植业的发展，把种植和养殖二者有机地结合在一起，充分发挥现代农业各项生产技术的优势，非常适用于养猪专业合作社。

（一）固液分离方法

1. 沉淀池分离法 沉淀法是物理处理法中一种较为常用的方法，是利用粪液中的固体颗粒和水的密度差，在重力的作用下进行固液分离，它一般只能除去直径 20 微米以上的悬浮颗粒。沉淀法经济实惠，操作简单，但所需占地面积较大，容易导致猪场内的臭气较重，并且只是简单的固液分离，尚需进一步无害化处理。

在养猪场中常用的沉淀池有平流式和竖流式两种结构。在平流式沉淀池的一段设置粪液入口，并在入口处立一挡板以使得进入沉淀池的粪液以低速、水平地从沉淀池表层流过，在这过程中固体颗粒沉淀入池底，而澄清液则从与粪液入口相对的液体出口流出，每经过一段时间需要从池底将固体粪便挖出，从而达到简单的固液分离的目的。竖流式沉淀池是指在池中央设置一底端悬空的中心管，粪液从中心管上方注入而从下方流入池内，进入池内的粪液在反射板的作用下分散开来，并呈低速缓慢向上流动，重力作用下的固体的沉积速度高于粪液上升速度的固体颗粒则沉积于池底，澄清液体则从上端的开口处流出。沉淀池作为一种粪便处理设施可以单独使用，也可与其他处理设备联合使用。例如，在采用生物学处理法处理养猪场的污水时，处理后的污水经过沉淀池可以除去生物学处理过程中产生的生物污泥。

2. 化粪池分离法 化粪池是指用来收集贮存养猪场粪便污水混合物并分解其中的有机物，使其稳定化降低其污染性的构筑设施。化粪池一般用混凝土建造，并且做防渗处理以防污水渗出污染地下水源。养猪专业合作社在建造化粪池时需要根据养殖规模和场地面积综合考虑，化粪池应建造在整个猪场的下风方向，从而减少化粪池散发的臭气对猪场环境的污染。化粪池主要结构有化粪池、溢流管和贮液池，粪液进入化粪池后逐渐沉淀分离成固液两层，上层澄清的液体在好氧微生物的分解作用下被净化，而下层固体粪便被厌氧性微生物分解成腐熟的肥料。经过净化的上层液体通过溢流管进入贮液池，可用作冲洗猪舍和灌溉农田，而化粪池底部的固体粪便达到一定厚度后可运出作为肥料。目前许多中、小型养猪场常采用化粪池处理猪场粪污，主要是因其设备简单，运行费用低，且在很大程度上解决猪场粪污处理问题。而养猪专业合作社猪场的粪污通过化粪池处理后，可以将上层清液和下层固体粪便用于农户的种植生产或合作社内成员自己的种植生产，从而达到综合利用的效果。因此,养猪专业合作社采用化粪池处理粪污是较为适宜的。

(二)液体污水处理方法 养猪场废水处理流程通常由固液分离、沉淀、贮存等预处理与后期氧化塘和各种人工生化反应器的生化处理,最终达到土地利用和达标排放。对于养猪专业合作社,资金力量较为薄弱,若再投入较多的资金对粪污进行处理,必将给养猪专业合作社的资金带来较大的压力,因此采用资金投入较少、因地制宜、甚至能获得经济回报的处理方法较为适宜。此外,养猪专业合作社成员猪场在一定区域内独立分布,能够充分利用环境地理条件,因地制宜地构建污水处理设施,以达到投资最少、处理效果较好的目的。基于养猪专业合作社猪场的这些特点,下面着重介绍氧化塘处理法供参考。

氧化塘是一种天然的或经过一定人工修整的有机废水处理塘,其污水处理过程实际上是一个水体自净的过程。污水进入塘内首先受到塘内原有水的稀释,其中的悬浮物逐渐沉淀至塘底成为污泥,随后在塘内的大量菌类、藻类、水生生物、水生植物的作用下,有机物质不断被分解和微生物利用,最终使得污水得以净化,被净化的水体可以重复利用为猪场的清洁或冲粪用水,也可以用于灌溉田地。根据占优势的微生物种属可将氧化塘分为好氧塘、兼性塘、厌氧塘和曝气处理塘 4 种(表 9-1)。氧化塘的建造位置必须依据实践经验尽可能远离民房和位于下风向位置的低地,并且至少离井水和水源 30 米。氧化塘以其投资小、运行费用低、耗能小、氧化塘污水可重复利用而得到养猪场的广泛采用。对于有可利用的旧河道、河滩、沼泽、山谷、废旧鱼塘及无农业利用价值的荒地等的养猪专业合作社采用氧化塘处理污水是行之有效的。

表 9-1 各种类型氧化塘的主要特征参数

项　目	好氧塘	厌氧塘	兼性塘	曝气塘
水深(米)	0.5 左右	2.5～4	1～2.5	2～4.5
水力停留时间(天)	3～5	20～50	5～30	3～10
BOD_5 有机负荷率(克/米^3·天)	10～20	30～100	15～40	0.8～32
BOD_5 去除率(%)	80～95	50～80	70～90	75～85
BOD_5 降解形式	好氧	厌氧	好氧	好氧
污泥分解形式	无	厌氧	厌氧	好氧或厌氧
光合作用	有	无	有	无
ρ(藻类)(毫升/升)	100～200	0	10～50	0

注:①BOD_5——是一种用微生物代谢作用所消耗的溶解氧来间接表示水体被有机物污染程度的一个重要指标。

②引自王凯军主编的《畜禽养殖污染防治技术与政策》。

1. 好氧塘　好氧塘内有机物的降解过程,实际上是溶解性有机物污染物转化为无机物和固态有机物——细菌和藻类细胞的过程。好氧塘的水深较浅,一般在 0.5 米左右,是为了阳光能够照射进塘的每一部分以满足塘内藻类的光合作用释放出氧供好氧菌降解有机物,有机物被降解过程中释放的二氧化碳又被藻类在光合作用中所利用(图 9-1)。好氧塘根据有机负荷的高低可分为高负荷好氧塘、普通好氧塘和深度处理好氧塘,这 3 种类型的好氧塘处理污水的速度依次减弱,塘水深度依次增加,出水中藻类含量依次减少。好氧塘应建造在温度适宜、光照充分、通风条件良好的地方。此外,好氧塘既可以单独使用也可以串联其他处理系统进行深度处理,值得注意的是,若单独使用则在废水进入好养塘之前必须进行彻底的预处理。好氧塘是各类氧化塘的基础,一般各种氧化塘的最终出水都要经过好氧塘。

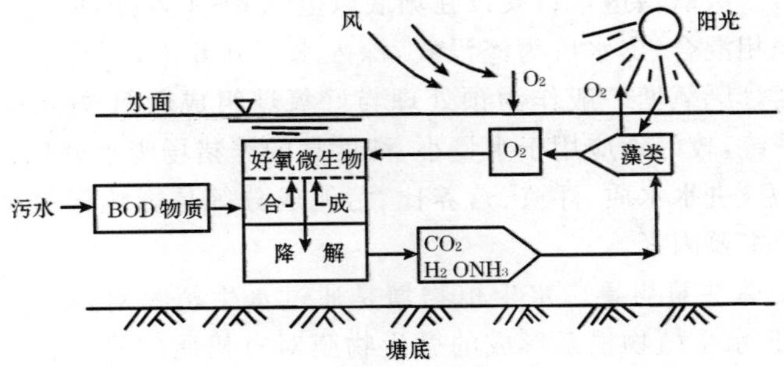

图 9-1 好氧塘工作原理示意图 （该图来源于网络）

2. 兼性塘 兼性塘是养猪场最为常见的一种稳定塘，塘深 1～2 米，其中存在 3 个区域：表层好氧区，好氧菌与藻类共生，具有好氧塘的特点；底层厌氧区，积累在此区域内的固体杂质被厌氧菌充分分解；中部为好氧区与厌氧区之间的过渡区即兼性区，存在着可起两种作用的兼性菌，并通过兼性菌分解有机物。兼性塘的生物比较丰富，厌氧区有产酸、产甲烷菌，产生代谢产物如乙酸、二氧化碳和甲烷等。由于水力停留时间较长，可繁育出世代期较长的细菌，如硝化菌等。这里除降解有机物外，还可进行硝化反应。兼性塘以矩形为宜，长、宽比以 2∶1 或 3∶1 为宜。池数一般不少于 2 座，宜采用多级串联，第一塘面积大，占总面积的 30%～60%，采用较高的负荷率，以不使全塘都处于厌氧状态为宜。兼性塘可以接受原污水或经预处理的污水，易于运行管理，其有机负荷不如好氧塘高，出水水质不稳定，但其深度较深，可缩小占地面积，常作为好氧塘的前级处理塘。

3. 厌氧塘 厌氧塘是污水氧化塘净化中厌氧处理的一种构筑物。污水在厌氧条件下，利用厌氧微生物把有机物降解为简单的无机物。厌氧塘以矩形为宜，面积一般较小，但深度较大，通常水深在 3～5 米，条件允许时也可建至 6 米深，长、宽比为 2～

2.5∶1。厌氧塘进水口安设在塘底以上0.6～1米处，使进水与塘底污泥相混合，出水口为淹没式，深入水下0.6米，不得小于浮渣层厚度。厌氧塘一般作为预处理与好氧塘组成厌氧-好氧生物氧化塘系统，较好地应用于水量小、浓度高的养猪场废水处理中。气温、水温、进水水质、浮渣、营养比、污泥成分等是影响厌氧塘处理效率的主要因素。

4. 水生植物塘 水生植物塘是通过水生植物对污染物的拦截作用、水生植物根系形成的微生物膜对有机质的降解作用和植物本身对营养盐的吸收作用而去除污染物，同时还有使氧化塘得到利用获取一定经济效益的目的。在污水污染程度较深的氧化塘可以种植水葫芦、香蒲和水浮莲等根系发达的植物，能较好地对重金属和悬浮物进行沉降、吸附和过滤；而在经过氧化塘预处理过的塘内可种植荷、莲、芦苇等具有较大经济价值或观赏价值的水生植物。建议水生植物塘采用矩形塘，长、宽比应足够大，宽度能满足水生植物易于种植和打捞，并使塘内水生植物的生长在可以控制的条件下生长。值得注意的是，在入冬前应将塘中水生植物打捞干净，以免其沉入塘底腐烂后造成重复污染，影响周边的环境质量。水生植物塘非常适用于小型养猪场或农户养猪场，不仅能满足去污功效，还能增加额外的经济收益，并且对管理的要求不高，仅需花少量时间进行打理即可。

5. 曝气塘 曝气塘是指利用机械式或扩散式曝气器提供氧的一种新型氧化塘，是一种介于好氧塘与活性污泥法之间的废水处理法，塘水深2～5米，根据污水的流量，可以单独使用，也可以多个池子串联使用。采用人工曝气时，由于浊度、紊动等因素影响，藻类生长一般大大减少或停止。曝气氧化塘一般分为：①好氧性曝气氧化塘，系统中全部污水都处于悬浮状态，全部液体中都有溶解氧存在。②兼性曝气氧化塘，系统中只有液相中有溶解氧存在，固体颗粒沉于塘底并被厌氧分解。与普通氧化塘相比，曝气氧化塘有机负荷高、微生物新陈代谢快、出水含有大量代谢菌体，排放前需经沉淀处理。这种方法由于负荷较高，塘中污水停留时间较短，所需体积小，占地面积小，但耗能大，较为适用于规模化的养猪专业合作社养猪场。

四、小型养猪场常用粪污处理方法

(一)直接施肥利用 养猪场粪便是饲料经猪消化后未被吸收利用的残渣，其中含有大量的有机质和氮、磷、钾及其他微量元素，还含有生物酶和微生物等，这些都是植物生长所必需的营养成分。猪场粪便直接还田作为肥料是一种传统的、经济有效的粪污处置方式，可以在不外排污染的情况下，充分利用粪污中有用的营养物质，改善土壤中营养元素含量，提高土壤的肥力，增加农作物的产量。对于养猪专业合作社内的中小型养猪场使用土地处理利用技术解决粪污问题，不仅能较好地解决猪场排污问题，而且做到农牧结合，促进种植生产，为养猪专业合作社增加了经济效益。但是值得注意的是，农田对粪污的消化吸收能力是有限的，若施以粪污的量超过了农田的承载能力，则不仅会对植物的正常生长造成负面影响，还会导致环境污染。

土地利用的具体方法应当根据可利用废物的类型、浓度、废弃物处理系统、农场的特性以及可提供的劳动力来确定。通常的做法是将固体粪便用车辆运输至田地撒播于表面后，经过机械或人工的翻耕使其与土壤充分混匀，而液体则用罐装车辆或沟渠等方法运至田地均匀喷洒，无论是固体粪便还是液体粪便的喷洒量都需要根据粪污的浓度和种植的作物类型进行综合考虑，这主要是由于农作物对营养物质的吸收和田地对污物的承载能力是有限的。而对于养猪专业合作社的成员猪场，可以根据猪场本身分布情况而将粪污散布于周边的村庄供农户施用于田地，以解决猪场自身的粪污处理问题，而又充分利用猪场粪污进行作物生产。

土地处理利用技术主要的限制就是不能随时对猪粪进行利用，具有时节性。因此，猪场粪便经常需要被贮存起来以便在合适的条件下对其进行利用，那么猪场需要建造各种废弃物的贮存设施，而这些设施则需要结合养猪场的规模以及粪污散布能力的大小进行确定。若建造的贮存设施太小，那么在对废弃物进行土地利用前，会使贮存设施完全充满；若贮存设施太大，则造成不必要的资金投入。影响确定废弃物贮存设施大小的因素包括天气条件、作物、生长季节、设备的有效性、土壤、人力需求等。常见的贮存设施有贮存塘和贮存建筑物，贮存塘就是用来贮存粪便、圈舍铺垫物和溢出粪浆的土坑，池底和进口斜坡应当铺砌衬底。贮存建筑物可为露天式或封闭式，露天堆积场可用于干燥和潮湿的气候，必须对渗滤液和溢出液进行有效的管理，对于贮存建筑物通常具有木、钢混或混凝土围墙。

(二)堆肥后利用　堆肥就是在人工控制的好氧条件下，在一定水分、碳氮比和通风条件下，通过微生物的发酵作用，将对环境有潜在危害的有机质转变为无害的有机肥料的过程，在这个过程中，有机物由不稳定状态转化为稳定的腐殖质，其堆肥的材料在体积和重量上均会减少 1/2 左右。堆肥可以作为农作物的肥料进行使用，从而达到解决猪场粪污问题，还变废为宝促进农牧结合，共同发展。堆肥含有作物生长所需的氮、磷、钾、硫、钙、镁、氨基酸、蛋白质、糖、脂肪以及生物物质和抗生素等，不仅能满足作物的生长需要，还能增强作物的抗逆性和对不良环境的适应能力；此外，堆肥还可以改善土壤结构、增加土壤养分、提高土壤的生物活性。

好氧堆肥从废物堆积到腐热的微生物生化过程比较复杂，大致可分为升温阶段、高温平台阶段和基质消耗阶段。升温阶段微生物以中温型、需氧型为主，通常是一些无芽孢细菌，适合于中温阶段的微生物种类极多，其中最主要的是细菌、真菌和放线菌；高温平台阶段随着堆肥温度的升高，嗜热性微生物逐渐代替嗜温性微生物，通常在50℃左右时主要是嗜热性真菌和放线菌，60℃时仅有嗜热性放线菌和细菌，70℃以上时，微生物大量死亡或进入休眠状态；基质消耗阶段只剩下部分难以分解的有机物和新形成的腐殖质，此时嗜温性微生物占优势，对难以分解的有机物进一步分解，腐殖质不断增多且稳定化，此时堆肥即进入腐熟阶段。

好氧堆肥工艺流程一般包括预处理、主发酵、后发酵、后处理、脱臭和贮存等。预处理的主要任务是调整水分和碳氮比，有时需要添加菌种和酶制剂，以促进发酵过程正常进行；主发酵阶段可露天或在发酵装置内进行，通过翻堆或强制通风向堆积层或发酵装置内供给氧气；后发酵阶段进一步分解主发酵阶段尚未分解的有机物，使之变成腐殖酸、氨基酸等较为稳定的有机物，一般把物料堆积到1～2米高进行后发酵，通常不进行通风，但每周翻堆1次；后处理经过分选工序以除去杂物，并更需要进行干燥、破碎和造粒；脱臭是将堆肥过程中产生的臭气通过各种除臭剂进行除臭，如臭氧、活性炭、沸石、酸碱水溶液等。

影响堆肥效果的因素主要有：有机质含量、含水量、温度、通风供氧、碳氮比和pH值。研究表明，堆肥中合适的有机物含量为20％～80％；含水率为40％～65％；温度控制在45℃～70℃，高温有利于高温菌对有机物的高效降解；供氧量直接决定着微生物活动的强烈程度和有机物的分解速度；碳氮比在20～40∶1较为适宜；最适宜的pH值是中性或弱碱性，过高或过低都会使堆肥处理遇到困难。

五、养猪场病死猪处理方法

根据我国《动物防疫法》规定，生猪养殖场需要针对病死猪采取无害化处理，常用方法有：高温法、焚烧法、掩埋法、化尸池（坑）

法等。就其效果来看，采用化尸池法销毁病死猪快捷简便，可随时投入，费用相对较低，因此在我国生猪养殖场得以广泛应用。

猪场化尸池的建设分为自建模式和成套设备模式。自建模式建筑结构包括池底、池身和池顶，三者构成一密闭体，池顶上具有斜式投料口，投料口有密封盖；成套设备模式即是直接购置成套的化尸设备，具有建池速度快、不受外界条件限制、投料使用方便、密封性好、臭味不外泄，对周边环境产生污染低、检修清理方便等优点，但单个容积小，造价成本高。基于化尸池建造工艺简单，自建模式更适用于养猪专业合作社猪场。

(一)建设规模 规模化生产养猪场死亡率在5%～15%(仔猪断奶前死亡率为7%～10%)，其中仔猪死亡数量占总数量的80%～100%。因此，按死猪体积总数推算，每出栏一头生猪预留0.005～0.01米^{3}的化尸池空间，每年出栏1 000头生猪的养猪场建设5～10米^{3}的化尸池较为合理。

(二)选址 在猪场的布局中，化尸池应相对隔离，尽量建在远离生产区、接近污水处理区的地方，靠猪场下风向的末端较为适宜。

(三)结构 化尸池一般为地下圆井形，上细下粗，断面为梯形。地面以上高度1米，侧面对称留2个通气孔，总深4～5米，口径2米左右。底部由钢筋水泥浇筑15厘米厚，四周三七砖墙水泥抹面，并进行防水处理，加盖防雨盖，使用时定期添加消毒药品。建设初期在池底部做好防渗工作，尽量避免造成地下水污染，将污水杀菌消毒后导入污水处理系统，按无害化处理流程进行。

第二节 发酵床养猪技术

一、发酵床养猪的概念

发酵床养猪就是在圈舍内利用微生态原理和生物发酵技术，将木屑、稻壳、秸秆、饲料添加剂(含有多种不同功能的饲料级微生物)和米糠、糖等辅助发酵剂按一定比例混合均匀，利用猪的拱掘习性和在发酵床上的走动，再加上人工定期的翻耙垫料，使猪粪、尿和垫料充分混合，通过有益发酵微生物菌落对猪排泄物发酵，从而在猪圈内自然发酵成微生物发酵床，以减少生态环境污染的新型养猪模式。发酵床养猪是集养猪学、营养学、环境卫生学、生物学、土壤学于一体，努力实现养猪无排放、无污染、无臭气，彻底解决规模化养猪场的环境污染问题，遵循成本低、产出高、无污染的原则建立起的一套良性循环的生物养猪体系。

发酵床养猪通过生物发酵原理处理粪尿，通过有益菌占位原理控制疾病，通过空气对流和光照改善环境，通过温室和凉亭子效应改善猪群体感温度。有益菌繁殖的主要来源是猪群粪尿等排泄物，从而对这些排泄物有极好的分解效果，解决了猪场粪便的环境污染问题。有益菌在垫料中大量繁殖使其在整个菌群中占据着绝对优势，甚至在圈舍空气中的各个角落都弥漫着有益菌，从而形成阻挡病菌的天然屏障，再配合以适当的特殊免疫，猪群将在发酵床上健康地生长。猪舍设置有卷帘调节通风，保持猪舍内空气新鲜；此外，较多地利用阳光照射猪群和圈舍，不仅能减少猪群病害还能促进发酵床的正常运行。冬季发酵床产生的热量以及卷帘的保温将直接改善猪群的腹感温度，而夏季通过卷帘调节再配套以场地绿化以及科学合理的垫料管理，将使得猪群感觉非常凉爽，减少了热应激而健康生长发育。

微生物发酵床的种类有很多，按照微生物的来源以及使用材料的不同，通常将发酵床分为土著菌发酵床、优势发酵床、林荫落叶垫料发酵床和自然发酵床等。在这几种发酵床中，以日本的土著菌发酵床最为典型。根据垫料位置的不同，可将发酵床分为地上式、地下式和混合式3种。地上式发酵床的垫料层位于地平面以上，适用于我国南方地下水位高的地区；地下式垫料位于地平面以下，床面与地面持平，适用于北方地区；混合式垫料部分位于地平面以上，其具体厚度可根据当地的气候环境而定。根据开始进猪时垫料的含水量不同可分为湿式和干撒式，干撒式发酵床操作应用方便，养猪效率提升，长远效果可靠，是发酵技术的重大进步和完善。无论使用哪种类型的发酵床，养猪的理想效果均需达到以下几点：在发酵床的表面松软不板结，湿度满足手捏不结团且猪群活动不产生灰尘，没有粪尿堆积；猪舍内部蝇蛆较少或没有，无臭味、无明显氨气，屋顶和墙壁无水滴凝结；垫料满足表层和中层湿度相近，而底层没有明显的粪尿，最好是能够保持原有的干燥状态。

二、发酵床养猪的特点

（一）发酵床养猪的优点

1. 清洁生产、洁净环保 发酵床养猪，猪群排放的粪、尿等排泄物在与垫料充分混匀后被有益微生物充分的分解和转化，达到零排放，消除了养猪生产对环境的污染。发酵床养猪过程中产生的氨气、硫化氢以及其他有害气体被吸附在垫料上，不易散发到空气中，再加上发酵床养猪猪舍的通风效果良好，形成有害气体的源头得到控制，少量有害气体又被良好的通风效果稀释掉。粪尿等排泄物在排放之后能及时的与垫料混匀而被分解，大大降低了蚊蝇对猪群的侵扰和病害的传播。在整个生产过程中，猪群与有害气体和污物的接触很少，猪群身体清洁卫生，有效地促进了清洁生产。此外，发酵床利用的锯末、稻壳和秸秆等农作物生产中的废弃物，减少了因焚烧或任其腐败造成的环境污染，实现了资源的再生利用，最终变为优质的有机肥料而施用于田地，促进农作物生产。

2. 降低养殖成本 由于猪粪、尿等排泄物被微生物分解转化为可被猪食用的无机物和菌蛋白，而且锯末中的木质纤维和半纤维也可以被降解转化成易发酵的糖类，猪群通过翻拱食用，给猪提供了一定的蛋白质营养，从而减轻了精饲料的供应。有研究表明，与传统的水泥地面养猪相比，发酵床养猪平均节省饲料 29.3%。此外，猪群通过翻拱垫料，有益菌进入猪群肠道内，调节了肠道内的微生物平衡，从而促进饲料的消化吸收，提高饲料转化率，有效地改善日增重。有研究表明，相比传统的水泥地面，发酵床养猪的日增重平均增加 0.33 千克/头。整个发酵床养猪场，不需要配套粪污处理设施，相应减少建场投资 5%～10%，减少猪场占地 10%～15%。在养猪生产过程中，不需要用水冲圈，节省猪场用水 70%以上，每头猪省水 2 米^3 以上，直接降低养猪场的饲养管理成本，并且对于缺水地区这是特别的重要。发酵床仅需定时进行人工或机械翻料，在平时的养猪生产中只需要进行简单的维护，而不需要清扫猪舍和冲洗猪舍，很大程度上减轻了工作人员的劳动量，可节省劳力 60%左右。发酵床养猪可以满足猪群对温度的要求，尤其在寒冷地区的寒冷季节，不仅可以节约猪群供暖费用，而且还能节省猪群因维持体温而耗费的饲料，可以使得猪群提前 10～20 天出栏，提高了猪场资金周转速度和猪舍的利用率。

3. 猪群抵抗力提高，用药减少 发酵床为微生态平衡环境，可有效抑制大肠菌群等有害微生物和病原体的繁殖，优势菌种的代谢产物能够抑制某些病原菌的生长、提高猪的免疫力，保持猪肠道健康，发病率特别是呼吸道、消化道疾病和病死率明显降低。仔猪黄痢、白痢、红痢和水肿病几乎在发酵床圈舍消失，传染性胃肠炎等病毒感染引起的腹泻病发生率可明显降低，发病后症状也比较轻，恢复较快。有研究表明，发酵床养猪比传统养猪发病率降低8%以上，病死率降低4%，疾病发生种类少。优势芽孢杆菌大部分对常用抗生素敏感，应用过程不会引入抗药性基因，且由于其抑菌作用可免用抗生素，显著降低肠道的抗药性及药物残留。此外，发酵床地面上能够大圈饲喂，在这种条件下，猪群的生活空间宽敞，有足够的运动空间，并且各种应激因素减少，很大程度上增强了猪群的体质，从而抵抗力得到增强。由于发酵床养的猪体质较好，发病较少，即使小范围发病也会较快地恢复，所以用药量明显减少，大猪甚至完全不需要用药，这不仅能大幅度降低饲养成本，而且整个猪群具有良好的健康水平。

4. 生长迅速，肉质良好 发酵床养猪的整个生产过程满足猪群的自娱自乐，消除了水泥地圈舍对猪的伤害，各种应激因素明显减少，疾病少，饲料转化率高，空气新鲜，温度适宜，因此猪群的生长发育潜能得到较好的发挥，生长较为迅速。此外，发酵床饲养的猪群运动多、体质好，代谢功能完善，体内营养物质的沉积趋于完全，营养浓度增高，风味提升。尤其是垫料中的碳水化合物经过发酵后部分生成低分子脂肪酸，这些脂肪酸被猪群吸收最终沉积到胴体中，提升了猪肉的香味。只要配套设施做到位，在发酵床上出栏的商品猪完全可达到无残留、无污染、风味佳的绿色标准，再配合相应的商业运作，发酵床饲养方式能够生产出高档猪肉商品，从而提高养猪生产的经济效益。

（二）发酵床养猪存在的问题 发酵床养猪虽然有着很多明显的优点，但也不可避免地存在着一些不足。

1. 发酵床的造价问题 发酵床的主要材料是锯末和稻壳等，但是随着发酵床的大力推广和应用，锯末和稻壳等逐渐演变为今天高价位的副产品，一些地区锯末售价高达260～400元/吨，稻壳更是高达 300～800 元/吨，从而导致发酵床原材料价格高昂，难以降低发酵床的造价。此外，100 米^2 的发酵床仅能饲养 50～70 头猪，而目前规模化养猪可饲养 100 头，因此发酵床养猪所需猪舍面积较大，而现有猪舍需要进行改造才能使用，所以发酵床的造价相对较高。

2. 疾病控制问题 发酵床养猪生产中不能使用化学消毒品和抗生素类药物，如果使用将杀灭或抑制微生物，使得垫料中的微生物活性降低。当猪群发生蓝耳病、口蹄疫和猪瘟等传染病时，不能进行消毒处理，导致传染病难以得到有效的控制，容易造成较大的损失。猪群拱食垫料容易导致呼吸道疾病，或者食入一些霉菌毒素，容易导致继发病增多。此外，发酵床床面湿度必须控制在 60％左右，而发酵床床面由于长期不清理打扫，这就使得猪群寄生虫病和皮肤病难以得到有效的控制。

3. 夏季难以控温 发酵床养猪猪舍内发酵起来的温度较高，炎热季节不利于猪的健康生长，发酵虽然表层温度并不高，但会导致猪所处的环境温度上升、猪群生长速度缓慢、饲料报酬有所下降，尤其是我国南方及中南地区，夏季气温较高，更是给夏季猪舍控温增加了难度。若采取降温措施保证了猪舍适宜的温度，就会不可避免地要加大设备的投入和加强人员的管理，进而提高了养猪的成本。

4. 缺乏行业标准 目前，发酵床养猪技术尚无行业标准，如发酵床的建设标准、发酵菌种的质量标准等。例如，全国推广发酵床养猪的企业多达 80 多家，其发酵菌种产品质量参差不齐，难以采取有效的手段进行鉴别，倘若使用后效果不佳将直接影响养猪场对发酵床养猪的认识和推广应用。

三、发酵床的建造

(一)发酵床猪舍设计建造原则 养猪专业合作社在设计建造发酵床时,应当聘请专业技术人员对各成员猪场的发酵床进行统一设计建造,评估建造成本和预期效果,从而保证各成员猪场的发酵床的设计建造均能够达到相同的生产水平,同时也有利于养猪专业合作社对各成员猪场的发酵床在后期进行统一管理。

发酵床猪舍的建造或改造,首先,需要控制成本,可以因地制宜地选择经济适用的建筑材料,而旧猪舍的改造则尽量在保证有利于猪群生产的基础上减少改造工程量,按照设计原理进行适宜的建造和改造,切忌大刀阔斧地建造或改造。其次,是满足于猪群的健康生长发育和发酵床良好运行的需要,保证猪舍具有良好的通风换气功能,尤其是在炎热夏季必须具有良好的通风效果,确保夏季猪舍内具有较好的空气流通以降低猪舍内的温度;确保阳光照射充足,光照不仅是促进猪群正常生长、发育、繁殖等不可缺少的环境因素,还是保证发酵床菌种得以较好地进行发酵的重要因素;猪舍建造面积适宜,发酵床养猪的饲养密度远远低于规模化养猪场的饲养密度;此外,微生物处理粪尿的能力有限,因此发酵床养猪猪舍的面积应当根据实际情况进行适宜的规划。灵活安排猪舍的布置,不同的发酵形式对舍内的布置要求是不同的,需要根据所采取的发酵形式进行灵活的安排。最后,发酵床猪舍的建造应利于后期的维护,从而使得后期维护费用和工作量大大降低。

(二)不同类型猪舍的设计

1. 生长育肥猪舍 发酵床养猪的生长育肥猪舍承担着保育猪和育肥猪两个年龄段猪群的饲喂,因此对生长育肥猪舍的设计需要考虑两个年龄段猪群的生活、生产需要。生长育肥猪舍的要求不高,可采用单列式和双列式,但是以单列式猪舍较为适宜,主要是单列式猪舍能保证充足的阳光，猪群活动区域大且利于通风和管理。

生长育肥猪舍应坐北朝南建设，猪舍长度以 60～70 米为宜，宽一般以 3 米的倍数作为模式，以 6 米、9 米、12 米为宜，而高度则需要根据南北气候差异进行适当增减，我国中南地区以舍内净高 2.5～2.8 米为宜。这样建造的猪舍能满足每批猪出圈后可以进行猪舍内发酵床的完好养护和彻底清洁整理，还能最有效地利用机械设备，满足建筑物温度伸缩变化允许的长度。房顶设有可自由开闭的窗子，阳光可照射整个猪床面积的 1/3，南、北墙可设置大窗或使用卷帘，并且从太阳升起至太阳落下可照射整个猪床的每个角落，以适宜猪舍内部微生物的生长繁殖。猪舍内每个单栏的面积不宜太大或太小，面积太大容易导致粪尿集中于某一小角落导致后期维护困难，面积太小则容易限制猪群的运动和增加围栏成本。一般建议单栏为 25～35 米^2 的正方形，饲养猪群数量在 20～30 头，每头猪占地 1.2～1.5 米^2。饮水器应当与食槽相对而立，以保证猪群采食均匀和增加运动量，饮水器间隔 50 厘米左右，以每 10～12 头猪拥有 1 个饮水器为宜，但需要设置两种不同高度的饮水器以满足不同年龄段猪群的饮水需要。此外，在饮水器的下方应当设置导流台以保证猪群饮水时流下的水能够被导流至栏舍外，常用的导流台一般宽 60 厘米、长度 1 米左右，导流台长度总和占猪舍纵长的 1/3。

2. 母猪舍 新建母猪舍设计成双列式猪栏有利于垫料的管理，猪舍的外形建造可参考育肥猪舍的结构建造。一般使用铁栅栏进行间隔，每间单栏发酵床的面积为 4 米^2，并另外配有 4 米^2 的水泥台，饲养妊娠、后备母猪可以在 2～3 头，生产母猪则饲养 1 头。生产母猪可以在水泥台设置 1 个 0.6 米宽的产仔定位栏，防止母猪哺乳时挤压仔猪，在炎热的夏季还可以供空怀和妊娠母猪躺卧，以减少热应激。这样设计母猪舍，既能充分利用栏舍，又能给仔猪和母猪一定的运动空间，让仔猪和母猪能自由自在运动，满足仔猪嬉戏、玩耍、躺卧、拱掘、采食、饮水、排泄等生理需求，让仔猪快乐地生活于圈舍内。母猪栏舍内应当在仔猪自由活动区和母猪限位栏前侧设置饮水器，以满足仔猪和母猪的饮水需求，在饮水器的下面需要做导流沟或直接做地漏，使仔猪在饮水过程中洒在地上的水不能流到垫料中。

哺乳母猪舍也有采用高床网上限位栏饲养模式的，既可单列式也可以双列式。母猪和仔猪均在产床网上，猪群的粪尿等排泄物全部流入网下的生物垫料发酵池，垫料仅仅起到分解转化粪尿的作用，而网上产床的设计与规模化养猪场产床设计相同。钢筋漏缝地板网通过支腿架在粪沟上面，从而保证粪污能及时从漏缝地板网掉入生物垫料发酵池，保证网面的干燥，可有效地减少仔猪腹泻等疾病。

(三)发酵床的类型

1. 地上式发酵床 地上式是将垫料槽构建在地平面以上，垫料槽底部与猪舍外地面持平或略高于喂食通道，水泥硬化地面根据发酵床的深度抬高到与发酵床的上平面持平，并与猪舍的前纵墙构成一个与猪舍等长的长槽。根据猪群饲养密度和适当圈栏饲养量，由栏栅式隔栏将长槽发酵床分隔成若干围栏，以防止猪只串栏。地上式发酵床一般用于地下水位较高的南方地区，且雨季的雨水不易溅到垫料上，通风效果好，在更换垫料时较为省力。但是其保温效果欠佳，且提高了整个猪舍与地面的高度，从而增加了猪舍建造的造价。

2. 地下式发酵床 发酵床下挖 60～100 厘米(南浅北深)，铺上垫料后与地面平齐。地面不用抹水泥，直接在泥土面上放垫料。建筑墙面一侧需砌挡土墙，避免泥土塌下来；中间的隔墙直接建在最低泥地上，隔墙高至少 180 厘米，其中 80 厘米用于挡住垫料层，100 厘米用于间隔猪栏。地下式发酵床使用于地下水位较低的北方地区，其保暖效果较好，猪舍整体高度较低，猪群转群和运送饲料等相对较方便，但是其通风效果欠佳。

3. 半地下式发酵床 即结合地下式和地上式两种方法建造，在地下挖深 30～50 厘米，并且铺设的垫料又高出地面 30～50 厘米。半地下式发酵床面提高，通风效果较好，而且也可以防止夏季雨水溅入发酵床，并且发酵床面的增高对饲料运输和转群的影响较小。适用于北方大部分地区以及南方坡地或高台地区。

（四）发酵床的制备 发酵床制备过程中所需的菌种、营养液、有机垫料应当由养猪专业合作社统一制备和采购，根据各成员猪场生产所需适当配制，从而保证整个养猪专业合作社的资源能够合理分配、供给，从而促进养猪专业合作社和谐生产及发展。

1. 菌种的采集与制备 发酵床中垫料的发酵菌剂是整个发酵技术的核心部分，猪群排出的粪尿等排泄物能否得到充分的降解，发酵菌剂起着决定性的作用。若没有很好的发酵菌剂或使用不当，则直接导致发酵床不能充分发挥其潜在的功能，甚至使得制备好的发酵床最后成为“死床”，而造成经济损失并导致养猪生产效率下降。常用的发酵菌剂是土著发酵菌种和商品发酵菌种，其中商品发酵菌种以日本的洛东菌种和山东等地自行研制的菌种发酵效果较佳。商品发酵菌种只需要严格按照使用说明进行配制和施用即可，因此这里着重介绍土著发酵菌种的制备。土著菌种大量存在于我们周围的自然环境中，常见于阔叶树林和竹林等落叶和腐殖质多的地方，土著微生物是多种微生物的混合群，包括酵母菌、曲霉菌、放线菌和乳酸菌等。

（1）土著菌的采集 土著菌可以在林荫落叶和田间等地方采集到。林荫落叶中采集土著菌落的方法是：准备好木箱一个（24 厘米×19 厘米×9 厘米），宣纸，八成熟米饭 1～1.5 千克，将米饭平铺于木箱之中，用宣纸盖好，再用橡皮线或麻绳系好，然后将木箱埋在约 30 厘米的含有白色腐烂叶的深坑中，夏季放置 5 天，春、秋季节放置7天左右，周边的微生物潜入米饭中，形成白色菌落，将木箱取回后取出里面的米饭并与红糖按1∶1的比例拌匀后转入坛中至容量的2/3处，盖上宣纸，并用线绳系好，在18℃下保存7天后形成液体状，即得到土著微生物原液。在田间采集土著微生物工具与林荫落叶地采集相同，秋季在刚收割后的稻茬上有白色液体溢出时，将装好米饭并封盖好宣纸的木箱倒扣于稻茬上，经过7天左右，木箱内的米饭变成粉红色稀泥状态，然后将木箱内的米饭与红糖按2∶1的比例拌匀后装坛，封盖宣纸，用线绳系好在18℃～20℃下搁置5～7天后内容物变成原液。

(2)原种的扩增　以上采集到的土著微生物经过培养后尽管能直接用于发酵床，但其数量还不能满足需要，因此还需要对培养后的土著微生物进行扩增以满足发酵床的大量需要。其方法是：把采集到的土著微生物原液稀释500倍后与麦麸或米糠混匀，再加入500倍的生鱼氨基酸和乳酸菌等，调整水分至65%～70%，然后装在能通气的口袋或直接堆积在地面上，堆积厚度以30厘米为宜，在18℃时发酵2～3天后，这时米糠上已经形成白色菌丝，但其内的温度较高，需要每天进行1～2次翻动，如此经过5～7天后，即会形成白色的土著微生物原种。

2. 营养液的制备　营养液又称活性剂，是从动植物体的生长点内提取出来，发酵后形成的，含有有机酸、高活性的生长激素等物质，是微生物的有效活性剂。在发酵床的使用过程中，垫料中的土著微生物活性会随着发酵床的使用逐渐降低，影响垫料的发酵进程和发酵床的使用，这时可以通过加入营养液以提高土著微生物的活力，从而调节对排泄物的降解和消化速度。常见的营养液有天惠绿汁、生鱼氨基酸和乳酸菌营养液。

(1)天惠绿汁　植物是由汁液、叶绿素和纤维素组成，天惠绿汁就是从植物中抽取出来的汁液和叶绿素。研究表明，每平方厘米的植物叶片含有10万～15万个微生物，所以天惠绿汁中则会含有大量的乳酸菌和酵母菌等，是一种植物酵素，它的自然精气能给植物提供巨大的营养和活力。其制备方法是：选择耐寒性较强的植物，初春生长的植物最好，如艾蒿、野芹菜、大麦等；也可以选择生长点生长较快的植物，如地瓜侧芽、黄瓜侧芽、西瓜侧芽、辣椒侧芽和叶等。在清晨露水未干时采摘以上植物的嫩叶和嫩枝，与红糖按 2：1 的比例拌匀后装入坛中，压实后用宣纸封口，在 20℃下搁置 7 天后即能制得纤维漂浮、颜色由绿变黄绿、味道香甜的营养液，然后置于冰箱中保存，也可以加等量红糖后保存。

(2)生鱼氨基酸　生鱼氨基酸是使用容易发酵且来源丰富的鲜鱼或其废弃物作原料，经过发酵而制成的一种营养液。其制备方法是将鱼头、鱼骨及其内脏等残渣与等量的红糖拌匀进行腌渍，经过 2～3 天后开始形成液体，10 天左右即可取用。一般是将这种提取液稀释 500 倍后将其泼洒于发酵床的垫料上，以促进有益微生物的活力复苏和快速繁殖。

(3)乳酸菌营养液　乳酸菌是嫌气性发酵剂，能促进消化，起到杀菌作用。通常采集当地生长繁殖的乳酸菌。将第一次淘米水用玻璃坛子接好(深 10～16 厘米)，盖上宣纸，系绳，放置阴凉处(温度 20℃)，7 天后乳酸菌进行繁殖，出现酸性气味。然后将乳酸菌倒入新鲜牛奶里(禁止使用加工奶粉)。牛奶和乳酸菌的比例为 10：1，牛奶营养丰富，乳酸菌立即繁殖，5～6 天后，淀粉、蛋白质、脂肪等漂到液面，液面以下是黄褐色“乳酸菌”菌液。上面漂浮的淀粉、蛋白质、脂肪等可用在制作土著微生物发酵肥时使用。黄褐色乳酸菌液可用冰箱保存或添加等量的红糖在常温下保存。乳酸菌和天惠绿汁混合使用比单独使用乳酸菌效果更好。

3. 有机垫料的制备　发酵垫料的铺设方法常见的有分层制备和均匀制备两种方法，分层制备法较为省力，均匀制备法需要菌种量少，发酵效果均匀，但需要耗费较多的劳力。

(1)分层制备　一般要求发酵床垫料的总厚度约为 90 厘米，

若木屑不足可使用玉米秸秆或稻壳代替，玉米秸秆铺 50 厘米或稻壳 30 厘米后再在上面铺设木屑，铺设至 30～40 厘米以后压实，在上面撒一层约 2 厘米厚的深层土，然后再按照 0.15 千克/米^2 的标准撒入一层畜牧用盐，再在上面铺上一层约 1 厘米厚的树叶，盐和深层土也可以拌匀后一起撒入木屑上面。将表面长满菌丝的麸皮按 0.5 千克/米^2 的标准撒于树叶层上，再撒入一层土和畜牧用盐，然后将营养液稀释 300 倍后均匀地泼入树叶层上。最后填至 95～98 厘米，再次按之前的标准撒入菌种和营养液。菌种和营养液的撒入也可以分 5 次均匀地撒在不同深度的垫料中以保证发酵的均匀性。值得注意的是，湿式发酵床按照这种方式制备好后需要在垫料表面覆盖一层地膜，夏季经过 5～7 天，冬季 10～15 天，有发酵香味和蒸汽散出后才能放入猪群饲养；而干撒式发酵床垫料按分层制备法制备完毕后则可以直接放入猪群，但是若放入的是小猪则需要埋入大猪的新鲜粪便，使其快速启动升温之后才能放入小猪饲养。

(2)均匀制备　均匀制备法就是将各种垫料原料如谷壳、锯末、生猪粪、米糠以及生物发酵菌种等按照既定的比例直接倒入猪舍内的发酵池中，然后使用器械混合均匀后使用；也可以在猪舍外的场地将发酵原料统一搅拌、发酵制作垫料，然后再填入垫料池内发酵。但是使用这种方法制备湿式发酵床时需要将同菌种混合好的生物垫料堆成梯形结构后进行发酵成熟，然后每天进行测温，一般夏季经过 10 天左右、冬季经过 15 天左右即会达到 45℃左右的平衡温度，则发酵成熟。若发酵 1 周后，温度还没有上升且有臭味，则应当立即调整减少水分并且加入适量发酵菌种直至成功。冬季可以在堆积好的垫料表面盖上透气性较好的麻袋、稻草等，使其升温并达到保温效果。

四、发酵床的养护和日常管理

发酵床的养护和日常管理工作是保证发酵床能够正常使用的一项重要工作，因此需要养猪专业合作社安排专人对各成员猪场的发酵床进行养护和指导日常管理，并协助各成员猪场养护和管理发酵床，从而保证发酵床能够正常运行以促进猪群的健康生长。发酵床的养护和日常管理的主要目的是：保持发酵床正常微生态平衡，使有益微生物菌群始终处于优势地位，抑制病原微生物的繁殖和病害的发生，为猪群生长发育提供健康的生态环境；确保发酵床对猪粪尿的消化分解能力始终维持在较高水平，同时为生猪的生长提供一个舒适的环境。

(一)垫料的水分管理 发酵床垫料水分是处于动态变化的，其含量主要由散失、输入与生成这3个过程的速率所决定。发酵床的温度较高，水分蒸发量很大，养殖密度和空气湿度适当的情况下，高温季节更甚。正常情况下垫料的水分可以基本保持平衡，保持在37%～45%的最佳水分状态。但是不同层次的垫料的最佳适宜含水量是不同的，一般而言发酵床上层垫料含水量应为30%，中间兼主发酵层为50%，下层厌氧发酵层为60%，靠近底部地面为75%以上，或呈泥状。表层垫料满足用手抓一把垫料，攥紧后松开手上有水珠，而垫料不板结。若垫料表面太干，会有粉尘出现，容易导致呼吸系统疾病的发生。若将粪尿集中地方的垫料分散开来后还不能调节到合适的湿度则需要洒水，以1%的保健液水最为适宜。若遇多雨季节或冬季猪舍密封较好引起的垫料水分含量过高，则可以用耙子插入垫料15厘米左右抖动几下，进行适当的松动，加速发酵产热，蒸发更多水分。此外，还可以通过适当补充新鲜的垫料和水分。

(二)粪尿管理 由于生猪有集中定点排泄粪尿的行为特点，

这对于发酵床养猪是一个非常不利的因素，若粪尿长时间集中，就会破坏局部发酵环境，不但粪尿不能及时发酵降解，而且使这一区域丧失发酵功能。因此，需要人工将猪群排泄的粪尿分散到猪圈的各个角落，以充分利用垫料中的微生物，大猪圈舍 1～2 天需要进行人工分散 1 次，小猪圈舍则可以 2～3 天分散 1 次。注意待猪只排泄的尿液渗入垫料、粪便稍干之后，再将成堆的粪便用工具就地挖坑掩埋，让其进入发酵状态，掩埋的深度至少为 20 厘米，并注意在操作过程中分散粪便，适当搅拌，埋好后耙平。若饲养密度太大，粪便堆积较多，可以适当铲除部分粪便。也可以在平时采取一些措施使猪群改变定点排粪的行为特点，如适当驱赶猪群或在垫料表面均匀撒上一层 3～4 厘米厚提前磨碎的干猪粪等。发酵床上的猪群发生腹泻相对较少，一旦发生腹泻应立即将猪只移出发酵床隔离，清除粪便，并在粪便处撒上生石灰或纯保健液后，将粪便与石灰粉一同埋入 30 厘米深的发酵床垫料中。

（三）垫料通透性管理 由于猪只踩踏、物料颗粒分解等因素的影响，使垫料颗粒细化和实密化，孔隙度下降，通透性整体呈下降趋势。但如果管理不当，更容易造成局部或整体通透性不良。不仅影响粪尿水分下渗，造成表面潮湿，也因通气不良，粪尿分解速率下降，还可能因湿度过大造成病原微生物的滋生。为改善通气需要人工定期与不定期翻动，一般情况下保育猪翻动 10～20 厘米，育成猪翻动 20～30 厘米。一般而言，小猪粪尿量少，对垫料的踩踏也较轻，没有必要频繁翻动，但是随着猪群体重越来越大，其粪尿量随之增加，并且对垫料的踩踏也越来越重，因此翻动的频率也应逐渐增加。

（四）菌种活性的管理 第一周按 0.1％的比例在饲料中均匀添加“微生物发酵菌种”，以后按 0.2％的比例添加；若是自行扩大培养的土著菌，要按 1％的比例添加到猪的配合饲料中去。每天保持食槽中有饲料，让猪自由采食。要密切注意发酵床微生物菌群的活性，必要时需补充营养活性剂来调节发酵菌株的活性，以保证发酵能正常进行。对于专业菌种，如金宝贝发酵菌种，在一般情况下不需要添加活性剂，即可快速发酵繁殖。对于土著微生物，可以不定期(7 天、15 天)地添加 300～500 倍稀释营养液来调节活性，以保证发酵能顺利进行。营养液是专门培养的活性剂，喷洒在床面上可以提高土著微生物的活性，加快降解、消化排泄物的速度。

(五)垫料的补充 发酵床运行一段时间垫料会消耗一部分，一般 3～4 个月 1 个饲养周期会减少 10 厘米左右，这样就需要补充一部分垫料。垫料的厚度主要因季节和养猪密度而定，冬季垫料厚一点，夏季垫料薄一点。垫料的补充一般采取集中补充、定期补充和随时补充 3 种方法。集中补充就是在一个批次的猪群出栏或转圈舍后一次性补齐饲养这个批次的猪群所消耗的垫料；定期补充就是在养猪生产过程中每隔一段时间补充 1 次；而随时补充则是根据圈舍内垫料的情况，如部分区域粪尿集中、垫料过湿，随时将新鲜垫料补充到必要的地方。因此，这就需要采用发酵床养猪的猪场经常有一定的垫料原料储备，以满足在养猪生产过程中适时补充发酵床的垫料，使其更好地发酵分解粪尿，从而提高发酵床的养猪效益。

第十章 养猪专业合作社产品销售

第一节 农产品营销

市场营销是指个人和群体通过创造并同他人交换产品的价值,以满足需求和欲望的一种社会过程和社会管理过程。农产品营销是市场营销的重要组成部分,是指农产品生产者与产品市场经营者为实现农产品价值而进行的一系列产品价值的交易活动。农产品营销是探寻消费需求,结合市场竞争和企业实力、拥有资源情况,对企业现实的农产品和有待开发的农产品进行有系统的策划和市场推广的行为,使产品增值,在向消费者提供价值的过程中让企业获利。

养猪专业合作社生产的产品主要是生猪和猪肉,是重要的农产品。

第二节 养猪专业合作社统一销售

一、统一销售是养猪专业合作社的主要服务内容之一

养猪专业合作社成员开展六统一全程服务,即:统一指导建

场、统一引进良种、统一饲料供应、统一防疫、统一技术、统一销售。

统一销售是指将销售价格统一起来避免养殖户私下进行交易，杜绝将价格刻意抬高或者压低而导致该养猪专业合作社的正常运营受阻的现象，且还能保证产品稳定流通至市场。养猪专业合作社通过统一销售，可以提高销售的组织化程度，组织养殖户共同开拓市场，这样有利于养殖户之间形成利益共同体，增强抗风险能力和营销能力。

养猪专业合作社充分发挥桥梁和纽带作用，上联结企业和市场，下联结社员，从根本上解决社员生猪销售的后顾之忧。通过与大型生猪屠宰加工企业签订长期生猪供销合同，明确企业、合作社、社员三方的利益关系，制定保护价收购制度，当市场价高于保护价时按市场价收购，当市场价低于保护价时按保护价收购。同时，与买卖生猪的经纪人约定，养猪小户销售生猪与规模化养殖场的价格相同，无论社员销售猪的数量多少，尽量做到上门收购，不准压级压价，否则，以后不能再到合作社内收购生猪，使社员的养猪利益得到保证。

二、养猪专业合作社产品销售的渠道

养猪专业合作社产品营销的渠道，主要包括以下五种：

(一)订单销售　这是养猪专业合作社常见且风险较小的产品销售方式。即合作社采取与屠宰、加工企业签订订单合同，按照合同规定的生猪数量、质量、价格和交货时间销售生猪。

(二)"社超对接"销售　"社超对接"，即组织有一定规模和标准化生产基础条件的合作社直接与城市大、中型超市签订协议，销售合作社的产品。2009 年，农业部与财政部、商务部联合部署开展"农超对接"试点，引导大型连锁超市直接与鲜活农产品产地的农民专业合作社对接，专业合作社与城市现代商业和消费市场的直接联接有新的突破，取得了明显成效。

[实例]

湖南省新之颖养猪专业合作社与步步高商业连锁股份有限公司签订了“购销合同”，2014 年 1 月 1 日至 2014 年 12 月 31 日，新之颖养猪专业合作社生产的生猪直接销售给步步高商业连锁股份有限公司，既能保证产品质量和安全性，又减少了中间环节，降低了成本。

(三)选择代理商　养猪专业合作社经过市场调研、洽谈，选择合适的代理商，将自己的产品委托代理商进行销售。这种方式的好处是销售流通成本较低，也比较省心；缺点是容易受代理商的控制，代理商往往分享销售环节利润较多，而风险又很少承担，合作社相对处于被动地位。

(四)建立销售机构　养猪专业合作社采取直销方式，选择产品有市场的主要销地开设销售机构，如专营店、专柜或直销店。这种销售方式主要销售猪肉产品。直销的优点是可以直接控制产品的价格，减少中间环节利润的流失，增加合作社销售收入；缺点是对合作社的要求较高，一般应具备一定的经济实力、较强的营销能力和数量较大的产品规模。

(五)合作社电子商务营销　即专业合作社通过网络营销产品，这是一种新的营销形式，目前还处在起步阶段。主要有两种形式：一是合作社自办网站。通过网络与客商进行产销对接，将产品销到国内外；另一种是网上联合社营销模式。网上联合社为农民专业合作社建立网店，设立合作社简介、产品展厅、管理建设、技术服务等栏目，为农民专业合作社进行产品宣传，为成员提供技术服务，树立合作社文化形象，加强合作社对外交流。网上联合社信息服务平台的开通，可以为养猪专业合作社社员拓宽收入渠道，提高社员的收入。

以上各种销售渠道都既有各自的优点，也有各自的不足。养猪专业合作社应从实际出发，根据生产经营的产品规模、质量，与大中城市距离的远近，以自身的经济实力及市场开拓能力等方面的因素，来决定采取适合自己的营销渠道和方式。

三、养猪专业合作社统一销售的注意事项

第一，养猪专业合作社应统一商标品牌，统一包装销售。积极开拓市场，扩大销售网络，努力降低销售费用，提高产品的附加值。

第二，在养猪专业合作社收购社员产品环节上，要严格执行合同规定的收购质量、价格、数量，对待社员要公平公正；社员要维护本社形象和利益，要履约守信，不贪小利；社员要听从统一指挥，服从统一调度，保证在规定时间内，保质保量的交售产品，使产品能及时销售，进入市场。

第三，在产品交售期，合作社要确保信息畅通，按市场行情，随时公布交售产品的品种、质量、价格以及交售办法和要求，使社员及时组织产品，使产品适时进入市场。合作社要确定专人，定期对收购、调运的产品以及待交售的产品，按社员、生产场、产品种类、质量规格、客户和市场分类建立台账，做好统计分析，以指导调运和销售。

第三节　养猪专业合作社的产品营销策略

第一，实施名牌战略，创立名牌产品，注册产品商标和无公害食品标志，申请并通过食品相关的各种权威认证，增加品牌的无形资产，以品牌创名牌。

第二，坚持“质量第一，信誉第一”的原则，巩固老客户，发展新客户，不断扩大产品销售范围和销售量。不合格产品禁止销售，宁肯销毁也不做降价销售，树立诚信经营的企业形象。

第三，充分利用各种媒体和信息渠道，加大产品的宣传力度，提高产品的知名度。

第四，养猪专业合作社应根据自身的实际情况，实施差异化的产品定位营销策略，强化服务意识，以市场和销售指导生产和新产品研发，以满足不同层次的消费群体。加强对潜在竞争对手的研究，不断完善营销策划工作，在竞争中把握商机。

第四节　养猪专业合作社的品牌建设

畜产品的营销，也应考虑品牌建设。由于合作社的主要决策者多是农民出身，知识水平有限，加之传统养殖业生产经营方式的惯性，市场意识、品牌意识较为淡薄，且畜产品不像工业产品那样有比较成熟的品牌运作方式，所以畜产品的品牌问题没能引起足够的重视，这也是影响养殖业收益的因素之一。随着畜产品买方市场的逐步形成，竞争越来越激烈，必须树立品牌意识，在提升畜产品质量和档次的基础上，创建畜产品品牌，实施品牌经营战略，以实现畜产品增值，提高效益。

一、实施品牌战略的意义

实施畜产品品牌战略具有以下四方面的现实意义：一是畜产品品牌化有助于增强产品的市场影响力和竞争力，扩大畜产品销售。二是产品品牌化可有效规避市场风险，有利于建立长期稳定的销售渠道和网络并保持其畅通，防止产品价格的大起大落，增加合作社盈利和社员收入。三是品牌化有助于推进养猪业现代化和产业化，通过以品牌为核心，采取“合作社＋农户”的经营模式，集中经营，科学管理，使之专业化、产业化，实现规模效益。四是品牌化有助于为消费者提供品质上的保证，降低消费者的购买风险。

[实例]

长沙县富饶生猪专业合作社主要以养殖罗代黑猪和屠宰、加工优质猪肉为主，拥有“罗代”注册商标，该商标为湖南省著名商标，开发的罗代黑猪产品获得农业部农产品质量安全中心颁发的《无公害农产品质量证书》。2013 年 8 月，罗代黑猪获得国家地理标志保护产品授牌。目前，该合作社充分利用现代传媒，进一步加大罗代黑猪的品牌推介，以提高社会知名度和消费者的认同度，致力于将其打造为湖南省畜牧业的全国知名品牌。

二、品牌建设存在的问题

我国养猪专业合作社产品品牌建设存在以下主要问题：品牌意识淡薄；销售仍然保持由“生产者—批发商—零售商—消费者”的传统模式，品牌传播渠道单一，品牌空间狭小；品牌质量不高，影响消费者的信任度。

三、品牌建设的措施

(一)强化品牌意识 品牌是合作社的无形资产，一个品牌的形成是合作社长期奋斗的结果，代表着合作社的经济实力、技术力量与管理水平，对保护自己的企业、产品有重要意义。一个好的品牌体现的是产品的质量、优质的服务和经营管理水平等，好的品牌对企业来说，是一笔财富，具有很高的价值。

（二）确保产品质量 在收购产品的时候进行安全检测，以保证合作社所销售的产品确实不存在质量问题；引入“产品可追溯”技术，确保合作社销售的生猪或者猪肉产品的安全性。

（三）重视产品的宣传工作 促销是生产经营者运用各种推销方式和方法，传播产品信息，使广大消费者认识产品，引起对产品的注意和兴趣，激发其消费欲望。促销的方法主要有：广告、人员推销、营业推广和公共关系等。促销在传递信息、激发需求、突出特点、稳定市场占有率和打入国际市场特别品牌创造方面有十分重要的作用。

（四）重视商标注册 在市场经济条件下，要创造名牌农产品的，必须依法注册商标，商标是产品的标志，包括了产品的全部内容，代表了一种形象。商标注册后，要正确地使用，不要随便转让，不要把牌子搞砸。当然，注册了商标并不等于就有了市场，更重要的还是提高产品质量，真正赢得广大消费者，不断给自己的品牌增值。

（五）政府加强引导和扶持 在扶持农产品品牌建设时，既要从宏观层面，如采取政策鼓励、宣传倡导、财政补贴、产品评比等方式营造良好的品牌建设氛围；也要从微观层面，如传递市场信息、协调合作社与下游商家的关系、建立农产品批发市场等品牌推广平台、协助合作社进行品牌宣传和公共关系活动、组织品牌建设培训和专家指导、提供农业科技服务等方面，采取具体的有针对性的措施，来引导和扶持农产品品牌建设。另外，政府可按一定区域建立农产品检测中心等监测机构，开展农产品进入市场前的检测工作，让农产品生产者能够及时了解市场准入标准。同时政府还应加强农产品质量执法的严肃性和公正性，提高农产品品牌的公信力。

附 录

附录一 中华人民共和国国家标准规模猪场建设

1 范围

GB/T 17824 的本部分规定了规模猪场的饲养工艺、建设面积、场址选择、猪场布局、建设要求、水电供应以及设施设备等技术要求。

本部分适用于规模猪场的新建、改建和扩建,其他类型猪场建设亦可参照执行。

2 规范性引用文件

下列文件中的条款通过 GB/T 17824 的本部分的引用而成为本部分的条款,凡是注日期的引用文件,其随后所有的修改单(不包括勘误的内容)或修订版本均不适用于本部分,然而,鼓励根据本部分达成协议的各方研究是否可使用这些文件的最新版本。凡是不注日期的引用文件,其最新版本适用于本部分。

GB/T 701 低碳钢热轧圆盘条

GB/T 704 热轧扁钢尺寸、外形、重量及允许偏差

GB/T 708 冷轧钢板和钢带的尺寸、外形、重量及允许偏差

GB/T 912 碳素结构钢和低合金结构钢热轧薄钢板及钢带

GB/T 1800.1 极限与配合基础第一部分:词汇

GB/T 1800.2 极限与配合基础第二部分:公差、偏差和配合的基本规定

GB/T 1800.3 极限与配合基础第三部分:标准公差和基本偏

差数值表

GB/T 1801 极限与配合公差带和配合的选择

GB/T 1803 极限与配合尺寸至18毫米孔、轴公差带

GB/T 1804 一般公差未注公差的线性和角度尺寸的公差

GB/T 3091 低压流体输送用焊接钢管

GB/T 5574 工业用橡胶板

GB 5749 生活饮用水卫生标准

GB 9787 热轧等边角钢尺寸、外形、重量及允许偏差

GB 18596 畜禽养殖业污染物排放标准

GB 50016 建筑设计防火规范

GBJ 39 村镇建筑设计防火规范

3 术语和定义

下列术语和定义适用于GB/T 17824的本部分。

3.1 规模猪场

采用现代养猪技术与设施设备，实行自繁自养、全年均衡生产工艺，存栏基础母猪100头以上的养猪场。

3.2 基础母猪

已经产出第一胎、处于正常繁殖周期的母猪。

3.3 净道

场区内用于健康猪群和饲料等洁净物品转运的专用道路。

3.4 污道

场区内用于垃圾、粪便、病死猪等非洁净物品转运的专用道路。

4 饲养工艺

4.1 猪群周转流程

猪群采用全进全出制；种猪每年的淘汰率25％～35％；后备公猪和后备母猪的饲养期16～17周；母猪配种妊娠17～18周，母猪分娩前1周转入哺乳母猪舍；仔猪哺乳期4周，断奶后母猪转入

空怀妊娠母猪舍，仔猪转入保育舍；保育猪饲养期6周，然后转入生长育肥猪舍；生长育肥猪饲养14～15周体重达到90千克以上出栏。

4.2 猪群结构

在均衡生产的情况下，规模猪场的猪群存栏结构见附表1，每一阶段的数量偏差应小于±10%。

附表1 猪群存栏结构 头

猪群类别	100头基础母猪规模	300头基础母猪规模	600头基础母猪规模
成年种公猪	4	12	24
后备公猪	1	2	4
后备母猪	12	36	72
空怀妊娠母猪	84	252	504
哺乳母猪	16	48	96
哺乳仔猪	160	480	960
保育猪	228	684	1368
生长育肥猪	559	1676	3352
合 计	1064	3190	6380

4.3 舍内配置

4.3.1 猪舍可根据需要分成几个相对独立的单元，便于猪群全进全出制周转。

4.3.2 猪舍内配置的猪栏数、饮水器和食槽数宜按附表2执行。

附表 2　不同猪舍配置的猪栏数　　个

猪舍类别	100 头猪规模	300 头基础母猪规模	600 头基础母猪规模
种公猪舍	4	12	24
后备公猪舍	1	2	4
后备母猪舍	2	6	12
空怀妊娠母猪舍	21	63	126
哺乳母猪舍	24	72	144
保育猪舍	28	84	168
生长育肥猪舍	64	192	384
合　计	144	431	862

注：哺乳母猪舍每个猪栏内安装母猪、仔猪自动饮水器各 1 个，食槽各 1 个；其他猪舍每个猪栏内安装 1 个自动饮水器和 1 个食槽。

4.3.3　每个猪栏的饲养密度宜按附表 3 执行。

附表 3　猪只饲养密度

猪群类别	每栏饲养数量（头）	每头占床面积（$米^2$/头）
种公猪	1	9.0～12.0
后备公猪	1～2	4.0～5.0
后备母猪	5～6	1.0～1.6
空怀妊娠母猪	4～5	2.5～3.0
哺乳母猪	1	4.2～5.0
保育仔猪	9～11	0.3～0.5
生长育肥猪	9～10	0.8～1.2

5 建设面积

5.1 总占地面积

不同猪场的建设面积不宜低于附表4的数据。

附表4 猪场建设面积参考 米²(亩)

占地面积	100头基础母猪规模	300头基础母猪规模	600头基础母猪规模
建设用地面积	5333(8)	13333(20)	26667(40)

5.2 猪舍建设面积

种公猪舍、后备公猪舍、后备母猪舍、空怀妊娠母猪舍、哺乳母猪舍、保育猪舍和生长育肥猪舍的建筑面积宜按附表5执行。

附表5 各猪舍的建筑面积 米²

猪群类别	100头基础母猪规模	300头基础母猪规模	600头基础母猪规模
种公猪舍	64	192	384
后备公猪舍	12	24	48
后备母猪舍	24	72	144
空怀妊娠母猪舍	420	1260	2520
哺乳母猪舍	226	679	1358
保育猪舍	160	480	960
生长育肥猪舍	768	2304	4608
合　计	1674	5011	10022

5.3 辅助建筑面积

饲料加工车间、人工授精室、兽医诊疗室、水塔、水泵房、锅炉房、维修间、消毒室、更衣间、办公室、食堂和宿舍等辅助建筑面积不宜低于附表 6 的数据。

附表 6　辅助建筑面积　　米^2

猪场辅助建筑	100 头基础母猪规模	300 头基础母猪规模	600 头基础母猪规模
更衣、淋浴、消毒室	40	80	120
兽医诊疗、化验室	30	60	100
饲料加工、检验与贮存	200	400	600
人工授精室	30	70	100
变配电室	20	30	45
办公室	30	60	90
其他建筑	100	300	500
合　计	450	1000	1555

注：其他建筑包括值班室、食堂、宿舍、水泵房、维修间和锅炉房等。

6　场址选择

6.1　场址应位于法律、法规明确规定的禁养区以外，地势高燥，通风良好，交通便利，水电供应稳定，隔离条件良好。

6.2　场址周围 3 千米内无大型化工厂、矿区、皮革加工厂、屠宰场、肉品加工厂和其他畜牧场，场址距离干线公路、城镇、居民区和公众聚会场所 1 千米以上。

6.3　禁止在旅游区、自然保护区、水源保护区和环境公害污染严重的地区建场。

6.4　场址应位于居民区常年主导风向的下风向或侧风向。

7　猪场布局

7.1　猪场在总体布局上应将生产区与生活管理区分开，健康猪与病猪分开，净道与污道分开。

7.2 按夏季主导风向，生活管理区应置于生产区和饲料加工区的上风向或侧风向，隔离观察区、粪污处理区和病死猪处理区应置于生产区的下风向或侧风向，各区之间用隔离带隔开，并设置专用通道和消毒设施，保障生物安全。

7.3 猪场四周设围墙，大门口设置值班室、更衣消毒室和车辆消毒通道；生产人员进出生产区要走专用通道，该通道由更衣间、淋浴间和消毒间组成；装猪台应设在猪场的下风向处。

7.4 猪舍朝向应兼顾通风与采光，猪舍纵向轴线与常年主导风向呈 30°～60°角。

7.5 两排猪舍前后间距应大于 8 米，左右间距应大于 5 米。由上风向到下风向各类猪舍的顺序为：公猪舍、空怀妊娠母猪舍、哺乳猪舍、保育猪舍、生长育肥猪舍。

8 建设要求

8.1 猪舍建筑宜选用有窗式或开敞式，檐高 1.4～2.7 米。

8.2 猪舍内主通道的宽度应不低于 1 米。

8.3 猪舍围护结构能防止雨雪侵入，能保温隔热，能避免内表面凝结水汽。

8.4 猪舍内墙表面应耐消毒液的酸碱腐蚀。

8.5 猪舍屋顶应设隔热保温层，猪舍屋顶的传热系数 **k** 应不大于 0.23 瓦/(米^2·度)。

8.6 猪场建筑的耐火等级按照 GB 50016 和 GB J39 的要求设计。

9 水电供应

9.1 规模猪场供水宜采用自来水供水系统，根据猪场需水总量和 GB 5749 选定水源、贮水设施和管路，供水压力应达到 1.5～2 千克/厘米^2。

9.2 采用干清粪生产工艺的规模猪场，供水总量应不低于附表 7 的数值。

附表 7　规模猪场供水量　　吨/日

供水量	100 头基础母猪规模	300 头基础母猪规模	600 头基础母猪规模
猪场供水总量	20	60	120
猪群饮水总量	5	15	30

注:炎热和干燥地区的供水量可增加。

10　设施设备

10.1　材质与性能要求

10.1.1　猪场设备的材料应符合 GB/T 701,GB/T 704,GB/T 708,GB/T 912,GB/T 3091,GB 9787 的要求。

10.1.2　猪场设备所有加工零件的尺寸公差应符合 GB/T 1800,1. GB/T 1800,2. GB/T 1800,3. GB/T 180 和 UGB/T 1803 的要求;未注尺寸的公差应符合 GB/T 1804 的要求。

10.1.3　猪场设备的所有铸件表面应光滑,不允许有气孔、夹砂、疏松等缺陷;所有焊合件要焊接牢固可靠,不得有虚焊、烧伤,焊缝应平整光滑;各种钣金件表面应光滑、平整,不得有起皱、裂纹、毛边;管道弯曲加工表面不得出现龟裂、皱折、起泡等;设备表面不能有任何伤害操作人员和猪只的显见粗糙点、凸起部位、锋利刃角和毛刺;表面应进行防腐处理,处理后不应产生毒性残留。

10.1.4　猪场设备的各项使用性能应符合工作可靠、操作方便、安全环保等要求。

10.1.5　猪场设备与地面、墙壁的连接要牢固、整洁;电器设备的安装要符合用电安全规定。

10.1.6　饲养设备中使用的塑料件应采用 PVC 无毒塑料,使用橡胶材料的材质应符合 GB/T 5574 的规定。

10.2　设备主要选型

10.2.1　猪栏

公猪栏、空怀妊娠母猪栏、分娩栏、保育猪栏和生长育肥猪栏均为栅栏式，其基本参数应符合附表8的规定。

附表8 猪栏基本参数 毫米

猪栏种类	栏 高	栏 长	栏 宽	栅格间隙
公猪栏	1200	3000～4000	2700～3200	100
配种栏	1200	3000～4000	2700～3200	100
空怀妊娠母猪栏	1000	3000～3300	2900～3100	90
分娩栏	1000	2200～2250	600～650	310～340
保育猪栏	700	1900～2200	1700～1900	55
生长育肥猪栏	900	3000～3300	2900～3100	85

注：分娩母猪栏的栅格间隙指上下间距，其他猪栏为左右间距。

10.2.2 食槽

食槽应限制猪只采食过程中将饲料拱出槽外，自动落料食槽应保证猪只随时采食到饲料，其基本参数应符合附表9的规定。

附表9 猪食槽基本参数 毫米

型 式	适用猪群	高 度	采食间隙	前缘高度
水泥定量饲喂食槽	公猪、妊娠母猪	350	300	250
铸铁半圆弧食槽	分娩母猪	500	310	250
长方体金属食槽	哺乳仔猪	100	100	70
长方形金属	保育猪	700	140～150	100～120
自动落料食槽	生长育肥猪	900	220～250	160～190

10.2.3 饮水器

猪场宜采用自动饮水器。饮水器长径应与地面平行，水流速度和安装高度应符合附表10的规定。

附表10 自动饮水器的水流速度和安装高度

适用猪群	水流速度（毫升/分钟）	安装高度（毫米）
成年公猪、空怀妊娠母猪、哺乳母猪	2000～2500	600
哺乳仔猪	300～800	120
保育猪	800～1300	280
生长育肥猪	1300～2000	380

10.2.4 漏粪地板

哺乳母猪、哺乳仔猪和保育猪宜采用质地良好的金属丝编织地板，生长育肥猪和成年种猪宜采用水泥漏缝地板。干清粪猪舍的漏缝地板应覆盖于排水沟上方。漏缝地板间隙应符合附表11的规定。

附表11 不同猪栏漏缝地板间隙宽度 毫米

成年种猪栏	分娩栏	保育猪栏	生长育肥猪栏
20～25	10	15	20～25

10.2.5 采暖、通风和降温设备

寒冷季节哺乳母猪舍和保育猪舍应设置供暖设施，哺乳仔猪采用电热板或红外线灯取暖；盛夏季节公猪舍宜采用湿帘机械通风方式降温，其他猪舍采用自然通风加机械通风方式降温。

10.2.6 清洁与消毒设备

水冲清洁设备宜选配高压清洗机、管路、水枪组成的可移动高压冲水系统；消毒设备宜选配手动背负式喷雾器、踏板式喷雾器和火焰消毒器。

10.2.7 粪污处理设施与设备

规模猪场宜采用干湿分离、人工清粪方式处理粪污，应配置专用的粪污处理设备，处理后粪污排放标准应符合 GB 18596 的要求。

10.2.8 运输设备

规模猪场应配备专用运输设备，包括仔猪转运车、饲料运输车和粪便运输车等。该类型运输设备宜根据猪场具体情况自行设计和定制。

10.2.9 监测仪器设备

规模猪场宜配备妊娠诊断、精液监测、称重、活体测膘等仪器设备，以及计算机和相关软件。

附录二 生猪人工授精技术操作规程

一、精液采集操作

1. 人员要求 要求工作人员具备熟练的采精技术，工作认真负责、仔细、有耐心，与种公猪建立良好的关系，采精过程中严禁粗暴对待种公猪。

2. 采精流程 对采精室进行严格消毒并调节至适宜温度→配备稀释液及其他采精器材→确认公猪品种和耳号后将其赶至采精室→清洗包皮并剪净包皮附近的毛→诱使公猪爬上假母猪台→清洗并消毒手后开始采精→弃掉射精开始部分和结尾部分→弃去过滤纱布和滤纸→送至实验室进行精液处理→填写采精记录表→待公猪稍作休息后赶回栏舍→清洗消毒采精室。

3. 采精操作

①准备盛精液的杯子，一次性手套、纸巾、毛巾、清水以及0.1%高锰酸钾溶液等，将采精室的温度调至20℃左右。

②工作人员一手持刚从37℃保温箱拿出来的采精杯，另一手戴双层无滑石粉的专用聚乙烯手套。

③确认品种和耳号后将种公猪赶进采精室，先排空包皮中的积液并剪净尿道口周围的毛，然后使用0.1%高锰酸钾溶液对包皮和腹部进行消毒，消毒后需用清水（冬季使用温水）清洗2次，并擦干。

④按摩种公猪包皮，待产生兴致时引导其爬上假母猪台，种公猪逐渐伸出阴茎后则脱去外层专用手套，将阴茎龟头导入空拳，使龟头前部露出拳心2厘米左右，顺着种公猪抽动节奏，紧握阴茎螺旋部的第一、第二褶，并用大拇指对龟头轻触刺激直到达强直状态。

⑤种公猪开始射精后，弃去最初射出的清亮液体部分（约25毫升）和最后射出的较为稀薄的部分（20～40毫升），用4层滤纸或纱布过滤收集中间的浓精（80～400毫升），保持种公猪完成3～5分钟整个射精过程再放手，严禁中途终止采精和手指沾到流进采精杯的精液。

⑥采精完毕后，弃去采精杯上的滤纸或纱布，盖好，并放入37℃恒温水浴锅中待检；待公猪原地休息几分钟后再小心辅助其爬下假母猪台，然后赶回栏舍。

⑦清洁采精室和采精用具，并用消毒液彻底消毒后晾干。

⑧固定每头种公猪的采精频率，成年种公猪每周采精2次，青年种公猪每周采精1次。

二、精液处理操作

1. 人员要求　能熟练操作各种仪器，检测准确，精确配制稀释液，工作认真负责、仔细、有耐心。

2. 处理操作

(1)精液检测

①准备各种用品。精液品质检查用品、精液稀释配制用品、精液稀释分装用品、保存和输精用品以及消毒用品等。

②精子活率。精子活率是指呈直线运动的精子百分率，在

37℃下将显微镜调至400倍进行观察，采用10分制进行评分，新鲜精液的活率不得低于7分。

③精液量。使用电子天平进行称量，换算标准为1克＝1毫升。

④精液颜色。正常精液的颜色呈乳白色或浅白色，若出现异常颜色（绿色或黄色）应交由兽医查找原因，这种精液不得用于配种。

⑤气味。正常猪精液稍微带有腥味，若出现异常气味，不得用于配种。

⑥pH值。可使用pH试纸或pH计进行测量，其中试纸法是用滴管吸取1滴精液于试纸上，1分钟后与标准比色板对比并确定pH值；pH计法则参照使用说明书。

⑦精子密度。指每毫升精液中所含精子数，使用血细胞计数板或精液计数检测仪进行计数，精液密度测定完毕后应当计算出总精子数。

⑧精子畸形率。是指异常精子的百分率，畸形率高于18%的精液不得用于配种；在相差显微镜下直接观察经伊红或姬姆萨氏染色后的精液，常见畸形有：巨型精子、双头或双尾精子、顶体异常、头尾残缺、尾部变曲等。

(2)精液稀释

①输精剂量标准。输精剂量标准为80～90毫升中含40亿个总精子数计，以此计算出所需稀释液的量和稀释后精液总体积。

②配制稀释液。选用分析纯试剂，按照既定的稀释配方准确称量试剂后用蒸馏水溶解配制，配制好的稀释液置于4℃条件下保存并于24小时内使用完。

③稀释操作。按照计算量将温差不超过1℃的稀释液沿引流棒或容器壁缓慢加入精液中，然后轻轻摇动或使用玻璃棒轻轻搅拌，稀释液应当分3次注入精液，每次间隔1～2分钟。

④精子活率检测。稀释后，静置2～3分钟，然后利用显微镜进行精子活率检测，活率变化不大则进行分装，低于7分的精液不得用于配种。

⑤标记。对分装好的每份精液进行标注，包括品种，耳号，采精日期。

⑥保存。对于不立即使用的稀释后精液在21℃条件下搁置2小时，然后用毛巾包裹后置于17℃恒温箱保存，且每隔8～12小时进行轻轻摇匀1次。

⑦清洁消毒。所有操作进行完毕后应对使用过的所有仪器用具进行清洗并高温消毒，然后烘干备用，清洗时不能使用肥皂或洗洁精、消毒剂等。

三、输精操作

1. 人员要求。输精人员要求具备一定的输精经验，工作认真负责、仔细、有耐心，严禁粗暴对待待配母猪。

2. 具体操作

①适宜的输精时间。最佳的输精时间为出现静立反射后，外阴的颜色由潮红逐渐变为紫红色时进行第一次输精，在相隔8～12小时后，进行第二次输精；对于个别发情异常的母猪应当根据个体的不同情况决定输精时间。

②新鲜采集稀释的精液可以直接进行输精，若是经过保存的精液轻轻摇匀后在37℃条件下用显微镜检测精子活率，低于7分的精液不得用于配种。

③使用0.1%高锰酸钾溶液彻底清洗母猪外阴、臀部周围和尾根部，再用温水进行清洗，清洗完毕后用消毒后的毛巾擦干外阴部。

④取出一次性输精管，使其前2/3露出外包装，在海绵体上涂抹对精子无毒副作用的专用润滑油。

⑤一手将母猪阴唇分开，另一手轻轻将输精管插入母猪阴门，

向上倾斜45°推进15厘米左右，再平插；对于海绵头，当输精管插入约30厘米时向后轻轻拉动而有锁定感觉说明输精管已经到达子宫颈的准确位置，对于螺旋头在插入过程中当每旋转1/4圈又弹回后，说明已到达准确位置。

⑥在确认公猪的品种、耳号后，将精液瓶轻轻摇匀后与输精管进行连接，使输精瓶向上竖立开始输精，这时可按压母猪背部和后臀部，按摩阴蒂等以增加母猪快感，使得阴道和子宫收缩产生负压，利于精子运输速度和母猪排卵。

⑦用输精瓶的高低来控制精液流入速度和输精时间，整个输精时间应控制在4～7分钟。当输精瓶中精液排空后，放低输精瓶15秒左右，观察是否有精液回流，若出现回流现象则应抬高输精瓶继续输精。

⑧输精完毕后，将输精管尾部折起或加塞停留3～5分钟，以防空气进入母猪生殖道且让精液在子宫收缩和重力作用下被吸进子宫，拔出输精管时应向下倾斜45°缓慢进行。

⑨输精结束后必须做好母猪的配种记录，包括配种时间，配种次数以及与配公猪品种和耳号等。

附录三　空怀待孕阶段饲养管理操作规程

一、主要目标

第一，按计划完成每周配种任务，保证全年生产均衡。

第二，保证配种分娩率在85%以上。

第三，保证窝平均产仔数在10头以上。

第四，保证后备母猪合格率在90%以上（转入基础群）。

二、工作人员要求

第一，协助组长做好配种、空怀母猪和妊娠母猪的转栏和调整工作。

第二，协助组长做好公猪、空怀母猪、妊娠母猪、后备猪的预防注射工作。

第三，负责大栏内公猪、空怀猪、后备猪以及限位栏内妊娠猪的饲养管理工作。

三、工作内容

第一，巡视栏舍，检查猪群是否有异常情况，并对异常情况进行处理。

第二，每日2次发情检查，配种及妊娠检查。

第三，安排断奶母猪和适宜日龄的后备母猪进入配种区，并合理分群。

第四，将确定妊娠的母猪转入妊娠母猪舍，并将预产期前1周的待产母猪转入产房。

第五，按时清理粪污，定期消毒，并对栏舍内各设备进行维修和保养。

第六，按时按量地提供饲料和清洁的饮水。

第七，参加生产线上组织的其他生产工作。

四、操作规程

1. 发情鉴定

(1)发情征状

①发情前期征状。阴门出现樱桃红色、肿大，经产母猪不一定有该表现；尖叫、哼哼、呼噜；烦躁不安、咬栏；爬跨；食欲不振；阴门有黏液流出；被同栏母猪爬跨，但无静立反射。

②发情期征状。阴门红肿消退；黏液黏稠表明将要排卵；出现静立反射；拱背；震颤、发抖、目光呆滞；耳朵竖起（大白猪耳朵竖立并上下轻弹）；爬跨其他母猪或被爬跨时站立不动；与公猪亲近时表现出明显的静立反射；食欲减少；发出特有的呼噜声；愿意接近饲养员，能够接受交配。发情期的平均持续时间为：后备母猪1～2天，经产母猪2～3天。

③特殊情况。母猪在发情时只能观察到部分或所有发情征

状,不同品系或个体之间存在差异,需要注意观察。饲喂在限位栏时,后备母猪发情时常会站着,而其他母猪则躺下,这样就不能观察到正常的发情征状,因此需要饲养员借助母猪同公猪的头对头接触来检查发情。

(2)发情鉴定注意事项

①每天上、下午各 1 次查情,查情时间安排在母猪采食后 30 分钟表现出平静时进行。

②采用人工查情和公猪试情相结合的查情方法,确保每头母猪都得到细致的检查。

③试情公猪要求 12 月龄以上,走动缓慢,口腔中泡沫分泌较多,试情时一定要限制公猪的走动速度。

④限位栏饲养时,将公猪赶在母猪的前面,工作人员在母猪后侧查情;小群饲养时,则应将公猪赶进栏舍,保证给予母猪最好的刺激。

⑤利用公猪试情时,工作人员可以摁压母猪背部,以及刺激肋部和腹部。

⑥详细记录每头猪的发情情况,例如发情时间、适宜的配种时间。

2. 配种

(1)配种程序

①优先对断奶母猪和返情母猪进行配种,而后结合满负荷配种计划有选择地对后备母猪进行配种,确保后备母猪和返情母猪配种 3 次。

②初期实行人工授精通常采用“1+2”配种模式,即第一次本交,第二、第三次人工授精;条件成熟之后采用“全人工授精”配种模式,但尽量由 3 次逐步过渡到 2 次。

③配种间隔。在 1 周内正常发情的经产母猪:上午发情,下午配第一次,次日上、下午配第二、第三次;下午发情,次日早配第一

次，下午配第二次，第三日下午配第三次。断奶后发情较迟（7天以上）的及复发情的经产母猪、初产后备母猪，要早配（发情即配第一次），并应至少配3次。

（2）配种方法

①参照“老配早，少配晚，不老不少配中间”的规律，即胎次较高（5胎以上）的母猪发情后，第一次适当早配；胎次较低（2～5胎）的母猪发情后，第一次适当晚配。

②高温季节宜在上午8时前、下午5时后进行配种，最好饲前空腹配种。

③保证在排卵期间母猪生殖道内有足够活率的精子，应在第一次输精后24小时内输精2次。

④配种后做好配种记录，包括配种日期、配种次数、与配公猪的信息。

3. 返情检查

①要对所有配种后的母猪仔细观察其是否返情，直到妊娠60天左右能明显看出妊娠为止。

②用种公猪进行试情，公猪在母猪栏前慢走，并与母猪鼻对鼻的接触，工作人员要仔细观察母猪的表现，并注意发现意外的不规则返情。

③正常的返情征状有：压背、竖耳、鸣叫、外阴红肿等；不正常的返情征状有：阴门流出脓样淡色或黄色的恶露，严重的流出的分泌物是脓性的，具有难闻气味。

④可用拇指测阴道温度，翻查阴道也很有效：清晰的黏性分泌物，阴道温度升高或其他发情征状并对公猪感兴趣的母猪可定义为返情母猪。

4. 公猪的饲养管理

（1）工作目标　培养体质健壮、精液品质优良的公猪，同时提高公猪的繁殖力和延长使用寿命。

(2)操作规程

①栏舍环境。公猪栏舍温度保持在16℃～25℃，空气相对湿度60%；此外，还应保持干燥、清洁、阳光充足，空气新鲜。

②密度和运动。成年公猪应单栏饲养；并坚持常年自由运动，至少保证上、下午各运动1.5～2小时，但配种前1小时不宜运动。

③防暑降温。高温天气下午洗浴1次并安排在早、晚较凉爽时配种，适当减少配种次数，当室外温度超过25℃时则不安排公猪运动。

④喂料。饲喂专用饲料，日喂2次，每头每天2.5～3千克精料、0.5～1千克青绿饲料，根据品种、体重、采精次数适量增减饲喂量的10%～20%，配种期或配种任务繁重时在喂料前补喂1枚鸡蛋，全程自由饮水。

⑤消毒。严格执行消毒制度，及时驱除体内外寄生虫，并做好消毒和驱虫记录。

⑥调教。后备公猪达8月龄，体重达120千克，膘情良好即可开始调教。将后备公猪放在配种能力较强的老公猪附近隔栏观摩、学习配种方法；第一次配种时，公、母大小比例要合理，母猪发情状态要好，不让母猪爬跨新公猪，以免影响公猪配种的主动性，正在交配时不能推公猪，更不能打公猪。

⑦使用。后备公猪9月龄开始使用，使用前先进行配种调教和精液质量检查，初配体重应达到130千克以上。9～12月龄公猪每周采精(配种)1～2次，13月龄以上公猪每周采精(配种)3～4次。刚参加配种的青年公猪，不得连续采精(配种)，2次采精(配种)间至少休息1天。

⑧采精。应在早晚空腹时采精，采精必须安排在采食1小时以后。

⑨治疗。对性欲低下、跛行以及其他疾病造成精液检查不合格的公猪，应立即停止采精并对症治疗。

⑩淘汰。本交公猪每月须检查精液品质1次，夏季每月2次，若连续3次精检不合格或连续2次精检不合格且伴有睾丸肿大、萎缩、性欲低下、跛行等疾病时，必须淘汰。

⑪工作安全。工作时保持与公猪的距离，不要背对公猪，用公猪试情时，需要将正在爬跨的公猪从母猪背上拉下来，这时要小心，不要推其肩、头部以防遭受攻击，且严禁粗暴对待公猪。

5. 断奶母猪的饲养管理

①断奶前后1周内适当减少哺乳次数，减少喂料量以防发生乳房炎，有计划地淘汰7胎以上或生产性能低下的母猪，确定淘汰猪最好在母猪断奶时进行。

②母猪断奶当天即转入配种舍，且不喂料和适当限制饮水，断奶母猪膘情以看到稍为突出的脊椎骨为宜，同时注意乳房炎和子宫炎的及时处理。

③断奶母猪可喂哺乳料，日喂2次，每次1.25～1.5千克，推迟发情的断奶母猪优饲，日喂3～4千克。

④母猪断奶后一般在3～7天开始发情，此时注意做好母猪的发情鉴定和公猪的试情工作，母猪发情稳定后才可配种，不可强配。

6. 妊娠母猪的饲养管理

①母猪在确定妊娠后按配种时间(周次)转入妊娠栏舍编组排列，统一管理。

②在适温环境中，妊娠0～90天的采食量为2～2.3千克/日，经产母猪为2.3～2.5千克/日。严禁饲喂霉变饲料，留给每头猪足够的吃料时间，不要过早放水进食槽以免造成浪费。

③体况评分：一般采用5分制，即消瘦、瘦、理想、肥、过肥。体况评定应在妊娠后35天和90天进行，要求85%～90%的母猪达到3.5～4分，10%～15%的母猪为2.5分和4.5分，允许大约10%的母猪在配种时的评分为2.5分。

④妊娠期母猪增重：初产母猪以35.5～45.5千克为宜，第2～5胎母猪以36.5～41千克为宜，5胎以上母猪以75千克为宜。

⑤妊娠诊断：在正常情况下，配种后21天左右不再发情的母猪即可确定妊娠。其表现为：贪睡、食欲旺、易上膘、皮毛光、性温驯、行动稳、阴门下裂缝向上缩成一条线等，做好配种后18～65天的返情检查工作。

⑥预防烈性传染病的发生，预防中暑，防止机械性流产，按免疫程序做好各种疫苗的免疫接种工作。

⑦妊娠母猪临产前1周转入产房，转入前冲洗消毒，并同时驱除体内外寄生虫。

附录四 分娩哺乳阶段饲养管理操作规程

一、工作目标

第一，按计划完成母猪分娩产仔任务，做好母猪哺乳阶段的饲养管理工作。

第二，哺乳期仔猪成活率达95%以上。

第三，仔猪31日龄断奶平均体重不少于6千克，28日龄断奶平均体重不少于7千克。

二、操作规程

1. 产前准备

①空栏彻底清洗，检修产房设备，之后用消毒药连续消毒2次，晾干后备用，第二次消毒最好采用火焰消毒或熏蒸消毒。

②产房做好夏季的防暑降温和冬季的防寒保暖工作，产房温度最好控制在25℃左右，空气相对湿度65%～75%。

③检验清楚预产期，母猪的妊娠期平均计为114天，产前7天将母猪转入产房，上产床前清洗消毒，驱除体内外寄生虫1次。

④产前、产后3天母猪减料，以后自由采食，产前3天开始投喂维力康或碳酸氢钠、芒硝，连喂1周，分娩前检查乳房是否有乳

汁流出，以便做好接产准备。

⑤准备好5%碘酊、0.1%高锰酸钾、抗生素、缩宫素、保温箱、毛巾等药品工具。

⑥分娩前用0.1%高锰酸钾消毒水清洗母猪的外阴和乳房。

⑦产前、产后母猪料添加1～2周阿散酸、强力霉素等，以预防仔猪下痢。

⑧判断分娩：阴道红肿，频频排尿，乳房有光泽、两侧乳房外胀，用手挤压有乳汁排出，初乳出现后12～24小时分娩。

2. 接产

①要求有专人看管，接产过程中工作人员严禁离开。

②仔猪出生后，应立即将其口、鼻黏液清除、擦净，用抹布将猪体抹干，发现假死猪及时抢救，产后检查胎衣是否全部排出，如胎衣不下或胎衣不全可肌内注射缩宫素。

③断脐用5%碘酊消毒。

④把初生仔猪放入保温箱，保持箱内温度30℃以上。

⑤帮助仔猪吃上初乳，固定乳头，初生重小的放在前面，大的放在后面，仔猪吃初乳前，每个乳头的最初几滴奶要挤掉。

⑥有羊水排出、强烈努责后1小时仍无仔猪排出或产仔间隔超过1小时的，即视为难产，需要人工助产。

⑦注射缩宫素仍无效或由于胎儿过大、胎位不正、骨盆狭窄等原因造成难产应立即人工助产。

⑧人工助产：先要剪平指甲，消毒并润滑手、臂，然后随着子宫收缩节律慢慢伸入阴道内；手掌心向上，五指并拢；抓仔猪的两后腿或下颌部；母猪子宫扩张时，开始向外拉仔猪，努责收缩时停下，动作要轻；拉出仔猪后应帮助仔猪呼吸（假死仔猪的处理：将其前、后躯以肺部为轴向内侧并拢、放开反复数次）。产后阴道内注入抗生素，同时肌内注射长效土霉素等抗生素1个疗程，以防发生子宫炎、阴道炎。

⑨记录每头母猪的产仔情况，包括窝产仔数、产仔时间、是否难产、是否人工助产、难产原因等，以供下次接产和母猪淘汰做参考。

3. 产后护理和饲养

①哺乳母猪每天喂3次，产前3天开始减料，渐减至日常量的1/2～1/3，产后3天恢复正常，自由采食直至断奶前3天，喂料时若母猪不愿站立吃料，应赶起。

②产前、产后日粮中加0.75%～1.5%的电解质、轻泻剂（维力康、碳酸氢钠或芒硝）以预防产后便秘、消化不良、食欲不振，夏季日粮中添加1.2%碳酸氢钠可提高采食量。

③哺乳期内注意保持环境安静、圈舍清洁、干燥，做到冬暖夏凉，随时观察母猪的采食量和泌乳量的变化，以便针对具体情况采取相应措施。

④仔猪初生后2天内注射血康或富来血、牲血素等铁剂1毫升，预防贫血；口服抗生素、庆大霉素2毫升，以预防下痢。注射亚硒酸钠-维生素E 0.5毫升，以预防白肌病，同时也能提高仔猪对疾病的抵抗力；如果猪场呼吸道病严重时，鼻腔喷雾卡那霉素加以预防。无乳母猪采用催乳中药拌料或口服。

⑤新生仔猪要在24小时内称重、打耳号、剪牙、断尾。断脐以留下3～5厘米为宜，断端用5%碘酊消毒；打耳号时，尽量避开血管处，缺口处要用5%碘酊消毒；剪牙钳5%碘酊消毒后齐牙根处剪掉上下两侧犬齿，弱仔不剪牙；断尾时，尾根部留下3厘米处剪断、用5%碘酊消毒；禁止7日龄后断尾。

⑥仔猪吃过初乳后，适当寄养调整，尽量使仔猪数与母猪的有效乳头数相等，防止未使用的乳头萎缩，从而影响下一胎的泌乳性能。寄养时，仔猪间日龄相差不超过3天，把大的仔猪寄出去，寄出时用寄母的乳汁擦抹待寄仔猪的全身。

⑦3～7日龄小公猪去势，去势时要彻底，切口不宜太大，术后

用5%碘酊消毒或注射抗生素，防止感染。

⑧产房适宜温度：分娩后1周27℃，2周26℃，3周24℃，4周22℃。保温箱温度：初生36℃，体重2千克30℃，4千克29℃，6千克28℃，6千克以上至断奶27℃，断奶后3周24℃～26℃。

⑨产房要保持干燥，产栏内只要有小猪，便不能用水冲洗，预防仔猪下痢。

⑩补料：5～7日龄开始诱补开口料，保持食槽清洁、饲料新鲜。勤添少添，晚间要补添1次料。每天补料次数为4～5次。

⑪产房人员不得擅自离岗，有其他工作不得已离岗时每次离开时间控制在1小时以内。

⑫仔猪21～25日龄断奶，一次性断奶，不换圈，不换料。断奶前后连喂3天代乳料，以防应激。

⑬断奶后1周，逐渐过渡饲料，断奶头2天注意限料，以防消化不良引起下痢。

⑭在哺乳期因失重过多而瘦弱的母猪要适当提前断奶，断奶前3天需适当限料。

附录五　保育阶段饲养管理操作规程

一、工作目标

第一，保育期成活率96%以上。

第二，9周龄转出体重18千克以上。

第三，10周龄转出体重22千克以上。

二、操作规程

①常规维修。每次空栏后，应彻底检查保育舍的维修问题，例如地板、隔板、食槽、饮水器等。

②空栏彻底清洗和消毒后，保育舍应在进猪之前彻底干燥和空栏，空栏时间不少于3天。

③把最小的猪安排在最暖和的特别看护圈，并给予多的照顾。

此外留1～2空栏备用。

④刚转入小猪栏要用木屑或棉花将饮水器撑开，使其有小量流水，诱导仔猪饮水和吃料。经常检查饮水器。

⑤头2天注意限料，以防消化不良引起腹泻。以后自由采食，勤添少添，每天添料3～4次，保证饲料的新鲜度。

⑥饲料变换。应逐渐变换饲料，使猪有一个适应过程，一般饲料过渡期为4天。

⑦及时调整猪群，按强弱、大小分群，保持合理的密度，病猪、僵猪及时隔离饲养。注意链球菌病的防治。

⑧保持圈舍卫生，加强猪群调教，训练猪群吃料、睡觉、排便“三定位”。尽可能不用水冲洗有猪的猪栏(炎热季节除外)。注意舍内湿度。

⑨头1周，饲料中适当添加一些抗应激药物如维力康、维生素C、多种维生素、矿物质添加剂等。同时，饲料中适当添加一些抗生素药物如强力霉素、土霉素等。1周后驱体内外寄生虫1次，可用伊维菌素、阿维菌素等拌料1周。

⑩清理卫生时注意观察猪群排粪情况；喂料时观察食欲情况；休息时检查呼吸情况，发现病猪，对症治疗。严重病猪隔离饲养，统一用药。

⑪按季节温度的变化，做好通风换气、防暑降温及防寒保温工作，注意舍内有害气体浓度，最小通风率为0.375米^3/时·千克体重，最大通风率为1.9米^3/时·千克体重。

⑫分群合群时，为了减少相互咬架而产生应激，应遵守“留弱不留强”、“拆多不拆少”、“夜并昼不并”的原则。可对并圈的猪喷洒药液(如来苏儿)，清除气味差异，并圈后饲养人员要多加观察(此条也适合于其他猪群)。

⑬保育阶段必须按照规定进行免疫注射，任何免疫都必须在猪只健康正常的情况下进行。

⑭每周消毒2次，每周消毒药更换1次。

⑮保育舍的记录非常简单但意义重大，包括转入转出头数、体重以及日期、存栏数、死亡记录、治疗记录等。

附录六　生长育肥阶段饲养管理操作规程

一、工作目标

第一，育成阶段成活率≥99%。

第二，饲料转化率(15～90千克阶段)≤2.6∶1。

第三，日增重(15～90千克阶段)≥700克。

第四，生长育肥阶段(15～95千克)饲养日龄≤112天。

第五，全期饲养日龄≤168天。

二、操作规程

①常规维修。大猪的破坏性大，应对猪栏、食槽、通风设备、降温设备、饮水设备等进行检修。

②转入猪群前需要对整个栏舍清洗消毒，应在进猪之前彻底干燥和空栏，空栏时间不少于3天。

③及时调整猪群，按强弱、大小、公母分群，保持合理的密度，病猪及时隔离饲养。

④转入第一周饲料添加土霉素钙预混剂、氟苯尼考预混剂、泰乐菌素等抗生素，预防及控制呼吸道疾病。

⑤小猪49～77日龄喂小猪料，78～119日龄喂中猪料，120～168日龄喂大猪料，自由采食，喂料时参考喂料标准，以每餐不剩料或少剩料为原则。

⑥保持圈舍卫生，加强猪群调教，训练猪群吃料、睡觉、排便"三定位"。

⑦干粪便要用车拉到化粪池，然后再用水冲洗栏舍，冬季每隔1天冲洗1次，夏季每天冲洗1次。

⑧清理卫生时注意观察猪群排粪情况；喂料时观察食欲情况；

休息时检查呼吸情况，发现病猪，对症治疗。严重病猪隔离饲养，统一用药。

⑨按季节温度的变化，调整好通风降温设备，经常检查饮水器，做好防暑降温等工作。

⑩分群合群时，为了减少相互咬架而产生应激，应遵守“留弱不留强”、“拆多不拆少”、“夜并昼不并”的原则。可对并圈的猪喷洒药液（如来苏儿），清除气味差异，并圈后饲养人员要多加观察（此条也适合于其他猪群）。

⑪每周消毒1次，每隔1周或2周更换消毒药。

⑫资料记录。包括转群日期、数量、体重，死亡日期、原因，治疗数量、方法、饲料用量等。

⑬数据分析。建议对生长速度、饲料转化率、饲料成本进行监控，以确定生长性能和效益水平。

附录七 消毒与防疫、免疫操作规程

1. 消毒规程

(1)生活区：办公室、食堂、宿舍及其周围环境每月进行1次彻底消毒。

(2)售猪周转区：周转猪舍、出猪台、磅秤及周围环境每售一批猪后进行1次彻底消毒。

(3)消毒池：生产区正门口以及各栋猪舍门口的消毒池或消毒盆内的消毒液每周至少更换2次，保持有效的消毒浓度。

(4)车辆：所有进出的车辆以及随车人员必须进行彻底的消毒。

(5)生产区环境：生产区道路及两侧5米内范围、猪场内空地每月至少消毒2次。

(6)猪舍和猪群：配种妊娠舍每周至少消毒1次，分娩保育舍每周至少消毒2次。

(7)常见消毒液及其使用见附表12。

附表12　常用消毒药及其使用方法

名　称	使用方法		消毒对象
氢氧化钠(烧碱)	3%～5%	喷洒	病原微生物污染的猪舍、场地、消毒池
漂白粉	5%～20% 0.05%	喷洒 饮用	猪舍、场地、排泄物、饮水消毒
生石灰	10%～20%	喷洒或涂刷	猪舍、场地、车辆等
过氧乙酸	0.1%	饮用或浸泡	饮水、创伤
高锰酸钾	0.2%～0.5%	喷雾或熏蒸	猪舍及内外环境
福尔马林	15～30毫升/米^3	熏蒸	空舍后的猪舍
复合酚(菌毒敌等)	1∶100～300	喷洒	猪舍及内外环境
农　福	1%～1.3% 1.7%	喷洒 喷洒	猪舍及内外环境 车辆及器具
百毒杀	1∶100～300	喷洒	猪舍及内外环境
新洁尔灭	0.1%	浸泡	皮肤及创伤
碘　酊	2%～5%	外用	皮肤及创伤
综合碘(特效碘、爱迪伏等)	50～100毫克/千克	喷洒	猪舍及内外环境
乙　醇	70%～75%	外用	皮肤及创伤

2. 防疫规程

(1)坚持自繁自养的原则,必须引进种猪时,在引进种猪前必须调查产地是否为非疫区,并有产地检疫证明。

(2)猪场严禁饲养禽类、犬、猫及其他动物。猪场食堂不准外购猪只及其产品。职工家中不得养猪。

(3)严禁外来人员到猪场参观,必要时需经场长许可,需洗澡更换场区工作服、工作鞋,并遵守场内防疫制度。

(4)场内不准带入可能染疫的畜产品或其他物品。场内兽医人员不准对外诊疗猪只及其他动物的疾病。猪场配种人员不准对外开展猪的配种工作。

(5)猪场每个消毒池要经常更换消毒液,保持有效浓度。

(6)生产人员进入生产区前,应先洗手、穿工作服和胶靴;或淋浴后更换衣、鞋,工作服应保持清洁,定期消毒。严禁相互串猪舍。

(7)猪场要喂全价配合饲料,禁止饲喂不清洁、发霉或变质的饲料,不得喂未经无害处理的泔水以及其他畜禽副产品。

(8)每天坚持打扫猪舍卫生,保持食槽、水槽、用具干净,地面清洁,舍内可用0.27%、0.3%过氧乙酸或次氯酸钠或其他消毒药消毒,每月2～3次。猪只转群后,栏舍要进行彻底清洗消毒。

(9)猪场道路和环境要保持清洁卫生,因地制宜选用高效、低毒、广谱的消毒药品,定期消毒。

(10)每批猪只调出后,猪舍要严格进行清扫、高压冲洗和消毒,并空栏5～7天,做到"全进全出"。

(11)产房要严格消毒,有条件的可进行消毒效果检测,临产母猪进入产房前进行体表清洗和消毒,产前母猪用0.1%高锰酸钾溶液对外阴部和乳房擦洗消毒。仔猪断脐、剪牙、断尾和剪耳缺时要进行严格消毒。

(12)定期驱除猪的体内、外寄生虫。搞好灭鼠、灭蚊蝇和吸血昆虫等工作。

(13)饲养员认真执行饲养管理制度，细致观察饲料有无变质、猪采食和健康状态、排粪有无异常等，发现不正常现象，及时请兽医检查。

(14)猪只及其产品出场，出具经县以上防疫检疫机构或其委托单位的检疫证明。出售的种猪应包括种猪档案、免疫证明。

(15)根据养猪专业合作社猪病防控中心免疫防控大纲总体要求，结合本地区疫病发生的种类，确定免疫接种的内容和适宜的免疫程序。制定综合防治方案和常用驱虫药物。

(16)所有病死猪、隐性带毒猪和无饲养价值猪只严格根据国家《病害动物和病害动物产品生物安全处理规程》(GB 16548—2006)进行无害化处理，禁止私自对外销售。

3. 免疫规程

(1)生物制品的保存不同制剂和同一制剂的不同批号应分别存放，灭活苗、水剂苗存放于2℃～8℃的冷藏箱内，冻干苗置于冰箱的冷冻箱中。经常检查冰箱的冷冻效果。

(2)免疫接种

①免疫程序，见表8-1。

②免疫器械包括注射器、针头、针头盒、专用瓶、镊子等，所有器械在接种前要清洗干净，置消毒锅内加水煮沸消毒30分钟，冷却，备用。

③疫(菌)苗的准备。

检查：疫苗要逐瓶检查，瓶签与应注射疫苗是否相符，瓶有无破损，液体苗有无异常，油乳苗有无破乳，冻干苗有无解冻，有无超过有效期等，凡有上述现象之一，该瓶疫苗则不能使用。

稀释：水剂苗或油乳剂苗使用前不必稀释，但必须摇匀。需稀释时应计算好剂量；稀释两种以上的疫苗，应使用不同的注射器和器皿，不能混用混装。

稀释后的保存：疫苗的使用坚持现配现用的原则，并避免阳光照射，15℃以下应在 6 小时内用完，15℃～25℃ 2 小时内用完，25℃以上 1 小时内用完。如考虑注射时间偏长，疫苗则应放在加冰块的保温箱内。

疫苗的注射：疫苗在使用前必须摇匀。边注射边做好记号，以免漏注或重复注射。根据猪只大小和接种部位的要求，选择长短、大小适宜的针头。按要求每头、每窝、每栏使用针头。保证注射部位准确，注射剂量和注射密度适宜，做到不漏打，不打飞针。注射过程中发现疫苗漏出时，应补注。

记录：疫苗注射后，记录日期、名称、免疫猪群、注射剂量等免疫情况。

(3)免疫接种应注意的问题

第一，对有病态、体质衰弱的猪，暂不宜接种，做好标记，等康复后进行补注。

第二，免疫时出现过敏等不良反应时，及时做好相应的抢救措施。

第三，免疫弱毒菌苗时避免同时使用抗生素。

第四，紧急接种时，要按先安全猪群、后受威胁猪群的顺序注射，防止交叉感染。

第五，免疫接种后剩余的疫苗不得随意倾倒，要进行消毒和无害化处理。

参 考 文 献

［1］慕永太．合作社理论与实践［M］．北京：中国农业出版社，2001.

［2］赵凯．中国农业经济合作组织发展研究［M］．北京：中国农业出版社，2004.

［3］课题组．我国农民合作经济组织的现状分析［J］．农村经济文稿，2004(8)：11-35.

［4］百度百科．http://baike.baidu.com/view/592981.htm.

［5］吴瑞福，李国鸿．化州：农民养猪专业合作社茁壮成长［J］．源流，2010，05：48-49.

［6］李晋陵，雷锦霞，田新豹，申潞玲．五里坡村养猪专业合作社调研报告［J］．山西农经，2010，03：32-35.

［7］崔玉梅，祝宏辉．新疆生猪产业合作社发展状况及问题分析——以泉水养猪专业合作社为例［J］．新疆农垦经济，2010，08：44-47.

［8］钱海滨，薛永森，田彦军．土地资源合理利用评价研究综述［J］．中国土地科学，2001，02：14-19.

［9］廖鹏程．股份制民主与社会管理［D］．复旦大学，2008.

［10］陈敬明．循环经济与中国农村可持续发展模式研究［D］．河北大学，2005.

［11］赵康杰．资源型地区农村可持续发展的制度创新研究［D］．山西财经大学学报，2012.

［12］吴杰．当前养猪专业合作社的运营现状——以四川省安岳县养猪专业合作社为例［J］．中国猪业，2008，07：20-23.

[13] http://www.ixumu.com/forum.php? mod=viewthread&tid=206477.

[14] 张焕芳,林丽,等.江城县农民养猪专业合作社存在的问题及对策[J].云南畜牧兽医,2012年第1期.

[15] 王宝菊.新农村建设中诸城农民专业合作社经营模式研究[J].中国海洋大学,2010,06.

[16] 武英,成建国.新编生猪标准化养殖技术[M].北京:金盾出版社,2014,06.

[17] 代元.加快养殖大户发展促进畜牧产业升级[J].养殖与饲料,2009,11:62-64.

[18] 邹普圣.畜牧养殖大户—畜牧业发展的重要动力与希望——对新余市畜牧养殖大户发展现状的调查与思考[J].江西畜牧兽医杂志,2004,01:11-12.

[19] 郭晓鸣,廖祖君,付娆.龙头企业带动型、中介组织联动型和合作社一体化三种农业产业化模式的比较——基于制度经济学视角的分析[J].中国农村经济,2007,04:40-47.

[20] 崔积成.农民专业合作社发展新探——试论供销社是引领农民合作经济组织的带动力量[J].中共伊犁州委党校学报,2013,02:39-42.

[21] 韩志峰,赵顺法.用供销社优势带动合作社发展[J].中国合作经济,2008,07:24-28.

[22] 湖南省人民政府办公厅转发省供销合作总社关于依托供销合作社发展"两社一会"意见的通知[J].湖南政报,2004,20:29-30.

[23] 韩迅.以供销社为依托创建农村扶贫"金桥工程"的思考[J].中国供销合作经济,1997,05:9-11.

[24] 彭国华.供销合作社创新优化内部机构设置初探[J].中国合作经济,2012,02:54-55.

[25] 白立忱．农民专业合作社简明读本[M]．北京：中国社会出版社，2006.

[26] 李颖，陈天宝．农民专业合作社读本[M]．北京：中国人口出版社，2010.

[27] http://wiki. mbalib. com/wiki/设施选址．

[28] http://baike. baidu. com/view/228933. htm.

[29] http://wq. zfwlxt. com/blog/blogshow. aspx? user=145022&itemid=4a32a7df-37ee-4197-850b-9e8c011d19c9.

[30] 王云．建筑工程项目管理[M]．北京：北京理工大学出版社，2013.

[31] 简得三．项目评估与可行性研究[M]．上海：上海财经大学出版社，2004.

[32] 王学欣，王宏丽．现代农业建筑学[M]．北京：化学工业出版社，2006.

[33] 石振武．建设项目管理[M]．北京：科学出版社，2005.

[34] 张毅．工程项目建设指南[M]．北京：中国建筑工业出版社，2003.

[35] http://www. ln. gov. cn/zfxx/qsgd/fxs/zw/201305/t20130522_1110857. html.

[36] 李焕烈，黄瑞森．论规模化旧猪场改造[J]．养猪，2011(4)：52-55.

[37] 陈光俊．育肥猪的饲养管理[J]．畜牧与饲料科学，2011，32(7)：69-71.

[38] 张喜才．农民专业合作社的农产品流通链条及销售渠道[J]．中国合作经济，2012，(8)：59-61.

[39] 关于农产品品牌建设的思考．http://home. 51. com/nuo915920063/diary/item/10047853. html.

[40] 缪建平．农民专业合作社营销新趋势及发展对策．ht-

tp://blog.sina.com.cn/s/blog_6539a6100100ojgb.html.

[41] 农产品销售的渠道. http://zhidao.baidu.com/link?url=mqiUCOc2Ll-2pPgY4xAeaLRPyNrSdY1WDh7NtBDQp85-gCk1wHD63Ugx7Kgj5EPAaZuH433RMtU4YvSOYAgbQcOg1-n16JNsUvOGnnt9qv9i.

[42] 农产品营销渠道. http://baike.baidu.com/link? url=kpqdBOI9HAZddd9z8sUEm-eLeLwP6KSCxu-PVh6dkeSFQuU4-Y8M7GHw-VflR4OexnpTv95wgnrsj0BGVU6TH2K.

[43] 董修建,李铁. 猪生产学[M]. 北京:中国农业科学技术出版社,2007.

[44] 钟正泽,刘作华,王金勇. 高产母猪健康养殖新技术[M]. 北京:化学工业出版社,2001.

[45] 王凯军. 畜禽养殖污染防治技术与政策[M]. 北京:化学工业出版社,2004.

[46] 王伟国. 规模猪场的设计与管理[M]. 北京:中国农业科学技术出版社,2006.

[47] 王爱国. 现代实用养猪技术(第二版)[M]. 北京:中国农业出版社,2000.

[48] 赵书广. 中国养猪大成[M]. 北京:中国农业出版社,2003.